GERMAN
VOCABULARY

FOR ENGLISH SPEAKERS

ENGLISH-
GERMAN

The most useful words
To expand your lexicon and sharpen
your language skills

9000 words

German vocabulary for English speakers - 9000 words
By Andrey Taranov

T&P Books vocabularies are intended for helping you learn, memorize and review foreign words. The dictionary is divided into themes, covering all major spheres of everyday activities, business, science, culture, etc.

The process of learning words using T&P Books' theme-based dictionaries gives you the following advantages:

- Correctly grouped source information predetermines success at subsequent stages of word memorization
- Availability of words derived from the same root allowing memorization of word units (rather than separate words)
- Small units of words facilitate the process of establishing associative links needed for consolidation of vocabulary
- Level of language knowledge can be estimated by the number of learned words

Copyright © 2018 T&P Books Publishing

All rights reserved. No part of this book may be reproduced or utilized in any form or by any means, electronic or mechanical, including photocopying, recording or by information storage and retrieval system, without permission in writing from the publishers.

T&P Books Publishing
www.tpbooks.com

ISBN: 978-1-78071-304-5

This book is also available in E-book formats.
Please visit www.tpbooks.com or the major online bookstores.

GERMAN VOCABULARY
for English speakers

T&P Books vocabularies are intended to help you learn, memorize, and review foreign words. The vocabulary contains over 9000 commonly used words arranged thematically.

- Vocabulary contains the most commonly used words
- Recommended as an addition to any language course
- Meets the needs of beginners and advanced learners of foreign languages
- Convenient for daily use, revision sessions, and self-testing activities
- Allows you to assess your vocabulary

Special features of the vocabulary

- Words are organized according to their meaning, not alphabetically
- Words are presented in three columns to facilitate the reviewing and self-testing processes
- Words in groups are divided into small blocks to facilitate the learning process
- The vocabulary offers a convenient and simple transcription of each foreign word

The vocabulary has 256 topics including:

Basic Concepts, Numbers, Colors, Months, Seasons, Units of Measurement, Clothing & Accessories, Food & Nutrition, Restaurant, Family Members, Relatives, Character, Feelings, Emotions, Diseases, City, Town, Sightseeing, Shopping, Money, House, Home, Office, Working in the Office, Import & Export, Marketing, Job Search, Sports, Education, Computer, Internet, Tools, Nature, Countries, Nationalities and more ...

T&P BOOKS' THEME-BASED DICTIONARIES

The Correct System for Memorizing Foreign Words

Acquiring vocabulary is one of the most important elements of learning a foreign language, because words allow us to express our thoughts, ask questions, and provide answers. An inadequate vocabulary can impede communication with a foreigner and make it difficult to understand a book or movie well.

The pace of activity in all spheres of modern life, including the learning of modern languages, has increased. Today, we need to memorize large amounts of information (grammar rules, foreign words, etc.) within a short period. However, this does not need to be difficult. All you need to do is to choose the right training materials, learn a few special techniques, and develop your individual training system.

Having a system is critical to the process of language learning. Many people fail to succeed in this regard; they cannot master a foreign language because they fail to follow a system comprised of selecting materials, organizing lessons, arranging new words to be learned, and so on. The lack of a system causes confusion and eventually, lowers self-confidence.

T&P Books' theme-based dictionaries can be included in the list of elements needed for creating an effective system for learning foreign words. These dictionaries were specially developed for learning purposes and are meant to help students effectively memorize words and expand their vocabulary.

Generally speaking, the process of learning words consists of three main elements:

- Reception (creation or acquisition) of a training material, such as a word list
- Work aimed at memorizing new words
- Work aimed at reviewing the learned words, such as self-testing

All three elements are equally important since they determine the quality of work and the final result. All three processes require certain skills and a well-thought-out approach.

New words are often encountered quite randomly when learning a foreign language and it may be difficult to include them all in a unified list. As a result, these words remain written on scraps of paper, in book margins, textbooks, and so on. In order to systematize such words, we have to create and continually update a "book of new words." A paper notebook, a netbook, or a tablet PC can be used for these purposes.

This "book of new words" will be your personal, unique list of words. However, it will only contain the words that you came across during the learning process. For example, you might have written down the words "Sunday," "Tuesday," and "Friday." However, there are additional words for days of the week, for example, "Saturday," that are missing, and your list of words would be incomplete. Using a theme dictionary, in addition to the "book of new words," is a reasonable solution to this problem.

The theme-based dictionary may serve as the basis for expanding your vocabulary.

It will be your big "book of new words" containing the most frequently used words of a foreign language already included. There are quite a few theme-based dictionaries available, and you should ensure that you make the right choice in order to get the maximum benefit from your purchase.

Therefore, we suggest using theme-based dictionaries from T&P Books Publishing as an aid to learning foreign words. Our books are specially developed for effective use in the sphere of vocabulary systematization, expansion and review.

Theme-based dictionaries are not a magical solution to learning new words. However, they can serve as your main database to aid foreign-language acquisition. Apart from theme dictionaries, you can have copybooks for writing down new words, flash cards, glossaries for various texts, as well as other resources; however, a good theme dictionary will always remain your primary collection of words.

T&P Books' theme-based dictionaries are specialty books that contain the most frequently used words in a language.

The main characteristic of such dictionaries is the division of words into themes. For example, the *City* theme contains the words "street," "crossroads," "square," "fountain," and so on. The *Talking* theme might contain words like "to talk," "to ask," "question," and "answer".

All the words in a theme are divided into smaller units, each comprising 3–5 words. Such an arrangement improves the perception of words and makes the learning process less tiresome. Each unit contains a selection of words with similar meanings or identical roots. This allows you to learn words in small groups and establish other associative links that have a positive effect on memorization.

The words on each page are placed in three columns: a word in your native language, its translation, and its transcription. Such positioning allows for the use of techniques for effective memorization. After closing the translation column, you can flip through and review foreign words, and vice versa. "This is an easy and convenient method of review – one that we recommend you do often."

Our theme-based dictionaries contain transcriptions for all the foreign words. Unfortunately, none of the existing transcriptions are able to convey the exact nuances of foreign pronunciation. That is why we recommend using the transcriptions only as a supplementary learning aid. Correct pronunciation can only be acquired with the help of sound. Therefore our collection includes audio theme-based dictionaries.

The process of learning words using T&P Books' theme-based dictionaries gives you the following advantages:

- You have correctly grouped source information, which predetermines your success at subsequent stages of word memorization
- Availability of words derived from the same root (lazy, lazily, lazybones), allowing you to memorize word units instead of separate words
- Small units of words facilitate the process of establishing associative links needed for consolidation of vocabulary
- You can estimate the number of learned words and hence your level of language knowledge
- The dictionary allows for the creation of an effective and high-quality revision process
- You can revise certain themes several times, modifying the revision methods and techniques
- Audio versions of the dictionaries help you to work out the pronunciation of words and develop your skills of auditory word perception

The T&P Books' theme-based dictionaries are offered in several variants differing in the number of words: 1.500, 3.000, 5.000, 7.000, and 9.000 words. There are also dictionaries containing 15,000 words for some language combinations. Your choice of dictionary will depend on your knowledge level and goals.

We sincerely believe that our dictionaries will become your trusty assistant in learning foreign languages and will allow you to easily acquire the necessary vocabulary.

TABLE OF CONTENTS

T&P Books' Theme-Based Dictionaries	4
Pronunciation guide	15
Abbreviations	17

BASIC CONCEPTS	19
Basic concepts. Part 1	19

1. Pronouns 19
2. Greetings. Salutations. Farewells 19
3. How to address 20
4. Cardinal numbers. Part 1 20
5. Cardinal numbers. Part 2 21
6. Ordinal numbers 22
7. Numbers. Fractions 22
8. Numbers. Basic operations 22
9. Numbers. Miscellaneous 23
10. The most important verbs. Part 1 23
11. The most important verbs. Part 2 24
12. The most important verbs. Part 3 25
13. The most important verbs. Part 4 26
14. Colors 27
15. Questions 28
16. Prepositions 29
17. Function words. Adverbs. Part 1 29
18. Function words. Adverbs. Part 2 31

Basic concepts. Part 2 33

19. Weekdays 33
20. Hours. Day and night 33
21. Months. Seasons 34
22. Time. Miscellaneous 36
23. Opposites 37
24. Lines and shapes 39
25. Units of measurement 40
26. Containers 41
27. Materials 42
28. Metals 42

HUMAN BEING
Human being. The body

29.	Humans. Basic concepts	44
30.	Human anatomy	44
31.	Head	45
32.	Human body	46

Clothing & Accessories

47

33.	Outerwear. Coats	47
34.	Men's & women's clothing	47
35.	Clothing. Underwear	48
36.	Headwear	48
37.	Footwear	48
38.	Textile. Fabrics	49
39.	Personal accessories	49
40.	Clothing. Miscellaneous	50
41.	Personal care. Cosmetics	51
42.	Jewelry	52
43.	Watches. Clocks	52

Food. Nutricion

54

44.	Food	54
45.	Drinks	56
46.	Vegetables	57
47.	Fruits. Nuts	57
48.	Bread. Candy	58
49.	Cooked dishes	59
50.	Spices	60
51.	Meals	60
52.	Table setting	61
53.	Restaurant	62

Family, relatives and friends

63

54.	Personal information. Forms	63
55.	Family members. Relatives	63
56.	Friends. Coworkers	64
57.	Man. Woman	65
58.	Age	66
59.	Children	66
60.	Married couples. Family life	67

Character. Feelings. Emotions

69

61.	Feelings. Emotions	69

62.	Character. Personality	70
63.	Sleep. Dreams	71
64.	Humour. Laughter. Gladness	72
65.	Discussion, conversation. Part 1	73
66.	Discussion, conversation. Part 2	74
67.	Discussion, conversation. Part 3	75
68.	Agreement. Refusal	76
69.	Success. Good luck. Failure	77
70.	Quarrels. Negative emotions	77

Medicine 80

71.	Diseases	80
72.	Symptoms. Treatments. Part 1	81
73.	Symptoms. Treatments. Part 2	82
74.	Symptoms. Treatments. Part 3	83
75.	Doctors	84
76.	Medicine. Drugs. Accessories	84
77.	Smoking. Tobacco products	85

HUMAN HABITAT 86
City 86

78.	City. Life in the city	86
79.	Urban institutions	87
80.	Signs	89
81.	Urban transportation	90
82.	Sightseeing	91
83.	Shopping	91
84.	Money	92
85.	Post. Postal service	93

Dwelling. House. Home 95

86.	House. Dwelling	95
87.	House. Entrance. Lift	96
88.	House. Electricity	96
89.	House. Doors. Locks	96
90.	Country house	97
91.	Villa. Mansion	98
92.	Castle. Palace	98
93.	Apartment	99
94.	Apartment. Cleaning	99
95.	Furniture. Interior	99
96.	Bedding	100
97.	Kitchen	100
98.	Bathroom	102
99.	Household appliances	102
100.	Repairs. Renovation	103

101.	Plumbing	103
102.	Fire. Conflagration	104

HUMAN ACTIVITIES
Job. Business. Part 1

106
106

103.	Office. Working in the office	106
104.	Business processes. Part 1	107
105.	Business processes. Part 2	108
106.	Production. Works	109
107.	Contract. Agreement	111
108.	Import & Export	111
109.	Finances	112
110.	Marketing	113
111.	Advertising	113
112.	Banking	114
113.	Telephone. Phone conversation	115
114.	Cell phone	115
115.	Stationery	116
116.	Various kinds of documents	116
117.	Kinds of business	118

Job. Business. Part 2

120

118.	Show. Exhibition	120
119.	Mass Media	121
120.	Agriculture	122
121.	Building. Building process	123
122.	Science. Research. Scientists	124

Professions and occupations

126

123.	Job search. Dismissal	126
124.	Business people	126
125.	Service professions	128
126.	Military professions and ranks	128
127.	Officials. Priests	129
128.	Agricultural professions	130
129.	Art professions	130
130.	Various professions	131
131.	Occupations. Social status	132

Sports

134

132.	Kinds of sports. Sportspersons	134
133.	Kinds of sports. Miscellaneous	135
134.	Gym	136

135.	Hockey	136
136.	Soccer	136
137.	Alpine skiing	138
138.	Tennis. Golf	139
139.	Chess	139
140.	Boxing	140
141.	Sports. Miscellaneous	140

Education 142

142.	School	142
143.	College. University	143
144.	Sciences. Disciplines	144
145.	Writing system. Orthography	144
146.	Foreign languages	146
147.	Fairy tale characters	147
148.	Zodiac Signs	147

Arts 149

149.	Theater	149
150.	Cinema	150
151.	Painting	151
152.	Literature & Poetry	152
153.	Circus	153
154.	Music. Pop music	153

Rest. Entertainment. Travel 155

155.	Trip. Travel	155
156.	Hotel	156
157.	Books. Reading	156
158.	Hunting. Fishing	158
159.	Games. Billiards	159
160.	Games. Playing cards	159
161.	Casino. Roulette	160
162.	Rest. Games. Miscellaneous	160
163.	Photography	161
164.	Beach. Swimming	162

TECHNICAL EQUIPMENT. TRANSPORTATION 164
Technical equipment 164

165.	Computer	164
166.	Internet. E-mail	165
167.	Electricity	166
168.	Tools	167

Transportation 170

169.	Airplane	170
170.	Train	171
171.	Ship	172
172.	Airport	174
173.	Bicycle. Motorcycle	175

Cars 176

174.	Types of cars	176
175.	Cars. Bodywork	176
176.	Cars. Passenger compartment	178
177.	Cars. Engine	178
178.	Cars. Crash. Repair	179
179.	Cars. Road	180
180.	Traffic signs	181

PEOPLE. LIFE EVENTS 183
Life events 183

181.	Holidays. Event	183
182.	Funerals. Burial	184
183.	War. Soldiers	185
184.	War. Military actions. Part 1	186
185.	War. Military actions. Part 2	187
186.	Weapons	189
187.	Ancient people	190
188.	Middle Ages	191
189.	Leader. Chief. Authorities	193
190.	Road. Way. Directions	193
191.	Breaking the law. Criminals. Part 1	195
192.	Breaking the law. Criminals. Part 2	196
193.	Police. Law. Part 1	197
194.	Police. Law. Part 2	199

NATURE 201
The Earth. Part 1 201

195.	Outer space	201
196.	The Earth	202
197.	Cardinal directions	203
198.	Sea. Ocean	203
199.	Seas' and Oceans' names	204
200.	Mountains	205
201.	Mountains names	206
202.	Rivers	206
203.	Rivers' names	207

204.	Forest	208
205.	Natural resources	209

The Earth. Part 2 — 211

206.	Weather	211
207.	Severe weather. Natural disasters	212
208.	Noises. Sounds	212
209.	Winter	213

Fauna — 215

210.	Mammals. Predators	215
211.	Wild animals	215
212.	Domestic animals	217
213.	Dogs. Dog breeds	218
214.	Sounds made by animals	218
215.	Young animals	219
216.	Birds	219
217.	Birds. Singing and sounds	221
218.	Fish. Marine animals	221
219.	Amphibians. Reptiles	222
220.	Insects	222
221.	Animals. Body parts	223
222.	Actions of animals	224
223.	Animals. Habitats	224
224.	Animal care	225
225.	Animals. Miscellaneous	225
226.	Horses	226

Flora — 228

227.	Trees	228
228.	Shrubs	229
229.	Mushrooms	229
230.	Fruits. Berries	229
231.	Flowers. Plants	230
232.	Cereals, grains	232
233.	Vegetables. Greens	232

REGIONAL GEOGRAPHY — 234
Countries. Nationalities — 234

234.	Western Europe	234
235.	Central and Eastern Europe	236
236.	Former USSR countries	237
237.	Asia	238

238.	North America	240
239.	Central and South America	241
240.	Africa	242
241.	Australia. Oceania	242
242.	Cities	243
243.	Politics. Government. Part 1	244
244.	Politics. Government. Part 2	246
245.	Countries. Miscellaneous	247
246.	Major religious groups. Confessions	248
247.	Religions. Priests	249
248.	Faith. Christianity. Islam	249

MISCELLANEOUS 252

249.	Various useful words	252
250.	Modifiers. Adjectives. Part 1	253
251.	Modifiers. Adjectives. Part 2	256

MAIN 500 VERBS 259

252.	Verbs A-C	259
253.	Verbs D-G	261
254.	Verbs H-M	264
255.	Verbs N-R	266
256.	Verbs S-W	268

PRONUNCIATION GUIDE

T&P phonetic alphabet	German example	English example

Vowels

[a]	Blatt	shorter than in ask
[ɐ]	Meister	nut
[e]	Melodie	elm, medal
[ɛ]	Herbst	man, bad
[ə]	Leuchte	driver, teacher
[ɔ]	Knopf	bottle, doctor
[o]	Operette	pod, John
[œ]	Förster	German Hölle
[ø]	nötig	eternal, church
[æ]	Los Angeles	candle, lamp
[i]	Spiel	shorter than in feet
[ɪ]	Absicht	big, America
[ʊ]	Skulptur	good, booklet
[u]	Student	book
[y]	Pyramide	fuel, tuna
[ʏ]	Eukalyptus	fuel, tuna

Consonants

[b]	Bibel	baby, book
[d]	Dorf	day, doctor
[f]	Elefant	face, food
[ʒ]	Ingenieur	forge, pleasure
[dʒ]	Jeans	joke, general
[j]	Interview	yes, New York
[g]	August	game, gold
[h]	Haare	home, have
[ç]	glücklich	humor
[x]	Kochtopf	as in Scots 'loch'
[k]	Kaiser	clock, kiss
[l]	Verlag	lace, people

T&P phonetic alphabet	German example	English example
[m]	Messer	magic, milk
[n]	Norden	name, normal
[ŋ]	Onkel	English, ring
[p]	Gespräch	pencil, private
[r]	Force majeure	rice, radio
[ʁ]	Kirche	French (guttural) R
[R]	fragen	uvular vibrant [r]
[s]	Fenster	city, boss
[t]	Foto	tourist, trip
[ts]	Gesetz	cats, tsetse fly
[ʃ]	Anschlag	machine, shark
[tʃ]	Deutsche	church, French
[w]	Sweater	vase, winter
[v]	Antwort	very, river
[z]	langsam	zebra, please

Diphthongs

[aɪ]	Speicher	tie, driver
[ɪa]	Miniatur	Kenya, piano
[ɪo]	Radio	New York
[jo]	Illustration	New York
[ɔɪ]	feucht	oil, boy, point
[ɪe]	Karriere	yesterday, yen

Other symbols used in transcription

[ˈ]	[ˈaːbɐ]	primary stress
[ˌ]	[ˈdɛŋkˌmaːl]	secondary stress
[ʔ]	[oˈliːvənˌʔøːl]	glottal stop
[ː]	[ˈmyːlə]	long-vowel mark
[·]	[ˈRaɪzə·byˌRoː]	interpunct

ABBREVIATIONS
used in the vocabulary

English abbreviations

ab.	-	about
adj	-	adjective
adv	-	adverb
anim.	-	animate
as adj	-	attributive noun used as adjective
e.g.	-	for example
etc.	-	et cetera
fam.	-	familiar
fem.	-	feminine
form.	-	formal
inanim.	-	inanimate
masc.	-	masculine
math	-	mathematics
mil.	-	military
n	-	noun
pl	-	plural
pron.	-	pronoun
sb	-	somebody
sing.	-	singular
sth	-	something
v aux	-	auxiliary verb
vi	-	intransitive verb
vi, vt	-	intransitive, transitive verb
vt	-	transitive verb

German abbreviations

f	-	feminine noun
f pl	-	feminine plural
f, n	-	feminine, neuter
m	-	masculine noun
m pl	-	masculine plural
m, f	-	masculine, feminine
m, n	-	masculine, neuter

n	-	neuter
n pl	-	neuter plural
pl	-	plural
v mod	-	modal verb
vi	-	intransitive verb
vi, vt	-	intransitive, transitive verb
vt	-	transitive verb

BASIC CONCEPTS

Basic concepts. Part 1

1. Pronouns

I, me	ich	[ɪç]
you	du	[duː]
he	er	[eːɐ]
she	sie	[ziː]
it	es	[ɛs]
we	wir	[viːɐ]
you (to a group)	ihr	[iːɐ]
you (polite, sing.)	Sie	[ziː]
you (polite, pl)	Sie	[ziː]
they	sie	[ziː]

2. Greetings. Salutations. Farewells

Hello! (fam.)	Hallo!	[haˈloː]
Hello! (form.)	Hallo!	[haˈloː]
Good morning!	Guten Morgen!	[ˈguːtən ˈmɔʁɡən]
Good afternoon!	Guten Tag!	[ˈguːtən ˈtaːk]
Good evening!	Guten Abend!	[ˈguːtən ˈaːbənt]
to say hello	grüßen (vi, vt)	[ˈɡʁyːsən]
Hi! (hello)	Hallo!	[haˈloː]
greeting (n)	Gruß (m)	[ɡʁuːs]
to greet (vt)	begrüßen (vt)	[bəˈɡʁyːsən]
How are you?	Wie geht's?	[ˌviː ˈɡeːts]
What's new?	Was gibt es Neues?	[vas ɡiːpt ɛs ˈnɔɪəs]
Bye-Bye! Goodbye!	Auf Wiedersehen!	[aʊf ˈviːdɐˌzeːən]
See you soon!	Bis bald!	[bɪs balt]
Farewell! (to a friend)	Lebe wohl!	[ˈleːbə voːl]
Farewell! (form.)	Leben Sie wohl!	[ˈleːbən ziː voːl]
to say goodbye	sich verabschieden	[zɪç fɛɐˈapʃiːdən]
So long!	Tschüs!	[tʃyːs]
Thank you!	Danke!	[ˈdaŋkə]
Thank you very much!	Dankeschön!	[ˈdaŋkəʃøːn]
You're welcome	Bitte!	[ˈbɪtə]

| Don't mention it! | Keine Ursache! | [ˈkaɪnə ˈuːɐˌzaxə] |
| It was nothing | Nichts zu danken! | [nɪçts tsu ˈdaŋkən] |

Excuse me! (fam.)	Entschuldige!	[ɛntˈʃʊldɪgə]
Excuse me! (form.)	Entschuldigung!	[ɛntˈʃʊldɪgʊŋ]
to excuse (forgive)	entschuldigen (vt)	[ɛntˈʃʊldɪgən]

to apologize (vi)	sich entschuldigen	[zɪç ɛntˈʃʊldɪgən]
My apologies	Verzeihung!	[fɛɐˈtsaɪʊŋ]
I'm sorry!	Entschuldigung!	[ɛntˈʃʊldɪgʊŋ]
to forgive (vt)	verzeihen (vt)	[fɛɐˈtsaɪən]
It's okay! (that's all right)	Das macht nichts!	[das maxt nɪçts]
please (adv)	bitte	[ˈbɪtə]

Don't forget!	Nicht vergessen!	[nɪçt fɛɐˈgɛsən]
Certainly!	Natürlich!	[naˈtyːɐlɪç]
Of course not!	Natürlich nicht!	[naˈtyːɐlɪç ˈnɪçt]
Okay! (I agree)	Gut! Okay!	[guːt], [oˈkeː]
That's enough!	Es ist genug!	[ɛs ist gəˈnuːk]

3. How to address

mister, sir	Herr	[hɛʁ]
ma'am	Frau	[fʁaʊ]
miss	Frau	[fʁaʊ]
young man	Junger Mann	[ˈjʏŋɐ man]
young man (little boy, kid)	Junge	[ˈjʊŋə]
miss (little girl)	Mädchen	[ˈmɛːtçən]

4. Cardinal numbers. Part 1

0 zero	null	[nʊl]
1 one	eins	[aɪns]
2 two	zwei	[tsvaɪ]
3 three	drei	[dʀaɪ]
4 four	vier	[fiːɐ]

5 five	fünf	[fʏnf]
6 six	sechs	[zɛks]
7 seven	sieben	[ˈziːbən]
8 eight	acht	[axt]
9 nine	neun	[nɔɪn]

10 ten	zehn	[tseːn]
11 eleven	elf	[ɛlf]
12 twelve	zwölf	[tsvœlf]
13 thirteen	dreizehn	[ˈdʀaɪtseːn]
14 fourteen	vierzehn	[ˈfɪʁtseːn]

15 fifteen	fünfzehn	['fʏnftse:n]
16 sixteen	sechzehn	['zɛçtse:n]
17 seventeen	siebzehn	['zi:ptse:n]
18 eighteen	achtzehn	['aχtse:n]
19 nineteen	neunzehn	['nɔɪntse:n]
20 twenty	zwanzig	['tsvantsɪç]
21 twenty-one	einundzwanzig	['aɪn·ʊnt·'tsvantsɪç]
22 twenty-two	zweiundzwanzig	['tsvaɪ·ʊnt·'tsvantsɪç]
23 twenty-three	dreiundzwanzig	['dʀaɪ·ʊnt·'tsvantsɪç]
30 thirty	dreißig	['dʀaɪsɪç]
31 thirty-one	einunddreißig	['aɪn·ʊnt·'dʀaɪsɪç]
32 thirty-two	zweiunddreißig	['tsvaɪ·ʊnt·'dʀaɪsɪç]
33 thirty-three	dreiunddreißig	['dʀaɪ·ʊnt·'dʀaɪsɪç]
40 forty	vierzig	['fɪʁtsɪç]
41 forty-one	einundvierzig	['aɪn·ʊnt·'fɪʁtsɪç]
42 forty-two	zweiundvierzig	['tsvaɪ·ʊnt·'fɪʁtsɪç]
43 forty-three	dreiundvierzig	['dʀaɪ·ʊnt·'fɪʁtsɪç]
50 fifty	fünfzig	['fʏnftsɪç]
51 fifty-one	einundfünfzig	['aɪn·ʊnt·'fʏnftsɪç]
52 fifty-two	zweiundfünfzig	['tsvaɪ·ʊnt·'fʏnftsɪç]
53 fifty-three	dreiundfünfzig	['dʀaɪ·ʊnt·'fʏnftsɪç]
60 sixty	sechzig	['zɛçtsɪç]
61 sixty-one	einundsechzig	['aɪn·ʊnt·'zɛçtsɪç]
62 sixty-two	zweiundsechzig	['tsvaɪ·ʊnt·'zɛçtsɪç]
63 sixty-three	dreiundsechzig	['dʀaɪ·ʊnt·'zɛçtsɪç]
70 seventy	siebzig	['zi:ptsɪç]
71 seventy-one	einundsiebzig	['aɪn·ʊnt·'zi:ptsɪç]
72 seventy-two	zweiundsiebzig	['tsvaɪ·ʊnt·'zi:ptsɪç]
73 seventy-three	dreiundsiebzig	['dʀaɪ·ʊnt·'zi:ptsɪç]
80 eighty	achtzig	['aχtsɪç]
81 eighty-one	einundachtzig	['aɪn·ʊnt·'aχtsɪç]
82 eighty-two	zweiundachtzig	['tsvaɪ·ʊnt·'aχtsɪç]
83 eighty-three	dreiundachtzig	['dʀaɪ·ʊnt·'aχtsɪç]
90 ninety	neunzig	['nɔɪntsɪç]
91 ninety-one	einundneunzig	['aɪn·ʊnt·'nɔɪntsɪç]
92 ninety-two	zweiundneunzig	['tsvaɪ·ʊnt·'nɔɪntsɪç]
93 ninety-three	dreiundneunzig	['dʀaɪ·ʊnt·'nɔɪntsɪç]

5. Cardinal numbers. Part 2

100 one hundred	einhundert	['aɪn,hʊndɐt]
200 two hundred	zweihundert	['tsvaɪ,hʊndɐt]

T&P Books. German vocabulary for English speakers - 9000 words

300 three hundred	dreihundert	['dʀaɪˌhʊndɐt]
400 four hundred	vierhundert	['fiːɐˌhʊndɐt]
500 five hundred	fünfhundert	['fʏnfˌhʊndɐt]
600 six hundred	sechshundert	[zɛksˌhʊndɐt]
700 seven hundred	siebenhundert	['ziːbənˌhʊndɐt]
800 eight hundred	achthundert	['aχtˌhʊndɐt]
900 nine hundred	neunhundert	['nɔɪnˌhʊndɐt]
1000 one thousand	eintausend	['aɪnˌtaʊzənt]
2000 two thousand	zweitausend	['tsvaɪˌtaʊzənt]
3000 three thousand	dreitausend	['dʀaɪˌtaʊzənt]
10000 ten thousand	zehntausend	['tsenˌtaʊzənt]
one hundred thousand	hunderttausend	['hʊndɐtˌtaʊzənt]
million	**Million** (f)	[mɪ'ljoːn]
billion	**Milliarde** (f)	[mɪ'lɪaʁdə]

6. Ordinal numbers

first (adj)	**der erste**	[deːɐ 'ɛʁstə]
second (adj)	**der zweite**	[deːɐ 'tsvaɪtə]
third (adj)	**der dritte**	[deːɐ 'dʀɪtə]
fourth (adj)	**der vierte**	[deːɐ 'fiːɐtə]
fifth (adj)	**der fünfte**	[deːɐ 'fʏnftə]
sixth (adj)	**der sechste**	[deːɐ 'zɛkstə]
seventh (adj)	**der siebte**	[deːɐ 'ziːptə]
eighth (adj)	**der achte**	[deːɐ 'aχtə]
ninth (adj)	**der neunte**	[deːɐ 'nɔɪntə]
tenth (adj)	**der zehnte**	[deːɐ 'tseːntə]

7. Numbers. Fractions

fraction	**Bruch** (m)	[bʀʊχ]
one half	**Hälfte** (f)	['hɛlftə]
one third	**Drittel** (n)	['dʀɪtəl]
one quarter	**Viertel** (n)	['fɪʁtəl]
one eighth	**Achtel** (m, n)	['aχtəl]
one tenth	**Zehntel** (m, n)	['tseːntəl]
two thirds	**zwei Drittel**	[tsvaɪ 'dʀɪtəl]
three quarters	**drei Viertel**	[dʀaɪ 'fɪʁtəl]

8. Numbers. Basic operations

subtraction	**Subtraktion** (f)	[zʊptʀak'tsjoːn]
to subtract (vi, vt)	**subtrahieren** (vt)	[zʊptʀa'hiːʀən]

| division | Division (f) | [divi'zjo:n] |
| to divide (vt) | dividieren (vt) | [divi'di:ʀən] |

addition	Addition (f)	[adi'tsjo:n]
to add up (vt)	addieren (vt)	[a'di:ʀən]
to add (vi, vt)	hinzufügen (vt)	[hɪn'tsu:ˌfy:gən]
multiplication	Multiplikation (f)	[mʊltiplika'tsjo:n]
to multiply (vt)	multiplizieren (vt)	[mʊltipli'tsi:ʀən]

9. Numbers. Miscellaneous

digit, figure	Ziffer (f)	['tsɪfɐ]
number	Zahl (f)	[tsa:l]
numeral	Zahlwort (n)	['tsa:lˌvɔʁt]
minus sign	Minus (n)	['mi:nʊs]
plus sign	Plus (n)	[plʊs]
formula	Formel (f)	['fɔʁməl]

calculation	Berechnung (f)	[bə'ʀɛçnʊŋ]
to count (vi, vt)	zählen (vt)	['tsɛ:lən]
to count up	berechnen (vt)	[bə'ʀɛçnən]
to compare (vt)	vergleichen (vt)	[fɛɐ'glaɪçən]

| How much? | Wie viel? | ['vi: fi:l] |
| How many? | Wie viele? | [vi: 'fi:lə] |

sum, total	Summe (f)	['zʊmə]
result	Ergebnis (n)	[ɛɐ'ge:pnɪs]
remainder	Rest (m)	[ʀɛst]

a few (e.g., ~ years ago)	einige	['aɪnɪgə]
little (I had ~ time)	wenig ...	['ve:nɪç]
the rest	Übrige (n)	['y:bʀɪgə]
one and a half	anderthalb	['andɐt'halp]
dozen	Dutzend (n)	['dʊtsənt]

in half (adv)	entzwei	[ɛn'tsvaɪ]
equally (evenly)	zu gleichen Teilen	[tsu 'glaɪçən 'taɪlən]
half	Hälfte (f)	['hɛlftə]
time (three ~s)	Mal (n)	[ma:l]

10. The most important verbs. Part 1

to advise (vt)	raten (vt)	['ʀa:tən]
to agree (say yes)	zustimmen (vi)	['tsu:ˌʃtɪmən]
to answer (vi, vt)	antworten (vi)	['antˌvɔʁtən]
to apologize (vi)	sich entschuldigen	[zɪç ɛnt'ʃʊldɪgən]
to arrive (vi)	ankommen (vi)	['anˌkɔmən]

to ask (~ oneself)	fragen (vt)	['fʀaːgən]
to ask (~ sb to do sth)	bitten (vt)	['bɪtən]
to be (vi)	sein (vi)	[zaɪn]
to be afraid	Angst haben	['aŋst 'haːbən]
to be hungry	hungrig sein	['hʊŋʀɪç zaɪn]
to be interested in ...	sich interessieren	[zɪç ɪntəʀɛ'siːʀən]
to be needed	nötig sein	['nøːtɪç zaɪn]
to be surprised	staunen (vi)	['ʃtaʊnən]
to be thirsty	Durst haben	['dʊʀst 'haːbən]
to begin (vt)	beginnen (vt)	[bə'gɪnən]
to belong to ...	gehören (vi)	[gə'høːʀən]
to boast (vi)	prahlen (vi)	['pʀaːlən]
to break (split into pieces)	brechen (vt)	['bʀɛçən]
to call (~ for help)	rufen (vi)	['ʀuːfən]
can (v aux)	können (v mod)	['kœnən]
to catch (vt)	fangen (vt)	['faŋən]
to change (vt)	ändern (vt)	['ɛndɐn]
to choose (select)	wählen (vt)	['vɛːlən]
to come down (the stairs)	herabsteigen (vi)	[hɛ'ʀapʃtaɪgən]
to compare (vt)	vergleichen (vt)	[fɛɐ'glaɪçən]
to complain (vi, vt)	klagen (vi)	['klaːgən]
to confuse (mix up)	verwechseln (vt)	[fɛɐ'vɛksəln]
to continue (vt)	fortsetzen (vt)	['fɔʀtˌzɛtsən]
to control (vt)	kontrollieren (vt)	[kɔntʀɔ'liːʀən]
to cook (dinner)	zubereiten (vt)	['tsuːbəˌʀaɪtən]
to cost (vt)	kosten (vt)	['kɔstən]
to count (add up)	rechnen (vt)	['ʀɛçnən]
to count on ...	auf ... zählen	[aʊf ... 'tsɛːlən]
to create (vt)	schaffen (vt)	['ʃafən]
to cry (weep)	weinen (vi)	['vaɪnən]

11. The most important verbs. Part 2

to deceive (vi, vt)	täuschen (vt)	['tɔɪʃən]
to decorate (tree, street)	schmücken (vt)	['ʃmʏkən]
to defend (a country, etc.)	verteidigen (vt)	[fɛɐ'taɪdɪgən]
to demand (request firmly)	verlangen (vt)	[fɛɐ'laŋən]
to dig (vt)	graben (vt)	['gʀaːbən]
to discuss (vt)	besprechen (vt)	[bə'ʃpʀɛçən]
to do (vt)	machen (vt)	['maxən]
to doubt (have doubts)	zweifeln (vi)	['tsvaɪfəln]
to drop (let fall)	fallen lassen	['falən 'lasən]
to enter (room, house, etc.)	hereinkommen (vi)	[hɛ'ʀaɪnˌkɔmən]

to exist (vi)	existieren (vi)	[ˌɛksɪs'tiːʀən]
to expect (foresee)	voraussehen (vt)	[foˈʀaʊsˌzeːən]
to explain (vt)	erklären (vt)	[ɛɐ̯'klɛːʀən]
to fall (vi)	fallen (vi)	['falən]

to find (vt)	finden (vt)	['fɪndən]
to finish (vt)	beenden (vt)	[bə'ʔɛndən]
to fly (vi)	fliegen (vi)	['fliːgən]
to follow ... (come after)	folgen (vi)	['fɔlgən]
to forget (vi, vt)	vergessen (vt)	[fɛɐ̯'gɛsən]

to forgive (vt)	verzeihen (vt)	[fɛɐ̯'tsaɪən]
to give (vt)	geben (vt)	['geːbən]
to give a hint	andeuten (vt)	['anˌdɔɪtən]
to go (on foot)	gehen (vi)	['geːən]

to go for a swim	schwimmen gehen	['ʃvɪmən 'geːən]
to go out (for dinner, etc.)	ausgehen (vi)	['aʊsˌgeːən]
to guess (the answer)	richtig raten (vt)	['ʀɪçtɪç 'ʀaːtən]

to have (vt)	haben (vt)	[haːbən]
to have breakfast	frühstücken (vi)	['fʀyːʃtʏkən]
to have dinner	zu Abend essen	[tsu 'aːbənt 'ɛsən]
to have lunch	zu Mittag essen	[tsu 'mɪtaːk 'ɛsən]
to hear (vt)	hören (vt)	['høːʀən]

to help (vt)	helfen (vi)	['hɛlfən]
to hide (vt)	verstecken (vt)	[fɛɐ̯'ʃtɛkən]
to hope (vi, vt)	hoffen (vi)	['hɔfən]
to hunt (vi, vt)	jagen (vi)	['jaːgən]
to hurry (vi)	sich beeilen	[zɪç bə'ʔaɪlən]

12. The most important verbs. Part 3

to inform (vt)	informieren (vt)	[ɪnfɔʀ'miːʀən]
to insist (vi, vt)	bestehen auf	[bə'ʃteːən aʊf]
to insult (vt)	kränken (vt)	['kʀɛŋkən]
to invite (vt)	einladen (vt)	['aɪnˌlaːdən]
to joke (vi)	Witz machen	[vɪts 'maxən]

to keep (vt)	aufbewahren (vt)	['aʊfbəˌvaːʀən]
to keep silent, to hush	schweigen (vi)	['ʃvaɪgən]
to kill (vt)	ermorden (vt)	[ɛɐ̯'mɔʀdən]
to know (sb)	kennen (vt)	['kɛnən]
to know (sth)	wissen (vt)	['vɪsən]
to laugh (vi)	lachen (vi)	['laxən]

to liberate (city, etc.)	befreien (vt)	[bə'fʀaɪən]
to like (I like ...)	gefallen (vi)	[gə'falən]
to look for ... (search)	suchen (vt)	['zuːxən]

| to love (sb) | lieben (vt) | ['li:bən] |
| to make a mistake | sich irren | [zɪç 'ɪʀən] |

to manage, to run	leiten (vt)	['laɪtən]
to mean (signify)	bedeuten (vt)	[bə'dɔɪtən]
to mention (talk about)	erwähnen (vt)	[ɛɐ'vɛ:nən]
to miss (school, etc.)	versäumen (vt)	[fɛɐ'zɔɪmən]
to notice (see)	bemerken (vt)	[bə'mɛʁkən]

to object (vi, vt)	einwenden (vt)	['aɪnˌvɛndən]
to observe (see)	beobachten (vt)	[bə'ʔo:baxtən]
to open (vt)	öffnen (vt)	['œfnən]
to order (meal, etc.)	bestellen (vt)	[bə'ʃtɛlən]
to order (mil.)	befehlen (vt)	[ˌbə'fe:lən]
to own (possess)	besitzen (vt)	[bə'zɪtsən]

to participate (vi)	teilnehmen (vi)	['taɪlˌne:mən]
to pay (vi, vt)	zahlen (vt)	['tsa:lən]
to permit (vt)	erlauben (vt)	[ɛɐ'laʊbən]
to plan (vt)	planen (vt)	['pla:nən]
to play (children)	spielen (vi, vt)	['ʃpi:lən]

to pray (vi, vt)	beten (vi)	['be:tən]
to prefer (vt)	vorziehen (vt)	['foɐˌtsi:ən]
to promise (vt)	versprechen (vt)	[fɛɐ'ʃpʀɛçən]
to pronounce (vt)	aussprechen (vt)	['aʊsˌʃpʀɛçən]
to propose (vt)	vorschlagen (vt)	['fo:ɐˌʃla:gən]
to punish (vt)	bestrafen (vt)	[bə'ʃtʀa:fən]

13. The most important verbs. Part 4

to read (vi, vt)	lesen (vi, vt)	['le:zən]
to recommend (vt)	empfehlen (vt)	[ɛm'pfe:lən]
to refuse (vi, vt)	sich weigern	[zɪç 'vaɪgɐn]
to regret (be sorry)	bedauern (vt)	[bə'daʊɐn]
to rent (sth from sb)	mieten (vt)	['mi:tən]

to repeat (say again)	noch einmal sagen	[nɔx 'aɪnma:l 'za:gən]
to reserve, to book	reservieren (vt)	[ʀezɛʁ'vi:ʀən]
to run (vi)	laufen (vi)	['laʊfən]
to save (rescue)	retten (vt)	['ʀɛtən]
to say (~ thank you)	sagen (vt)	['za:gən]

to scold (vt)	schelten (vt)	['ʃɛltən]
to see (vt)	sehen (vi, vt)	['ze:ən]
to sell (vt)	verkaufen (vt)	[fɛɐ'kaʊfən]
to send (vt)	abschicken (vt)	['apˌʃɪkən]
to shoot (vi)	schießen (vi)	['ʃi:sən]
to shout (vi)	schreien (vi)	['ʃʀaɪən]
to show (vt)	zeigen (vt)	['tsaɪgən]

to sign (document)	**unterschreiben** (vt)	[ˌʊntɐˈʃʀaɪbən]
to sit down (vi)	**sich setzen**	[zɪç ˈzɛtsən]
to smile (vi)	**lächeln** (vi)	[ˈlɛçəln]
to speak (vi, vt)	**sprechen** (vi)	[ˈʃpʀɛçən]
to steal (money, etc.)	**stehlen** (vt)	[ˈʃteːlən]
to stop (for pause, etc.)	**stoppen** (vt)	[ˈʃtɔpən]
to stop (please ~ calling me)	**einstellen** (vt)	[ˈaɪnˌʃtɛlən]
to study (vt)	**lernen** (vt)	[ˈlɛʀnən]
to swim (vi)	**schwimmen** (vi)	[ˈʃvɪmən]
to take (vt)	**nehmen** (vt)	[ˈneːmən]
to think (vi, vt)	**denken** (vi, vt)	[ˈdɛŋkən]
to threaten (vt)	**drohen** (vi)	[ˈdʀoːən]
to touch (with hands)	**berühren** (vt)	[bəˈʀyːʀən]
to translate (vt)	**übersetzen** (vt)	[ˌyːbɐˈzɛtsən]
to trust (vt)	**vertrauen** (vi)	[fɛɐˈtʀaʊən]
to try (attempt)	**versuchen** (vt)	[fɛɐˈzuːχən]
to turn (e.g., ~ left)	**abbiegen** (vi)	[ˈapˌbiːɡən]
to underestimate (vt)	**unterschätzen** (vt)	[ˌʊntɐˈʃɛtsən]
to understand (vt)	**verstehen** (vt)	[fɛɐˈʃteːən]
to unite (vt)	**vereinigen** (vt)	[fɛɐˈʔaɪnɪɡən]
to wait (vt)	**warten** (vi)	[ˈvaʀtən]
to want (wish, desire)	**wollen** (vt)	[ˈvɔlən]
to warn (vt)	**warnen** (vt)	[ˈvaʀnən]
to work (vi)	**arbeiten** (vi)	[ˈaʀbaɪtən]
to write (vt)	**schreiben** (vi, vt)	[ˈʃʀaɪbən]
to write down	**aufschreiben** (vt)	[ˈaʊfˌʃʀaɪbən]

14. Colors

color	**Farbe** (f)	[ˈfaʀbə]
shade (tint)	**Schattierung** (f)	[ʃaˈtiːʀʊŋ]
hue	**Farbton** (m)	[ˈfaʀpˌtoːn]
rainbow	**Regenbogen** (m)	[ˈʀeːɡənˌboːɡən]
white (adj)	**weiß**	[vaɪs]
black (adj)	**schwarz**	[ʃvaʀts]
gray (adj)	**grau**	[ɡʀaʊ]
green (adj)	**grün**	[ɡʀyːn]
yellow (adj)	**gelb**	[ɡɛlp]
red (adj)	**rot**	[ʀoːt]
blue (adj)	**blau**	[blaʊ]
light blue (adj)	**hellblau**	[ˈhɛlˌblaʊ]

pink (adj)	rosa	['ʀoːza]
orange (adj)	orange	[oˈʀanʃ]
violet (adj)	violett	[vɪoˈlɛt]
brown (adj)	braun	[bʀaʊn]
golden (adj)	golden	[ˈgɔldən]
silvery (adj)	silbrig	[ˈzɪlbʀɪç]
beige (adj)	beige	[beːʃ]
cream (adj)	cremefarben	[ˈkʀɛːmˌfaʀbən]
turquoise (adj)	türkis	[tʏʀˈkiːs]
cherry red (adj)	kirschrot	[ˈkɪʀʃʀoːt]
lilac (adj)	lila	[ˈliːla]
crimson (adj)	himbeerrot	[ˈhɪmbeːɐˌʀoːt]
light (adj)	hell	[hɛl]
dark (adj)	dunkel	[ˈdʊŋkəl]
bright, vivid (adj)	grell	[gʀɛl]
colored (pencils)	Farb-	[ˈfaʀp]
color (e.g., ~ film)	Farb-	[ˈfaʀp]
black-and-white (adj)	schwarz-weiß	[ˈʃvaʀtsˌvaɪs]
plain (one-colored)	einfarbig	[ˈaɪnˌfaʀbɪç]
multicolored (adj)	bunt	[bʊnt]

15. Questions

Who?	Wer?	[veːɐ]
What?	Was?	[vas]
Where? (at, in)	Wo?	[voː]
Where (to)?	Wohin?	[voˈhɪn]
From where?	Woher?	[voˈheːɐ]
When?	Wann?	[van]
Why? (What for?)	Wozu?	[voˈtsuː]
Why? (~ are you crying?)	Warum?	[vaˈʀʊm]
What for?	Wofür?	[voˈfyːɐ]
How? (in what way)	Wie?	[viː]
What? (What kind of …?)	Welcher?	[ˈvɛlçɐ]
Which?	Welcher?	[ˈvɛlçɐ]
To whom?	Wem?	[veːm]
About whom?	Über wen?	[ˈyːbɐ veːn]
About what?	Wovon?	[voːˈfɔn]
With whom?	Mit wem?	[mɪt veːm]
How many?	Wie viele?	[viː ˈfiːlə]
How much?	Wie viel?	[viː fiːl]
Whose?	Wessen?	[ˈvɛsən]

16. Prepositions

with (accompanied by)	mit	[mɪt]
without	ohne	['oːnə]
to (indicating direction)	nach	[naːχ]
about (talking ~ ...)	über	['yːbɐ]
before (in time)	vor	[foːɐ]
in front of ...	vor	[foːɐ]
under (beneath, below)	unter	['ʊntɐ]
above (over)	über	['yːbɐ]
on (atop)	auf	[aʊf]
from (off, out of)	aus	['aʊs]
of (made from)	aus, von	['aʊs], [fɔn]
in (e.g., ~ ten minutes)	in	[ɪn]
over (across the top of)	über	['yːbɐ]

17. Function words. Adverbs. Part 1

Where? (at, in)	Wo?	[voː]
here (adv)	hier	[hiːɐ]
there (adv)	dort	[dɔʁt]
somewhere (to be)	irgendwo	['ɪʁɡənt'voː]
nowhere (not in any place)	nirgends	['nɪʁɡənts]
by (near, beside)	an	[an]
by the window	am Fenster	[am 'fɛnstɐ]
Where (to)?	Wohin?	[vo'hɪn]
here (e.g., come ~!)	hierher	['hiːɐ'heːɐ]
there (e.g., to go ~)	dahin	[da'hɪn]
from here (adv)	von hier	[fɔn hiːɐ]
from there (adv)	von da	[fɔn daː]
close (adv)	nah	[naː]
far (adv)	weit	[vaɪt]
near (e.g., ~ Paris)	in der Nähe von ...	[ɪn deːɐ 'nɛːə fɔn]
nearby (adv)	in der Nähe	[ɪn deːɐ 'nɛːə]
not far (adv)	unweit	['ʊnvaɪt]
left (adj)	link	[lɪŋk]
on the left	links	[lɪŋks]
to the left	nach links	[naːχ lɪŋks]
right (adj)	recht	[ʁɛçt]
on the right	rechts	[ʁɛçts]

to the right	nach rechts	[naːx ʀɛçts]
in front (adv)	vorne	['fɔʀnə]
front (as adj)	Vorder-	['fɔʀdɐ]
ahead (the kids ran ~)	vorwärts	['foːɐvɛʀts]
behind (adv)	hinten	['hɪntən]
from behind	von hinten	[fɔn 'hɪntən]
back (towards the rear)	rückwärts	['ʀʏkˌvɛʀts]
middle	Mitte (f)	['mɪtə]
in the middle	in der Mitte	[ɪn deːɐ 'mɪtə]
at the side	seitlich	['zaɪtlɪç]
everywhere (adv)	überall	[yːbɐ'ʔal]
around (in all directions)	ringsherum	[ˌʀɪŋshɛ'ʀʊm]
from inside	von innen	[fɔn 'ɪnən]
somewhere (to go)	irgendwohin	['ɪʀgəntˌvo'hɪn]
straight (directly)	geradeaus	[gəʀaːdə'ʔaʊs]
back (e.g., come ~)	zurück	[tsu'ʀʏk]
from anywhere	irgendwoher	['ɪʀgəntˌvo'heːɐ]
from somewhere	von irgendwo	[fɔn ˌɪʀgənt'voː]
firstly (adv)	erstens	['eːɐstəns]
secondly (adv)	zweitens	['tsvaɪtəns]
thirdly (adv)	drittens	['dʀɪtəns]
suddenly (adv)	plötzlich	['plœtslɪç]
at first (in the beginning)	zuerst	[tsu'ʔeːɐst]
for the first time	zum ersten Mal	[tsʊm 'eːɐstən 'maːl]
long before …	lange vor …	['laŋə foːɐ]
anew (over again)	von Anfang an	[fɔn 'anˌfaŋ an]
for good (adv)	für immer	[fyːɐ 'ɪmɐ]
never (adv)	nie	[niː]
again (adv)	wieder	['viːdɐ]
now (at present)	jetzt	[jɛtst]
often (adv)	oft	[ɔft]
then (adv)	damals	['daːmaːls]
urgently (quickly)	dringend	['dʀɪŋənt]
usually (adv)	gewöhnlich	[gə'vøːnlɪç]
by the way, …	übrigens, …	['yːbʀɪgəns]
possibly	möglicherweise	['møːklɪçɐ'vaɪzə]
probably (adv)	wahrscheinlich	[vaːɐ'ʃaɪnlɪç]
maybe (adv)	vielleicht	[fi'laɪçt]
besides …	außerdem …	['aʊsɐdeːm]
that's why …	deshalb …	['dɛs'halp]
in spite of …	trotz …	[tʀɔts]
thanks to …	dank …	[daŋk]
what (pron.)	was	[vas]

that (conj.)	das	[das]
something	etwas	['ɛtvas]
anything (something)	irgendwas	['ɪʁgənt'vas]
nothing	nichts	[nɪçts]
who (pron.)	wer	[veːɐ]
someone	jemand	['jeːmant]
somebody	irgendwer	['ɪʁgənt'veːɐ]
nobody	niemand	['niːmant]
nowhere (a voyage to ~)	nirgends	['nɪʁgənts]
nobody's	niemandes	['niːmandəs]
somebody's	jemandes	['jeːmandəs]
so (I'm ~ glad)	so	[zoː]
also (as well)	auch	['aʊx]
too (as well)	ebenfalls	['eːbənˌfals]

18. Function words. Adverbs. Part 2

Why?	Warum?	[vaˈʀʊm]
for some reason	aus irgendeinem Grund	['aʊs 'ɪʁgənt'ʔaɪnəm gʀʊnt]
because ...	weil ...	[vaɪl]
for some purpose	zu irgendeinem Zweck	[tsu 'ɪʁgənt'ʔaɪnəm tsvɛk]
and	und	[ʊnt]
or	oder	['oːdɐ]
but	aber	['aːbɐ]
for (e.g., ~ me)	für	[fyːɐ]
too (~ many people)	zu	[tsuː]
only (exclusively)	nur	[nuːɐ]
exactly (adv)	genau	[gəˈnaʊ]
about (more or less)	etwa	['ɛtva]
approximately (adv)	ungefähr	['ʊngəfɛːɐ]
approximate (adj)	ungefähr	['ʊngəfɛːɐ]
almost (adv)	fast	[fast]
the rest	Übrige (n)	['yːbʀɪgə]
the other (second)	der andere	[deːɐ 'andəʀə]
other (different)	andere	['andəʀə]
each (adj)	jeder (m)	['jeːdɐ]
any (no matter which)	beliebig	[bɛˈliːbɪç]
many, much (a lot of)	viel	[fiːl]
many people	viele Menschen	['fiːlə 'mɛnʃən]
all (everyone)	alle	['alə]
in return for ...	im Austausch gegen ...	[ɪm 'aʊsˌtaʊʃ 'geːgən]
in exchange (adv)	dafür	[daˈfyːɐ]

| by hand (made) | mit der Hand | [mɪt deːɐ hant] |
| hardly (negative opinion) | schwerlich | [ˈʃveːɐlɪç] |

probably (adv)	wahrscheinlich	[vaːɐˈʃaɪnlɪç]
on purpose (intentionally)	absichtlich	[ˈapˌzɪçtlɪç]
by accident (adv)	zufällig	[ˈtsuːfɛlɪç]

very (adv)	sehr	[zeːɐ]
for example (adv)	zum Beispiel	[tsʊm ˈbaɪʃpiːl]
between	zwischen	[ˈtsvɪʃən]
among	unter	[ˈʊntɐ]
so much (such a lot)	so viel	[zoː ˈfiːl]
especially (adv)	besonders	[bəˈzɔndɐs]

Basic concepts. Part 2

19. Weekdays

Monday	**Montag** (m)	['moːntaːk]
Tuesday	**Dienstag** (m)	['diːnstaːk]
Wednesday	**Mittwoch** (m)	['mɪtvɔχ]
Thursday	**Donnerstag** (m)	['dɔnɐstaːk]
Friday	**Freitag** (m)	['fʀaɪtaːk]
Saturday	**Samstag** (m)	['zamstaːk]
Sunday	**Sonntag** (m)	['zɔntaːk]
today (adv)	**heute**	['hɔɪtə]
tomorrow (adv)	**morgen**	['mɔʁɡən]
the day after tomorrow	**übermorgen**	['yːbɐˌmɔʁɡən]
yesterday (adv)	**gestern**	['ɡɛstɐn]
the day before yesterday	**vorgestern**	['foːɐɡɛstɐn]
day	**Tag** (m)	[taːk]
working day	**Arbeitstag** (m)	['aʁbaɪtsˌtaːk]
public holiday	**Feiertag** (m)	['faɪɐˌtaːk]
day off	**freier Tag** (m)	['fʀaɪɐ taːk]
weekend	**Wochenende** (n)	['vɔχənˌʔɛndə]
all day long	**den ganzen Tag**	[den 'ɡantsən 'taːk]
the next day (adv)	**am nächsten Tag**	[am 'nɛːçstən taːk]
two days ago	**zwei Tage vorher**	[tsvaɪ 'taːɡə 'foːɐheːɐ]
the day before	**am Vortag**	[am 'foːɐˌtaːk]
daily (adj)	**täglich**	['tɛːklɪç]
every day (adv)	**täglich**	['tɛːklɪç]
week	**Woche** (f)	['vɔχə]
last week (adv)	**letzte Woche**	['lɛtstə 'vɔχə]
next week (adv)	**nächste Woche**	['nɛːçstə 'vɔχə]
weekly (adj)	**wöchentlich**	['vœçəntlɪç]
every week (adv)	**wöchentlich**	['vœçəntlɪç]
twice a week	**zweimal pro Woche**	['tsvaɪmaːl pʀɔ 'vɔχə]
every Tuesday	**jeden Dienstag**	['jeːdən 'diːnstaːk]

20. Hours. Day and night

morning	**Morgen** (m)	['mɔʁɡən]
in the morning	**morgens**	['mɔʁɡəns]
noon, midday	**Mittag** (m)	['mɪtaːk]

in the afternoon	nachmittags	['naːχmɪˌtaːks]
evening	Abend (m)	['aːbənt]
in the evening	abends	['aːbənts]
night	Nacht (f)	[naχt]
at night	nachts	[naχts]
midnight	Mitternacht (f)	['mɪtɐˌnaχt]

second	Sekunde (f)	[zeˈkʊndə]
minute	Minute (f)	[miˈnuːtə]
hour	Stunde (f)	[ˈʃtʊndə]
half an hour	eine halbe Stunde	['aɪnə 'halbə 'ʃtʊndə]
a quarter-hour	Viertelstunde (f)	[ˈfɪʁtəlˌʃtʊndə]
fifteen minutes	fünfzehn Minuten	['fʏnftseːn miˈnuːtən]
24 hours	Tag und Nacht	['taːk ʊnt 'naχt]

sunrise	Sonnenaufgang (m)	[ˈzɔnənˌʔaʊfgaŋ]
dawn	Morgendämmerung (f)	[ˈmɔʁgənˌdɛməʁʊŋ]
early morning	früher Morgen (m)	[ˈfʁyːɐ ˈmɔʁgən]
sunset	Sonnenuntergang (m)	[ˈzɔnənˌʔʊntɐgaŋ]

early in the morning	früh am Morgen	[fʁyː am 'mɔʁgən]
this morning	heute morgen	['hɔɪtə 'mɔʁgən]
tomorrow morning	morgen früh	['mɔʁgən fʁyː]

this afternoon	heute Mittag	['hɔɪtə 'mɪtaːk]
in the afternoon	nachmittags	['naːχmɪˌtaːks]
tomorrow afternoon	morgen Nachmittag	['mɔʁgən 'naːχmɪˌtaːk]

| tonight (this evening) | heute Abend | ['hɔɪtə 'aːbənt] |
| tomorrow night | morgen Abend | ['mɔʁgən 'aːbənt] |

at 3 o'clock sharp	Punkt drei Uhr	[pʊŋkt dʁaɪ uːɐ]
about 4 o'clock	gegen vier Uhr	['geːgən fiːɐ uːɐ]
by 12 o'clock	um zwölf Uhr	[ʊm tsvœlf uːɐ]

in 20 minutes	in zwanzig Minuten	[ɪn 'tsvantsɪç miˈnuːtən]
in an hour	in einer Stunde	[ɪn 'aɪnɐ 'ʃtʊndə]
on time (adv)	rechtzeitig	[ˈʁɛçtˌtsaɪtɪç]

a quarter to ...	Viertel vor ...	[ˈfɪʁtəl foːɐ]
within an hour	innerhalb einer Stunde	[ˈɪnɐhalp 'aɪnɐ 'ʃtʊndə]
every 15 minutes	alle fünfzehn Minuten	['alə 'fʏnftseːn miˈnuːtən]
round the clock	Tag und Nacht	['taːk ʊnt 'naχt]

21. Months. Seasons

January	Januar (m)	[ˈjanuaːɐ]
February	Februar (m)	[ˈfeːbʁuaːɐ]
March	März (m)	[mɛʁts]
April	April (m)	[aˈpʁɪl]

May	**Mai** (m)	[maɪ]
June	**Juni** (m)	['juːni]
July	**Juli** (m)	['juːli]
August	**August** (m)	[aʊ'gʊst]
September	**September** (m)	[zɛp'tɛmbɐ]
October	**Oktober** (m)	[ɔk'toːbɐ]
November	**November** (m)	[no'vɛmbɐ]
December	**Dezember** (m)	[de'tsɛmbɐ]
spring	**Frühling** (m)	['fʀyːlɪŋ]
in spring	**im Frühling**	[ɪm 'fʀyːlɪŋ]
spring (as adj)	**Frühlings-**	['fʀyːlɪŋs]
summer	**Sommer** (m)	['zɔmɐ]
in summer	**im Sommer**	[ɪm 'zɔmɐ]
summer (as adj)	**Sommer-**	['zɔmɐ]
fall	**Herbst** (m)	[hɛʁpst]
in fall	**im Herbst**	[ɪm hɛʁpst]
fall (as adj)	**Herbst-**	[hɛʁpst]
winter	**Winter** (m)	['vɪntɐ]
in winter	**im Winter**	[ɪm 'vɪntɐ]
winter (as adj)	**Winter-**	['vɪntɐ]
month	**Monat** (m)	['moːnat]
this month	**in diesem Monat**	[ɪn 'diːzəm 'moːnat]
next month	**nächsten Monat**	['nɛːçstən 'moːnat]
last month	**letzten Monat**	['lɛtstən 'moːnat]
a month ago	**vor einem Monat**	[foːɐ 'aɪnəm 'moːnat]
in a month (a month later)	**über eine Monat**	['yːbɐ 'aɪnə 'moːnat]
in 2 months (2 months later)	**in zwei Monaten**	[ɪn tsvaɪ 'moːnatən]
the whole month	**einen ganzen Monat**	['aɪnən 'gantsən 'moːnat]
all month long	**den ganzen Monat**	[deːn 'gantsən 'moːnat]
monthly (~ magazine)	**monatlich**	['moːnatlɪç]
monthly (adv)	**monatlich**	['moːnatlɪç]
every month	**jeden Monat**	['jeːdən 'moːnat]
twice a month	**zweimal pro Monat**	['tsvaɪmaːl pʀɔ 'moːnat]
year	**Jahr** (n)	[jaːɐ]
this year	**dieses Jahr**	['diːzəs jaːɐ]
next year	**nächstes Jahr**	['nɛːçstəs jaːɐ]
last year	**voriges Jahr**	['foːʀɪgəs jaːɐ]
a year ago	**vor einem Jahr**	[foːɐ 'aɪnəm jaːɐ]
in a year	**in einem Jahr**	[ɪn 'aɪnəm jaːɐ]
in two years	**in zwei Jahren**	[ɪn tsvaɪ 'jaːʀən]
the whole year	**ein ganzes Jahr**	[aɪn 'gantsəs jaːɐ]

all year long	das ganze Jahr	[das 'gantsə jaːɐ]
every year	jedes Jahr	['jeːdəs jaːɐ]
annual (adj)	jährlich	['jɛːɐlɪç]
annually (adv)	jährlich	['jɛːɐlɪç]
4 times a year	viermal pro Jahr	['fiːɐmaːl pʀɔ jaːɐ]
date (e.g., today's ~)	Datum (n)	['daːtʊm]
date (e.g., ~ of birth)	Datum (n)	['daːtʊm]
calendar	Kalender (m)	[ka'lɛndɐ]
half a year	ein halbes Jahr	[aɪn 'halbəs jaːɐ]
six months	Halbjahr (n)	['halpˌjaːɐ]
season (summer, etc.)	Saison (f)	[zɛ'zɔŋ]
century	Jahrhundert (n)	[jaːɐ'hʊndɐt]

22. Time. Miscellaneous

time	Zeit (f)	[tsaɪt]
moment	Augenblick (m)	[ˌaʊɡən'blɪk]
instant (n)	Moment (m)	[mo'mɛnt]
instant (adj)	augenblicklich	[ˌaʊɡən'blɪklɪç]
lapse (of time)	Zeitspanne (f)	['tsaɪtˌʃpanə]
life	Leben (n)	['leːbən]
eternity	Ewigkeit (f)	['eːvɪçkaɪt]
epoch	Epoche (f)	[e'pɔxə]
era	Ära (f)	['ɛːʀa]
cycle	Zyklus (m)	['tsyːklʊs]
period	Periode (f)	[pe'ʀioːdə]
term (short-~)	Frist (f)	[fʀɪst]
the future	Zukunft (f)	['tsuːˌkʊnft]
future (as adj)	zukünftig	['tsuːˌkʏnftɪç]
next time	nächstes Mal	['nɛːçstəs mal]
the past	Vergangenheit (f)	[fɛɐ'ɡaŋənhaɪt]
past (recent)	vorig	['foːʀɪç]
last time	letztes Mal	['lɛtstəs maːl]
later (adv)	später	['ʃpɛːtɐ]
after (prep.)	danach	[da'naːx]
nowadays (adv)	zur Zeit	[tsuːɐ 'tsaɪt]
now (at this moment)	jetzt	[jɛtst]
immediately (adv)	sofort	[zo'fɔʁt]
soon (adv)	bald	[balt]
in advance (beforehand)	im Voraus	[ɪm fo'ʀaʊs]
a long time ago	lange her	['laŋə heːɐ]
recently (adv)	vor kurzem	[foːɐ 'kʊʁtsəm]
destiny	Schicksal (n)	['ʃɪkˌzaːl]
memories (childhood ~)	Erinnerungen (pl)	[ɛɐ'ʔɪnəʀʊŋən]

archives	**Archiv** (n)	[aʁˈçiːʃ]
during ...	**während ...**	[ˈvɛːʁənt]
long, a long time (adv)	**lange**	[ˈlaŋə]
not long (adv)	**nicht lange**	[nɪçt ˈlaŋə]
early (in the morning)	**früh**	[fʁyː]
late (not early)	**spät**	[ʃpɛːt]
forever (for good)	**für immer**	[fyːɐ ˈɪmɐ]
to start (begin)	**beginnen** (vt)	[bəˈɡɪnən]
to postpone (vt)	**verschieben** (vt)	[fɛɐˈʃiːbən]
at the same time	**gleichzeitig**	[ˈɡlaɪçˌtsaɪtɪç]
permanently (adv)	**ständig**	[ˈʃtɛndɪç]
constant (noise, pain)	**konstant**	[kɔnˈstant]
temporary (adj)	**zeitweilig**	[ˈtsaɪtvaɪlɪç]
sometimes (adv)	**manchmal**	[ˈmançmaːl]
rarely (adv)	**selten**	[ˈzɛltən]
often (adv)	**oft**	[ɔft]

23. Opposites

rich (adj)	**reich**	[ʁaɪç]
poor (adj)	**arm**	[aʁm]
ill, sick (adj)	**krank**	[kʁaŋk]
well (not sick)	**gesund**	[ɡəˈzʊnt]
big (adj)	**groß**	[ɡʁoːs]
small (adj)	**klein**	[klaɪn]
quickly (adv)	**schnell**	[ʃnɛl]
slowly (adv)	**langsam**	[ˈlaŋzaːm]
fast (adj)	**schnell**	[ʃnɛl]
slow (adj)	**langsam**	[ˈlaŋzaːm]
glad (adj)	**froh**	[fʁoː]
sad (adj)	**traurig**	[ˈtʁaʊʁɪç]
together (adv)	**zusammen**	[tsuˈzamən]
separately (adv)	**getrennt**	[ɡəˈtʁɛnt]
aloud (to read)	**laut**	[laʊt]
silently (to oneself)	**still**	[ʃtɪl]
tall (adj)	**hoch**	[hoːχ]
low (adj)	**niedrig**	[ˈniːdʁɪç]
deep (adj)	**tief**	[tiːf]
shallow (adj)	**flach**	[flaχ]

yes	**ja**	[ja:]
no	**nein**	[naɪn]
distant (in space)	**fern**	[fɛʁn]
nearby (adj)	**nah**	[na:]
far (adv)	**weit**	[vaɪt]
nearby (adv)	**nebenan**	[ne:bən'ʔan]
long (adj)	**lang**	[laŋ]
short (adj)	**kurz**	[kʊʁts]
good (kindhearted)	**gut**	[gu:t]
evil (adj)	**böse**	['bø:zə]
married (adj)	**verheiratet**	[fɛɐ'haɪʀa:tət]
single (adj)	**ledig**	['le:dɪç]
to forbid (vt)	**verbieten** (vt)	[fɛɐ'bi:tən]
to permit (vt)	**erlauben** (vt)	[ɛɐ'laʊbən]
end	**Ende** (n)	['ɛndə]
beginning	**Anfang** (m)	['anfaŋ]
left (adj)	**link**	[lɪŋk]
right (adj)	**recht**	[ʀɛçt]
first (adj)	**der erste**	[de:ɐ 'ɛʁstə]
last (adj)	**der letzte**	[de:ɐ 'lɛtstə]
crime	**Verbrechen** (n)	[fɛɐ'bʀɛçən]
punishment	**Bestrafung** (f)	[bə'ʃtʀa:fʊŋ]
to order (vt)	**befehlen** (vt)	[ˌbə'fe:lən]
to obey (vi, vt)	**gehorchen** (vi)	[gə'hɔʁçən]
straight (adj)	**gerade**	[gə'ʀa:də]
curved (adj)	**krumm**	[kʀʊm]
paradise	**Paradies** (n)	[paʀa'di:s]
hell	**Hölle** (f)	['hœlə]
to be born	**geboren sein**	[gə'bo:ʀən zaɪn]
to die (vi)	**sterben** (vi)	['ʃtɛʁbən]
strong (adj)	**stark**	[ʃtaʁk]
weak (adj)	**schwach**	['ʃvaχ]
old (adj)	**alt**	[alt]
young (adj)	**jung**	[jʊŋ]
old (adj)	**alt**	[alt]
new (adj)	**neu**	[nɔɪ]

hard (adj)	hart	[haʁt]
soft (adj)	weich	[vaɪç]
warm (tepid)	warm	[vaʁm]
cold (adj)	kalt	[kalt]
fat (adj)	dick	[dɪk]
thin (adj)	mager	['maːgɐ]
narrow (adj)	eng	[ɛŋ]
wide (adj)	breit	[bʁaɪt]
good (adj)	gut	[guːt]
bad (adj)	schlecht	[ʃlɛçt]
brave (adj)	tapfer	['tapfɐ]
cowardly (adj)	feige	['faɪgə]

24. Lines and shapes

square	Quadrat (n)	[kva'dʁaːt]
square (as adj)	quadratisch	[kva'dʁaːtɪʃ]
circle	Kreis (m)	[kʁaɪs]
round (adj)	rund	[ʁʊnt]
triangle	Dreieck (n)	['dʁaɪʔɛk]
triangular (adj)	dreieckig	['dʁaɪʔɛkɪç]
oval	Oval (n)	[oˈvaːl]
oval (as adj)	oval	[oˈvaːl]
rectangle	Rechteck (n)	['ʁɛçtʔɛk]
rectangular (adj)	rechteckig	['ʁɛçtʔɛkɪç]
pyramid	Pyramide (f)	[pyʁaˈmiːdə]
rhombus	Rhombus (m)	['ʁɔmbʊs]
trapezoid	Trapez (n)	[tʁaˈpeːts]
cube	Würfel (m)	['vʏʁfəl]
prism	Prisma (n)	['pʁɪsma]
circumference	Kreis (m)	[kʁaɪs]
sphere	Sphäre (f)	['sfɛːʁə]
ball (solid sphere)	Kugel (f)	['kuːgəl]
diameter	Durchmesser (m)	['dʊʁçˌmɛsɐ]
radius	Radius (m)	['ʁaːdiʊs]
perimeter (circle's ~)	Umfang (m)	['ʊmfaŋ]
center	Zentrum (n)	['tsɛntʁʊm]
horizontal (adj)	waagerecht	['vaːgəʁɛçt]
vertical (adj)	senkrecht	['zɛŋkʁɛçt]
parallel (n)	Parallele (f)	[paʁaˈleːlə]
parallel (as adj)	parallel	[paʁaˈleːl]

line	Linie (f)	['liːniə]
stroke	Strich (m)	[ʃtrɪç]
straight line	Gerade (f)	[gə'ʀaːdə]
curve (curved line)	Kurve (f)	['kʊʁvə]
thin (line, etc.)	dünn	[dʏn]
contour (outline)	Kontur (m, f)	[kɔn'tuːɐ]
intersection	Schnittpunkt (m)	['ʃnɪtˌpʊŋkt]
right angle	rechter Winkel (m)	['ʀɛçtɐ 'vɪŋkəl]
segment	Segment (n)	[zɛ'gmɛnt]
sector (circular ~)	Sektor (m)	['zɛktoːɐ]
side (of triangle)	Seite (f)	['zaɪtə]
angle	Winkel (m)	['vɪŋkəl]

25. Units of measurement

weight	Gewicht (n)	[gə'vɪçt]
length	Länge (f)	['lɛŋə]
width	Breite (f)	['bʀaɪtə]
height	Höhe (f)	['høːə]
depth	Tiefe (f)	['tiːfə]
volume	Volumen (n)	[vo'luːmən]
area	Fläche (f)	['flɛçə]
gram	Gramm (n)	[gʀam]
milligram	Milligramm (n)	['mɪliˌgʀam]
kilogram	Kilo (n)	['kiːlo]
ton	Tonne (f)	['tɔnə]
pound	Pfund (n)	[pfʊnt]
ounce	Unze (f)	['ʊntsə]
meter	Meter (m, n)	['meːtɐ]
millimeter	Millimeter (m)	['mɪliˌmeːtɐ]
centimeter	Zentimeter (m, n)	[ˌtsɛnti'meːtɐ]
kilometer	Kilometer (m)	[ˌkilo'meːtɐ]
mile	Meile (f)	['maɪlə]
inch	Zoll (m)	[tsɔl]
foot	Fuß (m)	[fuːs]
yard	Yard (n)	[jaːɐt]
square meter	Quadratmeter (m)	[kva'dʀaːtˌmeːtɐ]
hectare	Hektar (n)	['hɛktaːɐ]
liter	Liter (m, n)	['liːtɐ]
degree	Grad (m)	[gʀaːt]
volt	Volt (n)	[vɔlt]
ampere	Ampere (n)	[am'peːɐ]
horsepower	Pferdestärke (f)	['pfeːɐdəˌʃtɛʁkə]
quantity	Anzahl (f)	['antsaːl]

a little bit of ...	etwas ...	['ɛtvas]
half	Hälfte (f)	['hɛlftə]
dozen	Dutzend (n)	['dʊtsənt]
piece (item)	Stück (n)	[ʃtʏk]

| size | Größe (f) | ['gʀøːsə] |
| scale (map ~) | Maßstab (m) | ['maːsˌʃtaːp] |

minimal (adj)	minimal	[miniˈmaːl]
the smallest (adj)	der kleinste	[deːɐ 'klaɪnstə]
medium (adj)	mittler, mittel-	['mɪtlɐ], ['mɪtəl]
maximal (adj)	maximal	[maksiˈmaːl]
the largest (adj)	der größte	[deːɐ 'gʀøːstə]

26. Containers

canning jar (glass ~)	Glas (n)	[glaːs]
can	Dose (f)	['doːzə]
bucket	Eimer (m)	['aɪmɐ]
barrel	Fass (n), Tonne (f)	[fas], ['tɔnə]

wash basin (e.g., plastic ~)	Waschschüssel (n)	['vaʃʃʏsəl]
tank (100L water ~)	Tank (m)	[taŋk]
hip flask	Flachmann (m)	['flaxman]
jerrycan	Kanister (m)	[kaˈnɪstɐ]
tank (e.g., tank car)	Zisterne (f)	[tsɪsˈtɛʁnə]

mug	Kaffeebecher (m)	['kafeˌbɛçɐ]
cup (of coffee, etc.)	Tasse (f)	['tasə]
saucer	Untertasse (f)	['ʊntɐˌtasə]
glass (tumbler)	Wasserglas (n)	['vasɐˌglaːs]
wine glass	Weinglas (n)	['vaɪnˌglaːs]
stock pot (soup pot)	Kochtopf (m)	['kɔxˌtɔpf]

| bottle (~ of wine) | Flasche (f) | ['flaʃə] |
| neck (of the bottle, etc.) | Flaschenhals (m) | ['flaʃənˌhals] |

carafe (decanter)	Karaffe (f)	[kaˈʀafə]
pitcher	Tonkrug (m)	['toːnˌkʀuːk]
vessel (container)	Gefäß (n)	[gəˈfɛːs]
pot (crock, stoneware ~)	Tontopf (m)	['toːnˌtɔpf]
vase	Vase (f)	['vaːzə]

flacon, bottle (perfume ~)	Flakon (n)	[flaˈkɔŋ]
vial, small bottle	Fläschchen (n)	['flɛʃçən]
tube (of toothpaste)	Tube (f)	['tuːbə]

sack (bag)	Sack (m)	[zak]
bag (paper ~, plastic ~)	Tüte (f)	['tyːtə]
pack (of cigarettes, etc.)	Schachtel (f)	['ʃaxtəl]

box (e.g., shoebox)	Karton (m)	[kaʁˈtɔŋ]
crate	Kiste (f)	[ˈkɪstə]
basket	Korb (m)	[kɔʁp]

27. Materials

material	Stoff (n)	[ʃtɔf]
wood (n)	Holz (n)	[hɔlts]
wood-, wooden (adj)	hölzern	[ˈhœltsɐn]

| glass (n) | Glas (n) | [glaːs] |
| glass (as adj) | gläsern, Glas- | [ˈglɛːzɐn], [glaːs] |

| stone (n) | Stein (m) | [ʃtaɪn] |
| stone (as adj) | steinern | [ˈʃtaɪnɐn] |

| plastic (n) | Kunststoff (m) | [ˈkʊnstʃtɔf] |
| plastic (as adj) | Kunststoff- | [ˈkʊnstʃtɔf] |

| rubber (n) | Gummi (m, n) | [ˈgʊmi] |
| rubber (as adj) | Gummi- | [ˈgʊmi] |

| cloth, fabric (n) | Stoff (m) | [ʃtɔf] |
| fabric (as adj) | aus Stoff | [ˈaʊs ʃtɔf] |

| paper (n) | Papier (n) | [paˈpiːɐ] |
| paper (as adj) | Papier- | [paˈpiːɐ] |

| cardboard (n) | Pappe (f) | [ˈpapə] |
| cardboard (as adj) | Pappen- | [ˈpapən] |

polyethylene	Polyäthylen (n)	[polyʔɛtyˈleːn]
cellophane	Zellophan (n)	[tsɛloˈfaːn]
linoleum	Linoleum (n)	[liˈnoːleʊm]
plywood	Furnier (n)	[fʊʁˈniːɐ]

porcelain (n)	Porzellan (n)	[pɔʁtsɛˈlaːn]
porcelain (as adj)	aus Porzellan	[ˈaʊs pɔʁtsɛˈlaːn]
clay (n)	Ton (m)	[toːn]
clay (as adj)	Ton-	[toːn]
ceramic (n)	Keramik (f)	[keˈʁaːmɪk]
ceramic (as adj)	keramisch	[keˈʁaːmɪʃ]

28. Metals

metal (n)	Metall (n)	[meˈtal]
metal (as adj)	metallisch, Metall-	[meˈtalɪʃ], [meˈtal]
alloy (n)	Legierung (f)	[leˈgiːʁʊŋ]

gold (n)	**Gold** (n)	[gɔlt]
gold, golden (adj)	**golden**	['gɔldən]
silver (n)	**Silber** (n)	['zɪlbə]
silver (as adj)	**silbern, Silber-**	['zɪlbɐn], ['zɪlbɐ]
iron (n)	**Eisen** (n)	['aɪzən]
iron-, made of iron (adj)	**eisern, Eisen-**	['aɪzɐn], ['aɪzən]
steel (n)	**Stahl** (m)	[ʃtaːl]
steel (as adj)	**stählern**	['ʃtɛːlɐn]
copper (n)	**Kupfer** (n)	['kʊpfɐ]
copper (as adj)	**kupfern, Kupfer-**	['kʊpfɐn], ['kʊpfɐ]
aluminum (n)	**Aluminium** (n)	[aluˈmiːnjʊm]
aluminum (as adj)	**Aluminium-**	[aluːˈmiːnjʊm]
bronze (n)	**Bronze** (f)	['bʀɔŋsə]
bronze (as adj)	**bronzen**	['bʀɔŋsən]
brass	**Messing** (n)	['mɛsɪŋ]
nickel	**Nickel** (n)	['nɪkəl]
platinum	**Platin** (n)	['plaːtiːn]
mercury	**Quecksilber** (n)	['kvɛkˌzɪlbɐ]
tin	**Zinn** (n)	[tsɪn]
lead	**Blei** (n)	[blaɪ]
zinc	**Zink** (n)	[tsɪŋk]

HUMAN BEING

Human being. The body

29. Humans. Basic concepts

human being	**Mensch** (m)	[mɛnʃ]
man (adult male)	**Mann** (m)	[man]
woman	**Frau** (f)	[fʀaʊ]
child	**Kind** (n)	[kɪnt]
girl	**Mädchen** (n)	['mɛːtçən]
boy	**Junge** (m)	['jʊŋə]
teenager	**Teenager** (m)	['tiːneːdʒɐ]
old man	**Greis** (m)	[gʀaɪs]
old woman	**alte Frau** (f)	['altə 'fʀaʊ]

30. Human anatomy

organism (body)	**Organismus** (m)	[ˌɔʀgaˈnɪsmʊs]
heart	**Herz** (n)	[hɛʀts]
blood	**Blut** (n)	[bluːt]
artery	**Arterie** (f)	[aʀˈteːʀiə]
vein	**Vene** (f)	[ˈveːnə]
brain	**Gehirn** (n)	[gəˈhɪʀn]
nerve	**Nerv** (m)	[nɛʀf]
nerves	**Nerven** (pl)	[ˈnɛʀfən]
vertebra	**Wirbel** (m)	[ˈvɪʀbəl]
spine (backbone)	**Wirbelsäule** (f)	[ˈvɪʀbəlˌzɔɪlə]
stomach (organ)	**Magen** (m)	[ˈmaːgən]
intestines, bowels	**Gedärm** (n)	[gəˈdɛʀm]
intestine (e.g., large ~)	**Darm** (m)	[daʀm]
liver	**Leber** (f)	[ˈleːbɐ]
kidney	**Niere** (f)	[ˈniːʀə]
bone	**Knochen** (m)	[ˈknɔxən]
skeleton	**Skelett** (n)	[skeˈlɛt]
rib	**Rippe** (f)	[ˈʀɪpə]
skull	**Schädel** (m)	[ˈʃɛːdəl]
muscle	**Muskel** (m)	[ˈmʊskəl]
biceps	**Bizeps** (m)	[ˈbiːtsɛps]

triceps	**Trizeps** (m)	['tʀiːtsɛps]
tendon	**Sehne** (f)	['zeːnə]
joint	**Gelenk** (n)	[gə'lɛŋk]
lungs	**Lungen** (pl)	['lʊŋən]
genitals	**Geschlechtsorgane** (pl)	[gə'ʃlɛçts?ɔʁˌgaːnə]
skin	**Haut** (f)	[haʊt]

31. Head

head	**Kopf** (m)	[kɔpf]
face	**Gesicht** (n)	[gə'zɪçt]
nose	**Nase** (f)	['naːzə]
mouth	**Mund** (m)	[mʊnt]

eye	**Auge** (n)	['aʊgə]
eyes	**Augen** (pl)	['aʊgən]
pupil	**Pupille** (f)	[pu'pɪlə]
eyebrow	**Augenbraue** (f)	['aʊgənˌbʀaʊə]
eyelash	**Wimper** (f)	['vɪmpɐ]
eyelid	**Augenlid** (n)	['aʊgənˌliːt]

tongue	**Zunge** (f)	['tsʊŋə]
tooth	**Zahn** (m)	[tsaːn]
lips	**Lippen** (pl)	['lɪpən]
cheekbones	**Backenknochen** (pl)	['bakənˌknɔχən]
gum	**Zahnfleisch** (n)	['tsaːnˌflaɪʃ]
palate	**Gaumen** (m)	['gaʊmən]

nostrils	**Nasenlöcher** (pl)	['naːzənˌlœçɐ]
chin	**Kinn** (n)	[kɪn]
jaw	**Kiefer** (m)	['kiːfɐ]
cheek	**Wange** (f)	['vaŋə]

forehead	**Stirn** (f)	[ʃtɪʀn]
temple	**Schläfe** (f)	['ʃlɛːfə]
ear	**Ohr** (n)	[oːɐ]
back of the head	**Nacken** (m)	['nakən]
neck	**Hals** (m)	[hals]
throat	**Kehle** (f)	['keːlə]

hair	**Haare** (pl)	['haːʀə]
hairstyle	**Frisur** (f)	[ˌfʀi'zuːɐ]
haircut	**Haarschnitt** (m)	['haːɐʃnɪt]
wig	**Perücke** (f)	[pe'ʀʏkə]

mustache	**Schnurrbart** (m)	['ʃnʊʁˌbaːɐt]
beard	**Bart** (m)	[baːɐt]
to have (a beard, etc.)	**haben** (vt)	[haːbən]
braid	**Zopf** (m)	[tsɔpf]
sideburns	**Backenbart** (m)	['bakənˌbaːɐt]

red-haired (adj)	rothaarig	['ʀoːtˌhaːʀɪç]
gray (hair)	grau	[gʀaʊ]
bald (adj)	kahl	[kaːl]
bald patch	Glatze (f)	['glatsə]
ponytail	Pferdeschwanz (m)	['pfeːedəʃvants]
bangs	Pony (m)	['pɔni]

32. Human body

hand	Hand (f)	[hant]
arm	Arm (m)	[aʁm]
finger	Finger (m)	['fɪŋɐ]
toe	Zehe (f)	['tseːə]
thumb	Daumen (m)	['daʊmən]
little finger	kleiner Finger (m)	['klaɪnɐ 'fɪŋɐ]
nail	Nagel (m)	['naːgəl]
fist	Faust (f)	[faʊst]
palm	Handfläche (f)	['hantˌflɛçə]
wrist	Handgelenk (n)	['hantˌgəˌlɛŋk]
forearm	Unterarm (m)	['ʊntɐˌʔaʁm]
elbow	Ellbogen (m)	['ɛlˌboːgən]
shoulder	Schulter (f)	['ʃʊltɐ]
leg	Bein (n)	[baɪn]
foot	Fuß (m)	[fuːs]
knee	Knie (n)	[kniː]
calf (part of leg)	Wade (f)	['vaːdə]
hip	Hüfte (f)	['hʏftə]
heel	Ferse (f)	['fɛʁzə]
body	Körper (m)	['kœʁpɐ]
stomach	Bauch (m)	['baʊx]
chest	Brust (f)	[bʀʊst]
breast	Busen (m)	['buːzən]
flank	Seite (f), Flanke (f)	['zaɪtə], ['flaŋkə]
back	Rücken (m)	['ʀʏkən]
lower back	Kreuz (n)	[kʀɔɪts]
waist	Taille (f)	['taljə]
navel (belly button)	Nabel (m)	['naːbəl]
buttocks	Gesäßbacken (pl)	[gəˈzɛːsˌbakən]
bottom	Hinterteil (n)	['hɪntɐˌtaɪl]
beauty mark	Leberfleck (m)	['leːbɐˌflɛk]
birthmark	Muttermal (n)	['muːtɐˌmaːl]
(café au lait spot)		
tattoo	Tätowierung (f)	[tɛtoˈviːʀʊŋ]
scar	Narbe (f)	['naʁbə]

Clothing & Accessories

33. Outerwear. Coats

clothes	**Kleidung** (f)	['klaɪdʊŋ]
outerwear	**Oberkleidung** (f)	['oːbɐˌklaɪdʊŋ]
winter clothing	**Winterkleidung** (f)	['vɪntɐˌklaɪdʊŋ]
coat (overcoat)	**Mantel** (m)	['mantəl]
fur coat	**Pelzmantel** (m)	['pɛltsˌmantəl]
fur jacket	**Pelzjacke** (f)	['pɛltsˌjakə]
down coat	**Daunenjacke** (f)	['daʊnənˌjakə]
jacket (e.g., leather ~)	**Jacke** (f)	['jakə]
raincoat (trenchcoat, etc.)	**Regenmantel** (m)	['ʀeːgənˌmantəl]
waterproof (adj)	**wasserdicht**	['vasɐˌdɪçt]

34. Men's & women's clothing

shirt (button shirt)	**Hemd** (n)	[hɛmt]
pants	**Hose** (f)	['hoːzə]
jeans	**Jeans** (f)	[dʒiːns]
suit jacket	**Jackett** (n)	[ʒa'kɛt]
suit	**Anzug** (m)	['anˌtsuːk]
dress (frock)	**Kleid** (n)	[klaɪt]
skirt	**Rock** (m)	[ʀɔk]
blouse	**Bluse** (f)	['bluːzə]
knitted jacket (cardigan, etc.)	**Strickjacke** (f)	['ʃtʀɪkˌjakə]
jacket (of woman's suit)	**Jacke** (f)	['jakə]
T-shirt	**T-Shirt** (n)	['tiːʃøːet]
shorts (short trousers)	**Shorts** (pl)	[ʃɔʊts]
tracksuit	**Sportanzug** (m)	['ʃpɔʊtˌantsuːk]
bathrobe	**Bademantel** (m)	['baːdəˌmantəl]
pajamas	**Schlafanzug** (m)	['ʃlaːfʔanˌtsuːk]
sweater	**Sweater** (m)	['swɛtɐ]
pullover	**Pullover** (m)	[pʊ'loːvɐ]
vest	**Weste** (f)	['vɛstə]
tailcoat	**Frack** (m)	[fʀak]
tuxedo	**Smoking** (m)	['smoːkɪŋ]

uniform	**Uniform** (f)	['ʊniˌfɔʁm]
workwear	**Arbeitskleidung** (f)	['aʁbaɪtsˌklaɪdʊŋ]
overalls	**Overall** (m)	['o:vəʀal]
coat (e.g., doctor's smock)	**Kittel** (m)	['kɪtəl]

35. Clothing. Underwear

underwear	**Unterwäsche** (f)	['ʊnteˌvɛʃə]
boxers, briefs	**Herrenslip** (m)	['hɛʀənˌslɪp]
panties	**Damenslip** (m)	['da:mənˌslɪp]
undershirt (A-shirt)	**Unterhemd** (n)	['ʊnteˌhɛmt]
socks	**Socken** (pl)	['zɔkən]
nightdress	**Nachthemd** (n)	['naxtˌhɛmt]
bra	**Büstenhalter** (m)	['bystənˌhaltɐ]
knee highs (knee-high socks)	**Kniestrümpfe** (pl)	['kni:ˌʃtʀʏmpfə]
pantyhose	**Strumpfhose** (f)	['ʃtʀʊmpfˌho:zə]
stockings (thigh highs)	**Strümpfe** (pl)	['ʃtʀʏmpfə]
bathing suit	**Badeanzug** (m)	['ba:dəˌʔantsu:k]

36. Headwear

hat	**Mütze** (f)	['mʏtsə]
fedora	**Filzhut** (m)	['fɪltsˌhu:t]
baseball cap	**Baseballkappe** (f)	['bɛɪsbo:lˌkapə]
flatcap	**Schiebermütze** (f)	['ʃi:beˌmʏtsə]
beret	**Baskenmütze** (f)	['baskənˌmʏtsə]
hood	**Kapuze** (f)	[ka'pu:tsə]
panama hat	**Panamahut** (m)	['panama:ˌhu:t]
knit cap (knitted hat)	**Strickmütze** (f)	['ʃtʀɪkˌmʏtsə]
headscarf	**Kopftuch** (n)	['kɔpfˌtu:x]
women's hat	**Damenhut** (m)	['da:mənˌhu:t]
hard hat	**Schutzhelm** (m)	['ʃʊtsˌhɛlm]
garrison cap	**Feldmütze** (f)	['fɛltˌmʏtsə]
helmet	**Helm** (m)	[hɛlm]
derby	**Melone** (f)	[me'lo:nə]
top hat	**Zylinder** (m)	[tsy'lɪndɐ]

37. Footwear

| footwear | **Schuhe** (pl) | ['ʃu:ə] |
| shoes (men's shoes) | **Stiefeletten** (pl) | [ʃti:fə'lɛtən] |

English	German	Pronunciation
shoes (women's shoes)	Halbschuhe (pl)	['halpʃuːə]
boots (e.g., cowboy ~)	Stiefel (pl)	['ʃtiːfəl]
slippers	Hausschuhe (pl)	['haʊsʃuːə]
tennis shoes (e.g., Nike ~)	Tennisschuhe (pl)	['tɛnɪsʃuːə]
sneakers (e.g., Converse ~)	Leinenschuhe (pl)	['laɪnən·ʃuːə]
sandals	Sandalen (pl)	[zan'daːlən]
cobbler (shoe repairer)	Schuster (m)	['ʃuːstɐ]
heel	Absatz (m)	['apˌzats]
pair (of shoes)	Paar (n)	[paːɐ]
shoestring	Schnürsenkel (m)	['ʃnyːɐˌsɛŋkəl]
to lace (vt)	schnüren (vt)	['ʃnyːʀən]
shoehorn	Schuhlöffel (m)	['ʃuːˌlœfəl]
shoe polish	Schuhcreme (f)	['ʃuːˌkʀɛːm]

38. Textile. Fabrics

English	German	Pronunciation
cotton (n)	Baumwolle (f)	['baʊmˌvɔlə]
cotton (as adj)	Baumwolle-	['baʊmˌvɔlə]
flax (n)	Leinen (m)	['laɪnən]
flax (as adj)	Leinen-	['laɪnən]
silk (n)	Seide (f)	['zaɪdə]
silk (as adj)	Seiden-	['zaɪdən]
wool (n)	Wolle (f)	['vɔlə]
wool (as adj)	Woll-	['vɔl]
velvet	Samt (m)	[zamt]
suede	Wildleder (n)	['vɪltˌleːdɐ]
corduroy	Cord (m)	[kɔʁt]
nylon (n)	Nylon (n)	['naɪlɔn]
nylon (as adj)	Nylon-	['naɪlɔn]
polyester (n)	Polyester (m)	[polɪ'ɛstɐ]
polyester (as adj)	Polyester-	[polɪ'ɛstɐ]
leather (n)	Leder (n)	['leːdɐ]
leather (as adj)	Leder	['leːdɐ]
fur (n)	Pelz (m)	[pɛlts]
fur (e.g., ~ coat)	Pelz-	[pɛlts]

39. Personal accessories

English	German	Pronunciation
gloves	Handschuhe (pl)	['hantʃuːə]
mittens	Fausthandschuhe (pl)	['faʊst·hantʃuːə]

scarf (muffler)	Schal (m)	[ʃaːl]
glasses (eyeglasses)	Brille (f)	['bʀɪlə]
frame (eyeglass ~)	Brillengestell (n)	['bʀɪlən·gə'ʃtɛl]
umbrella	Regenschirm (m)	['ʀeːgənˌʃɪʀm]
walking stick	Spazierstock (m)	[ʃpa'tsiːɐˌʃtɔk]
hairbrush	Haarbürste (f)	['haːɐˌbʏʀstə]
fan	Fächer (m)	['fɛçɐ]

tie (necktie)	Krawatte (f)	[kʀa'vatə]
bow tie	Fliege (f)	['fliːgə]
suspenders	Hosenträger (pl)	['hoːzənˌtʀɛːgɐ]
handkerchief	Taschentuch (n)	['taʃənˌtuːx]

comb	Kamm (m)	[kam]
barrette	Haarspange (f)	['haːɐˌʃpaŋə]
hairpin	Haarnadel (f)	['haːɐˌnaːdəl]
buckle	Schnalle (f)	['ʃnalə]

| belt | Gürtel (m) | ['gʏʀtəl] |
| shoulder strap | Umhängegurt (m) | ['ʊmhɛŋəˌgʊʀt] |

bag (handbag)	Tasche (f)	['taʃə]
purse	Handtasche (f)	['hantˌtaʃə]
backpack	Rucksack (m)	['ʀʊkˌzak]

40. Clothing. Miscellaneous

fashion	Mode (f)	['moːdə]
in vogue (adj)	modisch	['moːdɪʃ]
fashion designer	Modedesigner (m)	['moːdə·di'zaɪnɐ]

collar	Kragen (m)	['kʀaːgən]
pocket	Tasche (f)	['taʃə]
pocket (as adj)	Taschen-	['taʃən]
sleeve	Ärmel (m)	['ɛʀməl]
hanging loop	Aufhänger (m)	['aʊfˌhɛŋɐ]
fly (on trousers)	Hosenschlitz (m)	['hoːzənˌʃlɪts]

zipper (fastener)	Reißverschluss (m)	['ʀaɪs·fɛɐˌʃlʊs]
fastener	Verschluss (m)	[fɛɐ'ʃlʊs]
button	Knopf (m)	[knɔpf]
buttonhole	Knopfloch (n)	['knɔpfˌlɔx]
to come off (ab. button)	abgehen (vi)	['apˌgeːən]

to sew (vi, vt)	nähen (vi, vt)	['nɛːən]
to embroider (vi, vt)	sticken (vt)	['ʃtɪkən]
embroidery	Stickerei (f)	[ʃtɪkə'ʀaɪ]
sewing needle	Nadel (f)	['naːdəl]
thread	Faden (m)	['faːdən]
seam	Naht (f)	[naːt]

to get dirty (vi)	sich beschmutzen	[zɪç bə'ʃmʊtsən]
stain (mark, spot)	Fleck (m)	[flɛk]
to crease, crumple (vi)	sich knittern	[zɪç 'knɪtən]
to tear, to rip (vt)	zerreißen (vt)	[tsɛɐ'ʀaɪsən]
clothes moth	Motte (f)	['mɔtə]

41. Personal care. Cosmetics

toothpaste	Zahnpasta (f)	['tsa:n‚pasta]
toothbrush	Zahnbürste (f)	['tsa:n‚bʏʁstə]
to brush one's teeth	Zähne putzen	['tsɛ:nə 'pʊtsən]

razor	Rasierer (m)	[ʀa'zi:ʀɐ]
shaving cream	Rasiercreme (f)	[ʀa'zi:ɐ‚kʀɛ:m]
to shave (vi)	sich rasieren	[zɪç ʀa'zi:ʀən]

| soap | Seife (f) | ['zaɪfə] |
| shampoo | Shampoo (n) | ['ʃampu] |

scissors	Schere (f)	['ʃe:ʀə]
nail file	Nagelfeile (f)	['na:gəl‚faɪlə]
nail clippers	Nagelzange (f)	['na:gəl‚tsaŋə]
tweezers	Pinzette (f)	[pɪn'tsɛtə]

cosmetics	Kosmetik (f)	[kɔs'me:tɪk]
face mask	Gesichtsmaske (f)	[gə'zɪçts‚maskə]
manicure	Maniküre (f)	[mani'ky:ʀə]
to have a manicure	Maniküre machen	[mani'ky:ʀə 'maxən]
pedicure	Pediküre (f)	[pedi'ky:ʀə]

make-up bag	Kosmetiktasche (f)	[kɔs'me:tɪk‚taʃə]
face powder	Puder (m)	['pu:dɐ]
powder compact	Puderdose (f)	['pu:dɐ‚do:zə]
blusher	Rouge (n)	[ʀu:ʒ]

perfume (bottled)	Parfüm (n)	[paʁ'fy:m]
toilet water (lotion)	Duftwasser (n)	['dʊft‚vasɐ]
lotion	Lotion (f)	[lo'tsjo:n]
cologne	Kölnischwasser (n)	['kœlnɪʃ‚vasɐ]

eyeshadow	Lidschatten (m)	['li:tʃatən]
eyeliner	Kajalstift (m)	[ka'ja:l‚ʃtɪft]
mascara	Wimperntusche (f)	['vɪmpɐn‚tʊʃə]

lipstick	Lippenstift (m)	['lɪpənʃtɪft]
nail polish, enamel	Nagellack (m)	['na:gəl‚lak]
hair spray	Haarlack (m)	['ha:ɐ‚lak]
deodorant	Deodorant (n)	[deodo'ʀant]
cream	Creme (f)	[kʀɛ:m]
face cream	Gesichtscreme (f)	[gə'zɪçts‚kʀɛ:m]

hand cream	**Handcreme** (f)	['hant‚kʀɛːm]
anti-wrinkle cream	**Anti-Falten-Creme** (f)	[‚anti'faltən·kʀɛːm]
day cream	**Tagescreme** (f)	['taːgəs‚kʀɛːm]
night cream	**Nachtcreme** (f)	['naxt‚kʀɛːm]
day (as adj)	**Tages-**	['taːgəs]
night (as adj)	**Nacht-**	[naxt]
tampon	**Tampon** (m)	['tampoːn]
toilet paper (toilet roll)	**Toilettenpapier** (n)	[toa'lɛtən·pa‚piːɐ]
hair dryer	**Föhn** (m)	['føːn]

42. Jewelry

jewelry, jewels	**Schmuck** (m)	[ʃmʊk]
precious (e.g., ~ stone)	**Edel-**	['eːdəl]
hallmark stamp	**Repunze** (f)	[ʀe'pʊntsə]
ring	**Ring** (m)	[ʀɪŋ]
wedding ring	**Ehering** (m)	['eːɐ‚ʀɪŋ]
bracelet	**Armband** (n)	['aʁm‚bant]
earrings	**Ohrringe** (pl)	['oːɐ‚ʀɪŋə]
necklace (~ of pearls)	**Kette** (f)	['kɛtə]
crown	**Krone** (f)	['kʀoːnə]
bead necklace	**Halskette** (f)	['hals‚kɛtə]
diamond	**Brillant** (m)	[bʀɪl'jant]
emerald	**Smaragd** (m)	[sma'ʀakt]
ruby	**Rubin** (m)	[ʀu'biːn]
sapphire	**Saphir** (m)	['zaːfiɐ]
pearl	**Perle** (f)	['pɛʁlə]
amber	**Bernstein** (m)	['bɛʁnʃtaɪn]

43. Watches. Clocks

watch (wristwatch)	**Armbanduhr** (f)	['aʁmbant‚ʔuːɐ]
dial	**Zifferblatt** (n)	['tsɪfɐ‚blat]
hand (of clock, watch)	**Zeiger** (m)	['tsaɪgɐ]
metal watch band	**Metallarmband** (n)	[me'tal‚ʔaʁmbant]
watch strap	**Uhrenarmband** (n)	['uːʀən‚ʔaʁmbant]
battery	**Batterie** (f)	[batə'ʀiː]
to be dead (battery)	**verbraucht sein**	[fɛɐ'bʀaʊxt zaɪn]
to change a battery	**die Batterie wechseln**	[di batə'ʀiː 'vɛksəln]
to run fast	**vorgehen** (vi)	['foːɐ‚geːən]
to run slow	**nachgehen** (vi)	['naːx‚geːən]
wall clock	**Wanduhr** (f)	['vant‚ʔuːɐ]
hourglass	**Sanduhr** (f)	['zant‚ʔuːɐ]

sundial	**Sonnenuhr** (f)	['zɔnən‿ʔuːɐ]
alarm clock	**Wecker** (m)	['vɛkɐ]
watchmaker	**Uhrmacher** (m)	['uːɐˌmaxɐ]
to repair (vt)	**reparieren** (vt)	[ʀepaˈʀiːʀən]

Food. Nutricion

44. Food

meat	**Fleisch** (n)	[flaɪʃ]
chicken	**Hühnerfleisch** (n)	['hy:nəˌflaɪʃ]
Rock Cornish hen (poussin)	**Küken** (n)	['ky:kən]
duck	**Ente** (f)	['ɛntə]
goose	**Gans** (f)	[gans]
game	**Wild** (n)	[vɪlt]
turkey	**Pute** (f)	['pu:tə]
pork	**Schweinefleisch** (n)	['ʃvaɪnəˌflaɪʃ]
veal	**Kalbfleisch** (n)	['kalpˌflaɪʃ]
lamb	**Hammelfleisch** (n)	['haməlˌflaɪʃ]
beef	**Rindfleisch** (n)	['ʀɪntˌflaɪʃ]
rabbit	**Kaninchenfleisch** (n)	[ka'ni:nçənˌflaɪʃ]
sausage (bologna, etc.)	**Wurst** (f)	[vʊʀst]
vienna sausage (frankfurter)	**Würstchen** (n)	['vyʀstçən]
bacon	**Schinkenspeck** (m)	['ʃɪŋkənˌʃpɛk]
ham	**Schinken** (m)	['ʃɪŋkən]
gammon	**Räucherschinken** (m)	['ʀɔɪçɐˌʃɪŋkən]
pâté	**Pastete** (f)	[pas'te:tə]
liver	**Leber** (f)	['le:bɐ]
hamburger (ground beef)	**Hackfleisch** (n)	['hakˌflaɪʃ]
tongue	**Zunge** (f)	['tsʊŋə]
egg	**Ei** (n)	[aɪ]
eggs	**Eier** (pl)	['aɪɐ]
egg white	**Eiweiß** (n)	['aɪvaɪs]
egg yolk	**Eigelb** (n)	['aɪgɛlp]
fish	**Fisch** (m)	[fɪʃ]
seafood	**Meeresfrüchte** (pl)	['me:ʀəsˌfʀʏçtə]
crustaceans	**Krebstiere** (pl)	['kʀe:psˌti:ʀə]
caviar	**Kaviar** (m)	['ka:vɪaʀ]
crab	**Krabbe** (f)	['kʀabə]
shrimp	**Garnele** (f)	[gaʀ'ne:lə]
oyster	**Auster** (f)	['aʊstɐ]
spiny lobster	**Languste** (f)	[laŋ'gʊstə]
octopus	**Krake** (m)	['kʀa:kə]

squid	Kalmar (m)	['kalmaʁ]
sturgeon	Störfleisch (n)	['ʃtøːɐˌflaɪʃ]
salmon	Lachs (m)	[laks]
halibut	Heilbutt (m)	['haɪlbʊt]
cod	Dorsch (m)	[dɔʁʃ]
mackerel	Makrele (f)	[ma'kʀeːlə]
tuna	Tunfisch (m)	['tuːnfɪʃ]
eel	Aal (m)	[aːl]
trout	Forelle (f)	[ˌfo'ʀɛlə]
sardine	Sardine (f)	[zaʁ'diːnə]
pike	Hecht (m)	[hɛçt]
herring	Hering (m)	['heːʀɪŋ]
bread	Brot (n)	[bʀoːt]
cheese	Käse (m)	['kɛːzə]
sugar	Zucker (m)	['tsʊkɐ]
salt	Salz (n)	[zalts]
rice	Reis (m)	[ʀaɪs]
pasta (macaroni)	Teigwaren (pl)	['taɪkˌvaːʀən]
noodles	Nudeln (pl)	['nuːdəln]
butter	Butter (f)	['bʊtɐ]
vegetable oil	Pflanzenöl (n)	['pflantsənˌʔøːl]
sunflower oil	Sonnenblumenöl (n)	['zɔnənbluːmənˌʔøːl]
margarine	Margarine (f)	[maʁga'ʀiːnə]
olives	Oliven (pl)	[o'liːvən]
olive oil	Olivenöl (n)	[o'liːvənˌʔøːl]
milk	Milch (f)	[mɪlç]
condensed milk	Kondensmilch (f)	[kɔn'dɛnsˌmɪlç]
yogurt	Joghurt (m, f)	['joːgʊʁt]
sour cream	saure Sahne (f)	['zaʊʀə 'zaːnə]
cream (of milk)	Sahne (f)	['zaːnə]
mayonnaise	Mayonnaise (f)	[majo'nɛːzə]
buttercream	Buttercreme (f)	['bʊtɐˌkʀɛːm]
groats (barley ~, etc.)	Grütze (f)	['gʀʏtsə]
flour	Mehl (n)	[meːl]
canned food	Konserven (pl)	[kɔn'zɛʁvən]
cornflakes	Maisflocken (pl)	[maɪs'flɔkən]
honey	Honig (m)	['hoːnɪç]
jam	Marmelade (f)	[ˌmaʁmə'laːdə]
chewing gum	Kaugummi (m, n)	['kaʊˌgʊmi]

45. Drinks

water	Wasser (n)	['vasɐ]
drinking water	Trinkwasser (n)	['tʀɪŋk͜ˌvasɐ]
mineral water	Mineralwasser (n)	[mine'ʀaːlˌvasɐ]
still (adj)	still	[ʃtɪl]
carbonated (adj)	mit Kohlensäure	[mɪt 'koːlənˌzɔɪʀə]
sparkling (adj)	mit Gas	[mɪt gaːs]
ice	Eis (n)	[aɪs]
with ice	mit Eis	[mɪt aɪs]
non-alcoholic (adj)	alkoholfrei	['alkohoːlˑfʀaɪ]
soft drink	alkoholfreies Getränk (n)	['alkohoːlˑfʀaɪəs gə'tʀɛŋk]
refreshing drink	Erfrischungsgetränk (n)	[ɛɐ̯'fʀɪʃʊŋsˑgəˌtʀɛŋk]
lemonade	Limonade (f)	[limo'naːdə]
liquors	Spirituosen (pl)	[ʃpiʀi'tʊoːzən]
wine	Wein (m)	[vaɪn]
white wine	Weißwein (m)	['vaɪsˌvaɪn]
red wine	Rotwein (m)	['ʀoːtˌvaɪn]
liqueur	Likör (m)	[li'køːɐ]
champagne	Champagner (m)	[ʃam'panjɐ]
vermouth	Wermut (m)	['veːɐmuːt]
whiskey	Whisky (m)	['vɪski]
vodka	Wodka (m)	['vɔtka]
gin	Gin (m)	[dʒɪn]
cognac	Kognak (m)	['kɔnjak]
rum	Rum (m)	[ʀʊm]
coffee	Kaffee (m)	['kafe]
black coffee	schwarzer Kaffee (m)	['ʃvaʁtsɐ 'kafe]
coffee with milk	Milchkaffee (m)	['mɪlçˑkaˌfeː]
cappuccino	Cappuccino (m)	[ˌkapʊ'tʃiːno]
instant coffee	Pulverkaffee (m)	['pʊlfɐˌkafe]
milk	Milch (f)	[mɪlç]
cocktail	Cocktail (m)	['kɔktɛɪl]
milkshake	Milchcocktail (m)	['mɪlçˌkɔktɛɪl]
juice	Saft (m)	[zaft]
tomato juice	Tomatensaft (m)	[to'maːtənˌzaft]
orange juice	Orangensaft (m)	[o'ʀaːnʒənˌzaft]
freshly squeezed juice	frisch gepresster Saft (m)	[fʀɪʃ gə'pʀɛstə zaft]
beer	Bier (n)	[biːɐ]
light beer	Helles (n)	['hɛlɛs]
dark beer	Dunkelbier (n)	['dʊŋkəlˌbiːɐ]
tea	Tee (m)	[teː]

| black tea | schwarzer Tee (m) | ['ʃvaʁtsɐ 'te:] |
| green tea | grüner Tee (m) | ['gʁy:nɐ te:] |

46. Vegetables

| vegetables | Gemüse (n) | [gə'my:zə] |
| greens | grünes Gemüse (pl) | ['gʁy:nəs gə'my:zə] |

tomato	Tomate (f)	[to'ma:tə]
cucumber	Gurke (f)	['gʊʁkə]
carrot	Karotte (f)	[ka'ʁɔtə]
potato	Kartoffel (f)	[kaʁ'tɔfəl]
onion	Zwiebel (f)	['tsvi:bəl]
garlic	Knoblauch (m)	['kno:pˌlaʊχ]

cabbage	Kohl (m)	[ko:l]
cauliflower	Blumenkohl (m)	['blu:mənˌko:l]
Brussels sprouts	Rosenkohl (m)	['ʁo:zənˌko:l]
broccoli	Brokkoli (m)	['bʁɔkoli]

beet	Rote Bete (f)	[ˌʁo:tə'be:tə]
eggplant	Aubergine (f)	[ˌobɛʁ'ʒi:nə]
zucchini	Zucchini (f)	[tsʊ'ki:ni]
pumpkin	Kürbis (m)	['kyʁbɪs]
turnip	Rübe (f)	['ʁy:bə]

parsley	Petersilie (f)	[petɐ'zi:lɪə]
dill	Dill (m)	[dɪl]
lettuce	Kopf Salat (m)	[kɔpf za'la:t]
celery	Sellerie (m)	['zɛləʁi]
asparagus	Spargel (m)	['ʃpaʁgəl]
spinach	Spinat (m)	[ʃpi'na:t]

pea	Erbse (f)	['ɛʁpsə]
beans	Bohnen (pl)	['bo:nən]
corn (maize)	Mais (m)	['maɪs]
kidney bean	weiße Bohne (f)	['vaɪsə 'bo:nə]

bell pepper	Paprika (m)	['papʁika]
radish	Radieschen (n)	[ʁa'di:sçən]
artichoke	Artischocke (f)	[aʁti'ʃɔkə]

47. Fruits. Nuts

fruit	Frucht (f)	[fʁʊχt]
apple	Apfel (m)	['apfəl]
pear	Birne (f)	['bɪʁnə]
lemon	Zitrone (f)	[tsi'tʁo:nə]

| orange | Apfelsine (f) | [apfəl'ziːnə] |
| strawberry (garden ~) | Erdbeere (f) | ['eːɐt̪beːʀə] |

mandarin	Mandarine (f)	[ˌmandaˈʀiːnə]
plum	Pflaume (f)	['pflaʊmə]
peach	Pfirsich (m)	['pfɪʁzɪç]
apricot	Aprikose (f)	[ˌapʀiˈkoːzə]
raspberry	Himbeere (f)	['hɪmˌbeːʀə]
pineapple	Ananas (f)	['ananas]

banana	Banane (f)	[baˈnaːnə]
watermelon	Wassermelone (f)	['vasɐmeˌloːnə]
grape	Weintrauben (pl)	['vaɪnˌtʀaʊbən]
sour cherry	Sauerkirsche (f)	['zaʊɐˌkɪʁʃə]
sweet cherry	Süßkirsche (f)	['zyːsˌkɪʁʃə]
melon	Melone (f)	[meˈloːnə]

grapefruit	Grapefruit (f)	['gʀɛɪpˌfʀuːt]
avocado	Avocado (f)	[avoˈkaːdo]
papaya	Papaya (f)	[paˈpaːja]
mango	Mango (f)	['maŋgo]
pomegranate	Granatapfel (m)	[gʀaˈnaːtˌʔapfəl]

| redcurrant | rote Johannisbeere (f) | ['ʀoːtə joːˈhanɪsbeːʀə] |
| blackcurrant | schwarze Johannisbeere (f) | ['ʃvaʁtsə joːˈhanɪsbeːʀə] |

gooseberry	Stachelbeere (f)	['ʃtaχəlˌbeːʀə]
bilberry	Heidelbeere (f)	['haɪdəlˌbeːʀə]
blackberry	Brombeere (f)	['bʀɔmˌbeːʀə]

raisin	Rosinen (pl)	[ʀoˈziːnən]
fig	Feige (f)	['faɪgə]
date	Dattel (f)	['datəl]

peanut	Erdnuss (f)	['eːɐtˌnʊs]
almond	Mandel (f)	['mandəl]
walnut	Walnuss (f)	['valˌnʊs]
hazelnut	Haselnuss (f)	['haːzəlˌnʊs]
coconut	Kokosnuss (f)	['koːkɔsˌnʊs]
pistachios	Pistazien (pl)	[pɪsˈtaːtsiən]

48. Bread. Candy

bakers' confectionery (pastry)	Konditorwaren (pl)	[kɔnˈdiːtoːɐˌvaːʀən]
bread	Brot (n)	[bʀoːt]
cookies	Keks (m, n)	[keːks]

| chocolate (n) | Schokolade (f) | [ʃokoˈlaːdə] |
| chocolate (as adj) | Schokoladen- | [ʃokoˈlaːdən] |

candy (wrapped)	Bonbon (m, n)	[bɔŋ'bɔŋ]
cake (e.g., cupcake)	Kuchen (m)	['kuːχən]
cake (e.g., birthday ~)	Torte (f)	['tɔʁtə]

| pie (e.g., apple ~) | Kuchen (m) | ['kuːχən] |
| filling (for cake, pie) | Füllung (f) | ['fʏlʊŋ] |

jam (whole fruit jam)	Konfitüre (f)	[ˌkɔnfi'tyːʁə]
marmalade	Marmelade (f)	[ˌmaʁmə'laːdə]
wafers	Waffeln (pl)	[vafəln]
ice-cream	Eis (n)	[aɪs]
pudding	Pudding (m)	['pʊdɪŋ]

49. Cooked dishes

course, dish	Gericht (n)	[gə'ʁɪçt]
cuisine	Küche (f)	['kʏçə]
recipe	Rezept (n)	[ʁe'tsɛpt]
portion	Portion (f)	[pɔʁ'tsjoːn]

| salad | Salat (m) | [za'laːt] |
| soup | Suppe (f) | ['zʊpə] |

clear soup (broth)	Brühe (f), Bouillon (f)	['bʁyːə], [bul'jɔn]
sandwich (bread)	belegtes Brot (n)	[bə'leːktəs bʁoːt]
fried eggs	Spiegelei (n)	['ʃpiːgəlˌʔaɪ]

| hamburger (beefburger) | Hamburger (m) | ['hamˌbʊʁgɐ] |
| beefsteak | Beefsteak (n) | ['biːfˌʃteːk] |

side dish	Beilage (f)	['baɪˌlaːgə]
spaghetti	Spaghetti (pl)	[ʃpa'gɛti]
mashed potatoes	Kartoffelpüree (n)	[kaʁ'tɔfəl·pyˌʁeː]
pizza	Pizza (f)	['pɪtsa]
porridge (oatmeal, etc.)	Brei (m)	[bʁaɪ]
omelet	Omelett (n)	[ɔm'lɛt]

boiled (e.g., ~ beef)	gekocht	[gə'kɔχt]
smoked (adj)	geräuchert	[gə'ʁɔɪçɐt]
fried (adj)	gebraten	[gə'bʁaːtən]
dried (adj)	getrocknet	[gə'tʁɔknət]
frozen (adj)	tiefgekühlt	['tiːfgəˌkyːlt]
pickled (adj)	mariniert	[maʁi'niːɐt]

sweet (sugary)	süß	[zyːs]
salty (adj)	salzig	['zaltsɪç]
cold (adj)	kalt	[kalt]
hot (adj)	heiß	[haɪs]
bitter (adj)	bitter	['bɪtɐ]
tasty (adj)	lecker	['lɛkɐ]

to cook in boiling water	kochen (vt)	['kɔxən]
to cook (dinner)	zubereiten (vt)	['tsu:bəˌʀaɪtən]
to fry (vt)	braten (vt)	['bʀa:tən]
to heat up (food)	aufwärmen (vt)	['aʊfˌvɛʁmən]

to salt (vt)	salzen (vt)	['zaltsən]
to pepper (vt)	pfeffern (vt)	['pfɛfen]
to grate (vt)	reiben (vt)	['ʀaɪbən]
peel (n)	Schale (f)	['ʃa:lə]
to peel (vt)	schälen (vt)	['ʃɛ:lən]

50. Spices

salt	Salz (n)	[zalts]
salty (adj)	salzig	['zaltsɪç]
to salt (vt)	salzen (vt)	['zaltsən]

black pepper	schwarzer Pfeffer (m)	['ʃvaʁtsɐ 'pfɛfɐ]
red pepper (milled ~)	roter Pfeffer (m)	['ʀo:tɐ 'pfɛfɐ]
mustard	Senf (m)	[zɛnf]
horseradish	Meerrettich (m)	['me:ɐˌʀɛtɪç]

condiment	Gewürz (n)	[gə'vyʁts]
spice	Gewürz (n)	[gə'vyʁts]
sauce	Soße (f)	['zo:sə]
vinegar	Essig (m)	['ɛsɪç]

anise	Anis (m)	[a'ni:s]
basil	Basilikum (n)	[ba'zi:likʊm]
cloves	Nelke (f)	['nɛlkə]

ginger	Ingwer (m)	['ɪŋvɐ]
coriander	Koriander (m)	[ko'ʀiandɐ]
cinnamon	Zimt (m)	[tsɪmt]

sesame	Sesam (m)	['ze:zam]
bay leaf	Lorbeerblatt (n)	['lɔʁbe:ɐˌblat]
paprika	Paprika (m)	['papʁika]
caraway	Kümmel (m)	['kʏməl]
saffron	Safran (m)	['zafʀan]

51. Meals

| food | Essen (n) | ['ɛsən] |
| to eat (vi, vt) | essen (vi, vt) | ['ɛsən] |

| breakfast | Frühstück (n) | ['fʀy:ʃtʏk] |
| to have breakfast | frühstücken (vi) | ['fʀy:ʃtʏkən] |

lunch	**Mittagessen** (n)	['mɪtaːkˌʔɛsən]
to have lunch	**zu Mittag essen**	[tsu 'mɪtaːk 'ɛsən]
dinner	**Abendessen** (n)	['aːbəntˌʔɛsən]
to have dinner	**zu Abend essen**	[tsu 'aːbənt 'ɛsən]
appetite	**Appetit** (m)	[apeˈtiːt]
Enjoy your meal!	**Guten Appetit!**	[ˌguːtən ˌʔapəˈtiːt]
to open (~ a bottle)	**öffnen** (vt)	[ˈœfnən]
to spill (liquid)	**verschütten** (vt)	[fɛɐ̯ˈʃʏtən]
to spill out (vi)	**verschüttet werden**	[fɛɐ̯ˈʃʏtət ˈveːɐ̯dən]
to boil (vi)	**kochen** (vi)	[ˈkɔχən]
to boil (vt)	**kochen** (vt)	[ˈkɔχən]
boiled (~ water)	**gekocht**	[gəˈkɔχt]
to chill, cool down (vt)	**kühlen** (vt)	[ˈkyːlən]
to chill (vi)	**abkühlen** (vi)	[ˈapˌkyːlən]
taste, flavor	**Geschmack** (m)	[gəˈʃmak]
aftertaste	**Beigeschmack** (m)	[ˈbaɪɡəˌʃmak]
to slim down (lose weight)	**auf Diät sein**	[aʊf diˈɛːt zaɪn]
diet	**Diät** (f)	[diˈɛːt]
vitamin	**Vitamin** (n)	[vitaˈmiːn]
calorie	**Kalorie** (f)	[kaloˈʁiː]
vegetarian (n)	**Vegetarier** (m)	[vegeˈtaːʁi̯ɐ]
vegetarian (adj)	**vegetarisch**	[vegeˈtaːʁɪʃ]
fats (nutrient)	**Fett** (n)	[fɛt]
proteins	**Protein** (n)	[pʁoteˈiːn]
carbohydrates	**Kohlenhydrat** (n)	[ˈkoːlənhyˌdʁaːt]
slice (of lemon, ham)	**Scheibchen** (n)	[ˈʃaɪpçən]
piece (of cake, pie)	**Stück** (n)	[ʃtʏk]
crumb (of bread, cake, etc.)	**Krümel** (m)	[ˈkʁyːməl]

52. Table setting

spoon	**Löffel** (m)	[ˈlœfəl]
knife	**Messer** (n)	[ˈmɛsɐ]
fork	**Gabel** (f)	[ɡaːbəl]
cup (e.g., coffee ~)	**Tasse** (f)	[ˈtasə]
plate (dinner ~)	**Teller** (m)	[ˈtɛlɐ]
saucer	**Untertasse** (f)	[ˈʊntɐˌtasə]
napkin (on table)	**Serviette** (f)	[zɛʁˈvɪɛtə]
toothpick	**Zahnstocher** (m)	[ˈtsaːnʃtɔχɐ]

53. Restaurant

restaurant	**Restaurant** (n)	[rɛsto'ʀaŋ]
coffee house	**Kaffeehaus** (n)	[ka'fe:ˌhaʊs]
pub, bar	**Bar** (f)	[ba:ʁ]
tearoom	**Teesalon** (m)	['te:·za'lɔŋ]
waiter	**Kellner** (m)	['kɛlnʁ]
waitress	**Kellnerin** (f)	['kɛlnəʀɪn]
bartender	**Barmixer** (m)	['ba:ɐˌmɪksʁ]
menu	**Speisekarte** (f)	['ʃpaɪzəˌkaʁtə]
wine list	**Weinkarte** (f)	['vaɪnˌkaʁtə]
to book a table	**einen Tisch reservieren**	['aɪnən tɪʃ ʀezɛʁ'vi:ʀən]
course, dish	**Gericht** (n)	[gə'ʀɪçt]
to order (meal)	**bestellen** (vt)	[bə'ʃtɛlən]
to make an order	**eine Bestellung aufgeben**	['aɪnə bə'ʃtɛlʊŋ 'aʊfˌge:bən]
aperitif	**Aperitif** (m)	[apeʀi'ti:f]
appetizer	**Vorspeise** (f)	['fo:ɐˌʃpaɪzə]
dessert	**Nachtisch** (m)	['na:χˌtɪʃ]
check	**Rechnung** (f)	['ʀɛçnʊŋ]
to pay the check	**Rechnung bezahlen**	['ʀɛçnʊŋ bə'tsa:lən]
to give change	**das Wechselgeld geben**	[das 'vɛksəlˌgɛlt 'ge:bən]
tip	**Trinkgeld** (n)	['tʀɪŋkˌgɛlt]

Family, relatives and friends

54. Personal information. Forms

name (first name)	**Vorname** (m)	['fo:ɐˌnaːmə]
surname (last name)	**Name** (m)	['naːmə]
date of birth	**Geburtsdatum** (n)	[gə'buːɛtsˌdaːtʊm]
place of birth	**Geburtsort** (m)	[gə'buːɛtsˌʔɔʁt]
nationality	**Nationalität** (f)	[natsjɔnali'tɛːt]
place of residence	**Wohnort** (m)	['voːnˌʔɔʁt]
country	**Land** (n)	[lant]
profession (occupation)	**Beruf** (m)	[bə'ʁuːf]
gender, sex	**Geschlecht** (n)	[gə'ʃlɛçt]
height	**Größe** (f)	['gʁøːsə]
weight	**Gewicht** (n)	[gə'vɪçt]

55. Family members. Relatives

mother	**Mutter** (f)	['mʊtɐ]
father	**Vater** (m)	['faːtɐ]
son	**Sohn** (m)	[zoːn]
daughter	**Tochter** (f)	['tɔχtɐ]
younger daughter	**jüngste Tochter** (f)	['jʏŋstə 'tɔχtɐ]
younger son	**jüngste Sohn** (m)	['jʏŋstə 'zoːn]
eldest daughter	**ältere Tochter** (f)	['ɛltəʁə 'tɔχtɐ]
eldest son	**älterer Sohn** (m)	['ɛltəʁɐ 'zoːn]
brother	**Bruder** (m)	['bʁuːdɐ]
sister	**Schwester** (f)	['ʃvɛstɐ]
cousin (masc.)	**Cousin** (m)	[ku'zɛn]
cousin (fem.)	**Cousine** (f)	[ku'ziːnə]
mom, mommy	**Mama** (f)	['mama]
dad, daddy	**Papa** (m)	['papa]
parents	**Eltern** (pl)	['ɛltɐn]
child	**Kind** (n)	[kɪnt]
children	**Kinder** (pl)	['kɪndɐ]
grandmother	**Großmutter** (f)	['gʁoːsˌmʊtɐ]
grandfather	**Großvater** (m)	['gʁoːsˌfaːtɐ]
grandson	**Enkel** (m)	['ɛŋkəl]

granddaughter	**Enkelin** (f)	['ɛŋkəlɪn]
grandchildren	**Enkelkinder** (pl)	['ɛŋkəlˌkɪndɐ]
uncle	**Onkel** (m)	['ɔŋkəl]
aunt	**Tante** (f)	['tantə]
nephew	**Neffe** (m)	['nɛfə]
niece	**Nichte** (f)	['nɪçtə]
mother-in-law (wife's mother)	**Schwiegermutter** (f)	['ʃviːgɐˌmʊtɐ]
father-in-law (husband's father)	**Schwiegervater** (m)	['ʃviːgɐˌfaːtɐ]
son-in-law (daughter's husband)	**Schwiegersohn** (m)	['ʃviːgɐˌzoːn]
stepmother	**Stiefmutter** (f)	['ʃtiːfˌmʊtɐ]
stepfather	**Stiefvater** (m)	['ʃtiːfˌfaːtɐ]
infant	**Säugling** (m)	['zɔɪklɪŋ]
baby (infant)	**Kleinkind** (n)	['klaɪnˌkɪnt]
little boy, kid	**Kleine** (m)	['klaɪnə]
wife	**Frau** (f)	[fʀaʊ]
husband	**Mann** (m)	[man]
spouse (husband)	**Ehemann** (m)	['eːəˌman]
spouse (wife)	**Gemahlin** (f)	[gə'maːlɪn]
married (masc.)	**verheiratet**	[fɛɐ'haɪʀaːtət]
married (fem.)	**verheiratet**	[fɛɐ'haɪʀaːtət]
single (unmarried)	**ledig**	['leːdɪç]
bachelor	**Junggeselle** (m)	['jʊŋgəˌzɛlə]
divorced (masc.)	**geschieden**	[gə'ʃiːdən]
widow	**Witwe** (f)	['vɪtvə]
widower	**Witwer** (m)	['vɪtvɐ]
relative	**Verwandte** (m)	[fɛɐ'vantə]
close relative	**naher Verwandter** (m)	['naːɐ fɛɐ'vantɐ]
distant relative	**entfernter Verwandter** (m)	[ɛnt'fɛʀntɐ fɛɐ'vantɐ]
relatives	**Verwandte** (pl)	[fɛɐ'vantə]
orphan (boy or girl)	**Waise** (m, f)	['vaɪzə]
guardian (of a minor)	**Vormund** (m)	['foːɐˌmʊnt]
to adopt (a boy)	**adoptieren** (vt)	[adɔp'tiːʀən]
to adopt (a girl)	**adoptieren** (vt)	[adɔp'tiːʀən]

56. Friends. Coworkers

friend (masc.)	**Freund** (m)	[fʀɔɪnt]
friend (fem.)	**Freundin** (f)	['fʀɔɪndɪn]
friendship	**Freundschaft** (f)	['fʀɔɪntʃaft]
to be friends	**befreundet sein**	[bə'fʀɔɪndət zaɪn]

buddy (masc.)	Freund (m)	[fʀɔɪnt]
buddy (fem.)	Freundin (f)	['fʀɔɪndɪn]
partner	Partner (m)	['paʁtnɐ]

chief (boss)	Chef (m)	[ʃɛf]
superior (n)	Vorgesetzte (m)	['foːɐɡəˌzɛtstə]
owner, proprietor	Besitzer (m)	[bə'zɪtsɐ]
subordinate (n)	Untergeordnete (m)	['ʊntɐɡəˌʔɔʁtnətə]
colleague	Kollege (m), Kollegin (f)	[kɔ'leːɡə], [kɔ'leːɡɪn]

acquaintance (person)	Bekannte (m)	[bə'kantə]
fellow traveler	Reisegefährte (m)	['ʀaɪzəɡə'fɛːɐtə]
classmate	Mitschüler (m)	['mɪtʃyːlɐ]

neighbor (masc.)	Nachbar (m)	['naxˌbaːɐ]
neighbor (fem.)	Nachbarin (f)	['naxbaːʀɪn]
neighbors	Nachbarn (pl)	['naxbaːɐn]

57. Man. Woman

woman	Frau (f)	[fʀaʊ]
girl (young woman)	Mädchen (n)	['mɛːtçən]
bride	Braut (f)	[bʀaʊt]

beautiful (adj)	schöne	['ʃøːnə]
tall (adj)	große	['ɡʀoːsə]
slender (adj)	schlanke	['ʃlaŋkə]
short (adj)	kleine	['klaɪnə]

| blonde (n) | Blondine (f) | [blɔn'diːnə] |
| brunette (n) | Brünette (f) | [bʀy'nɛtə] |

ladies' (adj)	Damen-	['daːmən]
virgin (girl)	Jungfrau (f)	['jʊŋfʀaʊ]
pregnant (adj)	schwangere	['ʃvaŋəʀə]

man (adult male)	Mann (m)	[man]
blond (n)	Blonde (m)	['blɔndə]
brunet (n)	Brünette (m)	[bʀy'nɛtə]
tall (adj)	hoch	[hoːx]
short (adj)	klein	[klaɪn]

rude (rough)	grob	[ɡʀoːp]
stocky (adj)	untersetzt	[ˌʊntɐ'zɛtst]
robust (adj)	robust	[ʀo'bʊst]
strong (adj)	stark	[ʃtaʁk]
strength	Kraft (f)	[kʀaft]

| stout, fat (adj) | dick | [dɪk] |
| swarthy (adj) | dunkelhäutig | ['dʊŋkəlˌhɔɪtɪç] |

| slender (well-built) | schlank | [ʃlaŋk] |
| elegant (adj) | elegant | [eleˈgant] |

58. Age

age	Alter (n)	[ˈaltɐ]
youth (young age)	Jugend (f)	[ˈjuːgənt]
young (adj)	jung	[jʊŋ]

| younger (adj) | jünger | [ˈjʏŋɐ] |
| older (adj) | älter | [ˈɛltɐ] |

young man	Junge (m)	[ˈjʊŋə]
teenager	Teenager (m)	[ˈtiːneːdʒɐ]
guy, fellow	Bursche (m)	[ˈbʊʁʃə]

| old man | Greis (m) | [ɡʀaɪs] |
| old woman | alte Frau (f) | [ˈaltə ˈfʀaʊ] |

adult (adj)	Erwachsene (f)	[ɛɐ̯ˈvaksənə]
middle-aged (adj)	in mittleren Jahren	[ɪn ˈmɪtləʀən ˈjaːʀən]
elderly (adj)	älterer	[ˈɛltəʀɐ]
old (adj)	alt	[alt]

retirement	Ruhestand (m)	[ˈʀuːəˌʃtant]
to retire (from job)	in Rente gehen	[ɪn ˈʀɛntə ˈɡeːən]
retiree	Rentner (m)	[ˈʀɛntnɐ]

59. Children

child	Kind (n)	[kɪnt]
children	Kinder (pl)	[ˈkɪndɐ]
twins	Zwillinge (pl)	[ˈtsvɪlɪŋə]

cradle	Wiege (f)	[ˈviːɡə]
rattle	Rassel (f)	[ˈʀasəl]
diaper	Windel (f)	[ˈvɪndəl]

pacifier	Schnuller (m)	[ˈʃnʊlɐ]
baby carriage	Kinderwagen (m)	[ˈkɪndɐˌvaːɡən]
kindergarten	Kindergarten (m)	[ˈkɪndɐˌɡaʁtən]
babysitter	Kinderfrau (f)	[ˈkɪndɐˌfʀaʊ]

childhood	Kindheit (f)	[ˈkɪnthaɪt]
doll	Puppe (f)	[ˈpʊpə]
toy	Spielzeug (n)	[ˈʃpiːlˌtsɔɪk]
construction set (toy)	Baukasten (m)	[ˈbaʊˌkastən]
well-bred (adj)	wohlerzogen	[ˈvoːlɛɐ̯ˌtsoːɡən]

| ill-bred (adj) | ungezogen | ['ʊngəˌtsoːgən] |
| spoiled (adj) | verwöhnt | [fɛɐ'vøːnt] |

to be naughty	unartig sein	['ʊnʔaʁtɪç zaɪn]
mischievous (adj)	unartig	['ʊnʔaʁtɪç]
mischievousness	Unart (f)	['ʊnʔaʁt]
mischievous child	Schelm (m)	[ʃɛlm]

| obedient (adj) | gehorsam | [gə'hoːɐzaːm] |
| disobedient (adj) | ungehorsam | ['ʊngəˌhoːɐzaːm] |

docile (adj)	fügsam	[fyːksam]
clever (smart)	klug	[kluːk]
child prodigy	Wunderkind (n)	['vʊndəˌkɪnt]

60. Married couples. Family life

to kiss (vt)	küssen (vt)	['kʏsən]
to kiss (vi)	sich küssen	[zɪç 'kʏsən]
family (n)	Familie (f)	[fa'miːliə]
family (as adj)	Familien-	[fa'miːliən]
couple	Paar (n)	[paːɐ]
marriage (state)	Ehe (f)	['eːə]
hearth (home)	Heim (n)	['haɪm]
dynasty	Dynastie (f)	[dynas'tiː]

| date | Rendezvous (n) | [ʀɑ̃de'vuː] |
| kiss | Kuss (m) | [kʊs] |

love (for sb)	Liebe (f)	['liːbə]
to love (sb)	lieben (vt)	['liːbən]
beloved	geliebt	[gə'liːpt]

tenderness	Zärtlichkeit (f)	['tsɛːɐtlɪçkaɪt]
tender (affectionate)	zärtlich	['tsɛːɐtlɪç]
faithfulness	Treue (f)	['tʀɔɪə]
faithful (adj)	treu	[tʀɔɪ]
care (attention)	Fürsorge (f)	['fyːɐˌzɔʁgə]
caring (~ father)	sorgsam	['zɔʁkzaːm]

newlyweds	Frischvermählte (pl)	['fʀɪʃ·fɛɐ'mɛːltə]
honeymoon	Flitterwochen (pl)	['flɪtəˌvɔxən]
to get married (ab. woman)	heiraten (vi)	['haɪʀaːtən]
to get married (ab. man)	heiraten (vi)	['haɪʀaːtən]

wedding	Hochzeit (f)	['hɔxˌtsaɪt]
golden wedding	goldene Hochzeit (f)	['gɔldənə 'hɔxˌtsaɪt]
anniversary	Jahrestag (m)	['jaːʀəsˌtaːk]
lover (masc.)	Geliebte (m)	[gə'liːptə]

mistress (lover)	**Geliebte** (f)	[gə'liːptə]
adultery	**Ehebruch** (m)	['eːəˌbʀʊx]
to cheat on ... (commit adultery)	**Ehebruch begehen**	['eːəˌbʀʊx bə'geːən]
jealous (adj)	**eifersüchtig**	['aɪfɐˌzʏçtɪç]
to be jealous	**eifersüchtig sein**	['aɪfɐˌzʏçtɪç zaɪn]
divorce	**Scheidung** (f)	['ʃaɪdʊŋ]
to divorce (vi)	**sich scheiden lassen**	[zɪç 'ʃaɪdən 'lasən]
to quarrel (vi)	**streiten** (vi)	['ʃtʀaɪtən]
to be reconciled (after an argument)	**sich versöhnen**	[zɪç fɛɐ'zøːnən]
together (adv)	**zusammen**	[tsu'zamən]
sex	**Sex** (m)	[sɛks], [zɛks]
happiness	**Glück** (n)	[glʏk]
happy (adj)	**glücklich**	['glʏklɪç]
misfortune (accident)	**Unglück** (n)	['ʊnˌglʏk]
unhappy (adj)	**unglücklich**	['ʊnˌglʏklɪç]

Character. Feelings. Emotions

61. Feelings. Emotions

feeling (emotion)	**Gefühl** (n)	[gəˈfyːl]
feelings	**Gefühle** (pl)	[gəˈfyːlə]
to feel (vt)	**fühlen** (vt)	[ˈfyːlən]

hunger	**Hunger** (m)	[ˈhʊŋɐ]
to be hungry	**hungrig sein**	[ˈhʊŋʀɪç zaɪn]
thirst	**Durst** (m)	[dʊʁst]
to be thirsty	**Durst haben**	[ˈdʊʁst ˈhaːbən]
sleepiness	**Schläfrigkeit** (f)	[ˈʃlɛːfʀɪçkaɪt]
to feel sleepy	**schlafen wollen**	[ˈʃlaːfən ˈvɔlən]

tiredness	**Müdigkeit** (f)	[ˈmyːdɪçkaɪt]
tired (adj)	**müde**	[ˈmyːdə]
to get tired	**müde werden**	[ˈmyːdə ˈveːɐdən]

mood (humor)	**Laune** (f)	[ˈlaʊnə]
boredom	**Langeweile** (f)	[ˈlaŋəˌvaɪlə]
to be bored	**sich langweilen**	[zɪç ˈlaŋˌvaɪlən]
seclusion	**Zurückgezogenheit** (n)	[tsuˈʀʏkgəˌtsoːgənhaɪt]
to seclude oneself	**sich zurückziehen**	[zɪç tsuˈʀʏkˌtsiːən]

to worry (make anxious)	**beunruhigen** (vt)	[bəˈʔʊnˌʀuːɪgən]
to be worried	**sorgen** (vi)	[ˈzɔʁgən]
worrying (n)	**Besorgnis** (f)	[bəˈzɔʁknɪs]
anxiety	**Angst** (f)	[ˈaŋst]
preoccupied (adj)	**besorgt**	[bəˈzɔʁkt]
to be nervous	**nervös sein**	[nɛʁˈvøːs zaɪn]
to panic (vi)	**in Panik verfallen** (vi)	[ɪn ˈpaːnɪk fɛɐˈfalən]

hope	**Hoffnung** (f)	[ˈhɔfnʊŋ]
to hope (vi, vt)	**hoffen** (vi)	[ˈhɔfən]

certainty	**Sicherheit** (f)	[ˈzɪçɐhaɪt]
certain, sure (adj)	**sicher**	[ˈzɪçɐ]
uncertainty	**Unsicherheit** (f)	[ˈʊnˌzɪçɐhaɪt]
uncertain (adj)	**unsicher**	[ˈʊnˌzɪçɐ]

drunk (adj)	**betrunken**	[bəˈtʀʊŋkən]
sober (adj)	**nüchtern**	[ˈnʏçtɐn]
weak (adj)	**schwach**	[ˈʃvax]
happy (adj)	**glücklich**	[ˈglʏklɪç]
to scare (vt)	**erschrecken** (vt)	[ɛɐˈʃʀɛkən]

fury (madness)	**Wut** (f)	[vuːt]
rage (fury)	**Rage** (f)	[ˈʀaːʒə]
depression	**Depression** (f)	[deprɛˈsjoːn]
discomfort (unease)	**Unbehagen** (n)	[ˈʊnbəˌhaːgən]
comfort	**Komfort** (m)	[kɔmˈfoːɐ]
to regret (be sorry)	**bedauern** (vt)	[bəˈdaʊən]
regret	**Bedauern** (n)	[bəˈdaʊən]
bad luck	**Missgeschick** (n)	[ˈmɪsgəˌʃɪk]
sadness	**Kummer** (m)	[ˈkʊmɐ]
shame (remorse)	**Scham** (f)	[ʃaːm]
gladness	**Freude** (f)	[ˈfʀɔɪdə]
enthusiasm, zeal	**Begeisterung** (f)	[bəˈgaɪstəʀʊŋ]
enthusiast	**Enthusiast** (m)	[ɛntuˈzɪast]
to show enthusiasm	**Begeisterung zeigen**	[bəˈgaɪstəʀʊŋ ˈtsaɪgən]

62. Character. Personality

character	**Charakter** (m)	[kaˈʀaktɐ]
character flaw	**Charakterfehler** (m)	[kaˈʀaktɐˌfeːlɐ]
mind	**Verstand** (m)	[fɛɐˈʃtant]
reason	**Vernunft** (f)	[fɛɐˈnʊnft]
conscience	**Gewissen** (n)	[gəˈvɪsən]
habit (custom)	**Gewohnheit** (f)	[gəˈvoːnhaɪt]
ability (talent)	**Fähigkeit** (f)	[ˈfɛːɪçkaɪt]
can (e.g., ~ swim)	**können** (v mod)	[ˈkœnən]
patient (adj)	**geduldig**	[gəˈdʊldɪç]
impatient (adj)	**ungeduldig**	[ˈʊngədʊldɪç]
curious (inquisitive)	**neugierig**	[ˈnɔɪˌgiːʀɪç]
curiosity	**Neugier** (f)	[ˈnɔɪˌgiːɐ]
modesty	**Bescheidenheit** (f)	[bəˈʃaɪdənhaɪt]
modest (adj)	**bescheiden**	[bəˈʃaɪdən]
immodest (adj)	**unbescheiden**	[ˈʊnbəˈʃaɪdən]
laziness	**Faulheit** (f)	[ˈfaʊlhaɪt]
lazy (adj)	**faul**	[faʊl]
lazy person (masc.)	**Faulenzer** (m)	[ˈfaʊlɛntsɐ]
cunning (n)	**Listigkeit** (f)	[ˈlɪstɪçkaɪt]
cunning (as adj)	**listig**	[ˈlɪstɪç]
distrust	**Misstrauen** (n)	[ˈmɪsˌtʀaʊən]
distrustful (adj)	**misstrauisch**	[ˈmɪstʀaʊɪʃ]
generosity	**Freigebigkeit** (f)	[ˈfʀaɪˌgeːbɪçkaɪt]
generous (adj)	**freigebig**	[ˈfʀaɪˌgeːbɪç]
talented (adj)	**talentiert**	[talɛnˈtiːɐt]

talent	Talent (n)	[ta'lɛnt]
courageous (adj)	tapfer	['tapfɐ]
courage	Tapferkeit (f)	['tapfɐkaɪt]
honest (adj)	ehrlich	['eːɐlɪç]
honesty	Ehrlichkeit (f)	['eːɐlɪçkaɪt]

careful (cautious)	vorsichtig	['foːɐˌzɪçtɪç]
brave (courageous)	tapfer	['tapfɐ]
serious (adj)	ernst	[ɛʁnst]
strict (severe, stern)	streng	[ʃtʁɛŋ]

decisive (adj)	entschlossen	[ɛnt'ʃlɔsən]
indecisive (adj)	unentschlossen	['ʊnʔɛntˌʃlɔsən]
shy, timid (adj)	schüchtern	['ʃʏçtɐn]
shyness, timidity	Schüchternheit (f)	['ʃʏçtɐnhaɪt]

confidence (trust)	Vertrauen (n)	[fɛɐ'tʁaʊən]
to believe (trust)	vertrauen (vi)	[fɛɐ'tʁaʊən]
trusting (credulous)	vertrauensvoll	[fɛɐ'tʁaʊənsˌfɔl]

sincerely (adv)	aufrichtig	['aʊfˌʁɪçtɪç]
sincere (adj)	aufrichtig	['aʊfˌʁɪçtɪç]
sincerity	Aufrichtigkeit (f)	['aʊfˌʁɪçtɪçkaɪt]
open (person)	offen	['ɔfən]

calm (adj)	still	[ʃtɪl]
frank (sincere)	freimütig	['fʁaɪˌmyːtɪç]
naïve (adj)	naiv	[na'iːf]
absent-minded (adj)	zerstreut	[tsɛɐ'ʃtʁɔɪt]
funny (odd)	drollig, komisch	['dʁɔlɪç], ['koːmɪʃ]

greed, stinginess	Gier (f)	[giːɐ]
greedy, stingy (adj)	habgierig	['haːpˌgiːʁɪç]
stingy (adj)	geizig	['gaɪtsɪç]
evil (adj)	böse	['bøːzə]
stubborn (adj)	hartnäckig	['haʁtˌnɛkɪç]
unpleasant (adj)	unangenehm	['ʊnʔangəˌneːm]

selfish person (masc.)	Egoist (m)	[ego'ɪst]
selfish (adj)	egoistisch	[ego'ɪstɪʃ]
coward	Feigling (m)	['faɪklɪŋ]
cowardly (adj)	feige	['faɪgə]

63. Sleep. Dreams

to sleep (vi)	schlafen (vi)	['ʃlaːfən]
sleep, sleeping	Schlaf (m)	[ʃlaːf]
dream	Traum (m)	[tʁaʊm]
to dream (in sleep)	träumen (vi, vt)	['tʁɔɪmən]
sleepy (adj)	verschlafen	[fɛɐ'ʃlaːfən]

bed	Bett (n)	[bɛt]
mattress	Matratze (f)	[ma'tRatsə]
blanket (comforter)	Decke (f)	['dɛkə]
pillow	Kissen (n)	['kɪsən]
sheet	Laken (n)	['laːkən]

insomnia	Schlaflosigkeit (f)	['ʃlaːfloːzɪçkaɪt]
sleepless (adj)	schlaflos	['ʃlaːfloːs]
sleeping pill	Schlafmittel (n)	['ʃlaːfˌmɪtəl]
to take a sleeping pill	Schlafmittel nehmen	['ʃlaːfˌmɪtəl 'neːmən]

to feel sleepy	schlafen wollen	['ʃlaːfən 'vɔlən]
to yawn (vi)	gähnen (vi)	['gɛːnən]
to go to bed	schlafen gehen	['ʃlaːfən 'geːən]
to make up the bed	das Bett machen	[das bɛt 'maχən]
to fall asleep	einschlafen (vi)	['aɪnˌʃaltən]

nightmare	Alptraum (m)	['alpˌtRaʊm]
snore, snoring	Schnarchen (n)	['ʃnaʁçən]
to snore (vi)	schnarchen (vi)	['ʃnaʁçən]

alarm clock	Wecker (m)	['vɛkɐ]
to wake (vt)	aufwecken (vt)	['aʊfˌvɛkən]
to wake up	erwachen (vi)	[ɛɐ'vaχən]
to get up (vi)	aufstehen (vi)	['aʊfˌʃteːən]
to wash up (wash face)	sich waschen	[zɪç 'vaʃən]

64. Humour. Laughter. Gladness

humor (wit, fun)	Humor (m)	[huˈmoːɐ]
sense of humor	Sinn (m) für Humor	[zɪn fyːɐ huˈmoːɐ]
to enjoy oneself	sich amüsieren	[zɪç amyˈziːRən]
cheerful (merry)	froh	[fRoː]
merriment (gaiety)	Fröhlichkeit (f)	['fRøːlɪçˌkaɪt]

smile	Lächeln (n)	['lɛçəln]
to smile (vi)	lächeln (vi)	['lɛçəln]
to start laughing	auflachen (vi)	['aʊflaχən]
to laugh (vi)	lachen (vi)	['laχən]
laugh, laughter	Lachen (n)	['laχən]

anecdote	Anekdote, Witz (m)	[anɛkˈdoːtə], [vɪts]
funny (anecdote, etc.)	lächerlich	['lɛçɐlɪç]
funny (odd)	komisch	['koːmɪʃ]

to joke (vi)	Witz machen	[vɪts 'maχən]
joke (verbal)	Spaß (m)	[ʃpaːs]
joy (emotion)	Freude (f)	['fRɔɪdə]
to rejoice (vi)	sich freuen	[zɪç 'fRɔɪən]
joyful (adj)	froh	[fRoː]

65. Discussion, conversation. Part 1

communication	Kommunikation (f)	[kɔmunika'tsio:n]
to communicate	kommunizieren (vi)	[kɔmuni'tsi:ʀən]
conversation	Konversation (f)	[kɔnvɛʁza'tsjo:n]
dialog	Dialog (m)	[dia'lo:k]
discussion (discourse)	Diskussion (f)	[dɪsku'sjo:n]
dispute (debate)	Streitgespräch (n)	['ʃtʀaɪt·gə'ʃpʀɛ:ç]
to dispute	streiten (vi)	['ʃtʀaɪtən]
interlocutor	Gesprächspartner (m)	[gə'ʃpʀɛ:çs‚paʁtnɐ]
topic (theme)	Thema (n)	['te:ma]
point of view	Gesichtspunkt (m)	[gə'zɪçts‚pʊŋkt]
opinion (point of view)	Meinung (f)	['maɪnʊŋ]
speech (talk)	Rede (f)	['ʀe:də]
discussion (of report, etc.)	Besprechung (f)	[bə'ʃpʀɛçʊŋ]
to discuss (vt)	besprechen (vt)	[bə'ʃpʀɛçən]
talk (conversation)	Gespräch (n)	[gə'ʃpʀɛ:ç]
to talk (to chat)	Gespräche führen	[gə'ʃpʀɛ:çə 'fy:ʀən]
meeting (encounter)	Treffen (n)	['tʀɛfən]
to meet (vi, vt)	sich treffen	[zɪç 'tʀɛfən]
proverb	Sprichwort (n)	['ʃpʀɪç‚vɔʁt]
saying	Redensart (f)	['ʀe:dəns‚ʔa:ɐt]
riddle (poser)	Rätsel (n)	['ʀɛ:tsəl]
to pose a riddle	ein Rätsel aufgeben	[aɪn 'ʀɛ:tsəl 'aʊf‚ge:bən]
password	Parole (f)	[pa'ʀo:lə]
secret	Geheimnis (n)	[gə'haɪmnɪs]
oath (vow)	Eid (m), Schwur (m)	[aɪt], [ʃvu:ɐ]
to swear (an oath)	schwören (vi, vt)	['ʃvø:ʀən]
promise	Versprechen (n)	[fɛɐ'ʃpʀɛçən]
to promise (vt)	versprechen (vt)	[fɛɐ'ʃpʀɛçən]
advice (counsel)	Rat (m)	[ʀa:t]
to advise (vt)	raten (vt)	['ʀa:tən]
to follow one's advice	einen Rat befolgen	['aɪnən ʀa:t bə'fɔlgən]
to listen to … (obey)	gehorchen (vi)	[gə'hɔʁçən]
news	Neuigkeit (f)	['nɔjɪçkaɪt]
sensation (news)	Sensation (f)	[zɛnza'tsjo:n]
information (report)	Informationen (pl)	[ɪnfɔʁma'tsjo:nən]
conclusion (decision)	Schlussfolgerung (f)	['ʃlʊs‚fɔlgəʀʊŋ]
voice	Stimme (f)	['ʃtɪmə]
compliment	Kompliment (n)	[‚kɔmpli'mɛnt]
kind (nice)	freundlich	['fʀɔɪntlɪç]
word	Wort (n)	[vɔʁt]
phrase	Phrase (f)	['fʀa:zə]

answer	**Antwort** (f)	['antvɔʁt]
truth	**Wahrheit** (f)	['vaːɐhaɪt]
lie	**Lüge** (f)	['lyːɡə]

thought	**Gedanke** (m)	[ɡə'daŋkə]
idea (inspiration)	**Idee** (f)	[i'deː]
fantasy	**Phantasie** (f)	[fanta'ziː]

66. Discussion, conversation. Part 2

respected (adj)	**angesehen**	['angəˌzeːən]
to respect (vt)	**respektieren** (vt)	[ʁɛspɛk'tiːʁən]
respect	**Respekt** (m)	[ʁe'spɛkt]
Dear ... (letter)	**Sehr geehrter ...**	[zeːɐ ɡə'leːɐtɐ]

to introduce (sb to sb)	**bekannt machen**	[bə'kant 'maxən]
to make acquaintance	**kennenlernen** (vt)	['kɛnənˌlɛʁnən]
intention	**Absicht** (f)	['apzɪçt]
to intend (have in mind)	**beabsichtigen** (vt)	[bə'ʔapzɪçtɪɡən]
wish	**Wunsch** (m)	[vʊnʃ]
to wish (~ good luck)	**wünschen** (vt)	['vʏnʃən]

surprise (astonishment)	**Staunen** (n)	['ʃtaunən]
to surprise (amaze)	**erstaunen** (vt)	[ɛɐ'ʃtaunən]
to be surprised	**staunen** (vi)	['ʃtaunən]

to give (vt)	**geben** (vt)	['ɡeːbən]
to take (get hold of)	**nehmen** (vt)	['neːmən]
to give back	**herausgeben** (vt)	[hɛ'ʁausˌɡeːbən]
to return (give back)	**zurückgeben** (vt)	[tsu'ʁʏkˌɡeːbən]

to apologize (vi)	**sich entschuldigen**	[zɪç ɛnt'ʃʊldɪɡən]
apology	**Entschuldigung** (f)	[ɛnt'ʃʊldɪɡʊŋ]
to forgive (vt)	**verzeihen** (vt)	[fɛɐ'tsaɪən]

to talk (speak)	**sprechen** (vi)	['ʃpʁɛçən]
to listen (vi)	**hören** (vt, zuhören (vi)	['høːʁən], ['tsuːˌhøːʁən]
to hear out	**sich anhören**	[zɪç 'anˌhøːʁən]
to understand (vt)	**verstehen** (vt)	[fɛɐ'ʃteːən]

to show (to display)	**zeigen** (vt)	['tsaɪɡən]
to look at ...	**ansehen** (vt)	['anzeːən]
to call (yell for sb)	**rufen** (vt)	['ʁuːfən]
to distract (disturb)	**belästigen** (vt)	[bə'lɛstɪɡən]
to disturb (vt)	**stören** (vt)	['ʃtøːʁən]
to pass (to hand sth)	**übergeben** (vt)	[yːbɐ'ɡeːbən]

demand (request)	**Bitte** (f)	['bɪtə]
to request (ask)	**bitten** (vt)	['bɪtən]
demand (firm request)	**Verlangen** (n)	[fɛɐ'laŋən]

to demand (request firmly)	**verlangen** (vt)	[fɛɐ'laŋən]
to tease (call names)	**necken** (vt)	['nɛkən]
to mock (make fun of)	**spotten** (vi)	['ʃpɔtən]
mockery, derision	**Spott** (m)	[ʃpɔt]
nickname	**Spitzname** (m)	['ʃpɪts͵naːmə]
insinuation	**Andeutung** (f)	['an͵dɔɪtʊŋ]
to insinuate (imply)	**andeuten** (vt)	['an͵dɔɪtən]
to mean (vt)	**meinen** (vt)	['maɪnən]
description	**Beschreibung** (f)	[bə'ʃʀaɪbʊŋ]
to describe (vt)	**beschreiben** (vt)	[bə'ʃʀaɪbən]
praise (compliments)	**Lob** (n)	[loːp]
to praise (vt)	**loben** (vt)	['loːbən]
disappointment	**Enttäuschung** (f)	[ɛnt'tɔɪʃʊŋ]
to disappoint (vt)	**enttäuschen** (vt)	[ɛnt'tɔɪʃən]
to be disappointed	**enttäuscht sein**	[ɛnt'tɔɪʃt zaɪn]
supposition	**Vermutung** (f)	[fɛɐ'muːtʊŋ]
to suppose (assume)	**vermuten** (vt)	[fɛɐ'muːtən]
warning (caution)	**Warnung** (f)	['vaʁnʊŋ]
to warn (vt)	**warnen** (vt)	['vaʁnən]

67. Discussion, conversation. Part 3

to talk into (convince)	**überreden** (vt)	[yːbɐ'ʀeːdən]
to calm down (vt)	**beruhigen** (vt)	[bə'ʀuːɪɡən]
silence (~ is golden)	**Schweigen** (n)	['ʃvaɪɡən]
to be silent (not speaking)	**schweigen** (vi)	['ʃvaɪɡən]
to whisper (vi, vt)	**flüstern** (vt)	['flʏstɐn]
whisper	**Flüstern** (n)	['flʏstɐn]
frankly, sincerely (adv)	**offen**	['ɔfən]
in my opinion ...	**meiner Meinung nach ...**	['maɪnɐ 'maɪnʊŋ naːx]
detail (of the story)	**Detail** (n)	[de'taɪ]
detailed (adj)	**ausführlich**	['aʊs͵fyːɐlɪç]
in detail (adv)	**ausführlich**	['aʊs͵fyːɐlɪç]
hint, clue	**Tipp** (m)	[tɪp]
to give a hint	**einen Tipp geben**	['aɪnən tɪp 'ɡeːbən]
look (glance)	**Blick** (m)	[blɪk]
to have a look	**anblicken** (vt)	['anblɪkən]
fixed (look)	**starr**	[ʃtaʁ]
to blink (vi)	**blinzeln** (vi)	['blɪntsəln]
to wink (vi)	**zwinkern** (vi)	['tsvɪŋkɐn]
to nod (in assent)	**nicken** (vi)	['nɪkən]

sigh	**Seufzer** (m)	['zɔɪftsɐ]
to sigh (vi)	**aufseufzen** (vi)	['aʊfˌzɔɪftsən]
to shudder (vi)	**zusammenzucken** (vi)	[tsu'zamənˌtsʊkən]
gesture	**Geste** (f)	['gɛstə]
to touch (one's arm, etc.)	**berühren** (vt)	[bə'ʀyːʀən]
to seize (e.g., ~ by the arm)	**ergreifen** (vt)	[ɛɐ'gʀaɪfən]
to tap (on the shoulder)	**klopfen** (vt)	['klɔpfən]
Look out!	**Vorsicht!**	['foːɐˌzɪçt]
Really?	**Wirklich?**	['vɪʁklɪç]
Good luck!	**Viel Glück!**	[fiːl glʏk]
I see!	**Klar!**	[klaːɐ]
What a pity!	**Schade!**	['ʃaːdə]

68. Agreement. Refusal

consent	**Einverständnis** (n)	['aɪnfɛɐˌʃtɛntnɪs]
to consent (vi)	**zustimmen** (vi)	['tsuːˌʃtɪmən]
approval	**Billigung** (f)	['bɪlɪgʊŋ]
to approve (vt)	**billigen** (vt)	['bɪlɪgən]
refusal	**Absage** (f)	['apˌzaːgə]
to refuse (vi, vt)	**sich weigern**	[zɪç 'vaɪgɐn]
Great!	**Ausgezeichnet!**	['aʊsgəˌtsaɪçnət]
All right!	**Ganz recht!**	[gants ʀɛçt]
Okay! (I agree)	**Gut! Okay!**	[guːt], [o'keː]
forbidden (adj)	**verboten**	[fɛɐ'boːtən]
it's forbidden	**Es ist verboten**	[ɛs ist fɛɐ'boːtən]
it's impossible	**Es ist unmöglich**	[ɛs ist 'ʊnmøːklɪç]
incorrect (adj)	**falsch**	[falʃ]
to reject (~ a demand)	**ablehnen** (vt)	['apˌleːnən]
to support (cause, idea)	**unterstützen** (vt)	[ˌʊntɐ'ʃtʏtsən]
to accept (~ an apology)	**akzeptieren** (vt)	[ˌaktsɛp'tiːʀən]
to confirm (vt)	**bestätigen** (vt)	[bə'ʃtɛːtɪgən]
confirmation	**Bestätigung** (f)	[bə'ʃtɛːtɪgʊŋ]
permission	**Erlaubnis** (f)	[ɛɐ'laʊpnɪs]
to permit (vt)	**erlauben** (vt)	[ɛɐ'laʊbən]
decision	**Entscheidung** (f)	[ɛnt'ʃaɪdʊŋ]
to say nothing (hold one's tongue)	**schweigen** (vi)	['ʃvaɪgən]
condition (term)	**Bedingung** (f)	[bə'dɪŋʊŋ]
excuse (pretext)	**Ausrede** (f)	['aʊsˌʀeːdə]
praise (compliments)	**Lob** (n)	[loːp]
to praise (vt)	**loben** (vt)	['loːbən]

69. Success. Good luck. Failure

success	**Erfolg** (m)	[ɛɐ̯'fɔlk]
successfully (adv)	**erfolgreich**	[ɛɐ̯'fɔlkʀaɪç]
successful (adj)	**erfolgreich**	[ɛɐ̯'fɔlkʀaɪç]
luck (good luck)	**Glück** (n)	[glʏk]
Good luck!	**Viel Glück!**	[fiːl glʏk]
lucky (e.g., ~ day)	**Glücks-**	[glʏks]
lucky (fortunate)	**glücklich**	['glʏklɪç]
failure	**Misserfolg** (m)	['mɪsʔɛɐ̯ˌfɔlk]
misfortune	**Missgeschick** (n)	['mɪsɡəˌʃɪk]
bad luck	**Unglück** (n)	['ʊnˌɡlʏk]
unsuccessful (adj)	**missglückt**	[mɪs'glʏkt]
catastrophe	**Katastrophe** (f)	[ˌkatas'tʀoːfə]
pride	**Stolz** (m)	[ʃtɔlts]
proud (adj)	**stolz**	[ʃtɔlts]
to be proud	**stolz sein**	[ʃtɔlts zaɪn]
winner	**Sieger** (m)	['ziːɡɐ]
to win (vi)	**siegen** (vi)	['ziːɡən]
to lose (not win)	**verlieren** (vt)	[fɛɐ̯'liːʀən]
try	**Versuch** (m)	[fɛɐ̯'zuːx]
to try (vi)	**versuchen** (vt)	[fɛɐ̯'zuːxən]
chance (opportunity)	**Chance** (f)	['ʃaŋsə]

70. Quarrels. Negative emotions

shout (scream)	**Schrei** (m)	[ʃʀaɪ]
to shout (vi)	**schreien** (vi)	['ʃʀaɪən]
to start to cry out	**beginnen zu schreien**	[bə'ɡɪnən tsu 'ʃʀaɪən]
quarrel	**Zank** (m)	[tsaŋk]
to quarrel (vi)	**sich zanken**	[zɪç 'tsaŋkən]
fight (squabble)	**Riesenkrach** (m)	['ʀiːzənˌkʀax]
to make a scene	**Krach haben**	['kʀax haːbən]
conflict	**Konflikt** (m)	[kɔn'flɪkt]
misunderstanding	**Missverständnis** (n)	['mɪsfɛɐ̯ˌʃtɛntnɪs]
insult	**Kränkung** (f)	['kʀɛŋkʊŋ]
to insult (vt)	**kränken** (vt)	['kʀɛŋkən]
insulted (adj)	**gekränkt**	[ɡə'kʀɛŋkt]
resentment	**Beleidigung** (f)	[bə'laɪdɪɡʊŋ]
to offend (vt)	**beleidigen** (vt)	[bə'laɪdɪɡən]
to take offense	**sich beleidigt fühlen**	[zɪç bə'laɪdɪçt 'fyːlən]
indignation	**Empörung** (f)	[ɛm'pøːʀʊŋ]
to be indignant	**sich empören**	[zɪç ɛm'pøːʀən]

| complaint | Klage (f) | ['kla:gə] |
| to complain (vi, vt) | klagen (vi) | ['kla:gən] |

apology	Entschuldigung (f)	[ɛnt'ʃʊldɪgʊŋ]
to apologize (vi)	sich entschuldigen	[zɪç ɛnt'ʃʊldɪgən]
to beg pardon	um Entschuldigung bitten	[ʊm ɛnt'ʃʊldɪgʊŋ 'bɪtən]

criticism	Kritik (f)	[kʀi'ti:k]
to criticize (vt)	kritisieren (vt)	[kʀiti'zi:ʀən]
accusation (charge)	Anklage (f)	['ankla:gə]
to accuse (vt)	anklagen (vt)	['an‚kla:gən]

revenge	Rache (f)	['ʀaχə]
to avenge (get revenge)	rächen (vt)	['ʀɛçən]
to pay back	sich rächen	[zɪç 'ʀɛçən]

disdain	Verachtung (f)	[fɛɐ'ʔaχtʊŋ]
to despise (vt)	verachten (vt)	[fɛɐ'ʔaχtən]
hatred, hate	Hass (m)	[has]
to hate (vt)	hassen (vt)	['hasən]

nervous (adj)	nervös	[nɛʀ'vø:s]
to be nervous	nervös sein	[nɛʀ'vø:s zaɪn]
angry (mad)	verärgert	[fɛɐ'ɛʀget]
to make angry	ärgern (vt)	['ɛʀgen]

humiliation	Erniedrigung (f)	[ɛɐ'ni:dʀɪgʊŋ]
to humiliate (vt)	erniedrigen (vt)	[ɛɐ'ni:dʀɪgən]
to humiliate oneself	sich erniedrigen	[zɪç ɛɐ'ni:dʀɪgən]

| shock | Schock (m) | [ʃɔk] |
| to shock (vt) | schockieren (vt) | [ʃɔ'ki:ʀən] |

| trouble (e.g., serious ~) | Ärger (m) | ['ɛʀgɐ] |
| unpleasant (adj) | unangenehm | ['ʊnʔangə‚ne:m] |

fear (dread)	Angst (f)	['aŋst]
terrible (storm, heat)	furchtbar	['fʊʀçtba:ɐ]
scary (e.g., ~ story)	schrecklich	['ʃʀɛklɪç]
horror	Entsetzen (n)	[ɛnt'zɛtsən]
awful (crime, news)	entsetzlich	[ɛnt'zɛtslɪç]

to begin to tremble	zittern (vi)	['tsɪten]
to cry (weep)	weinen (vi)	['vaɪnən]
to start crying	anfangen zu weinen	['an‚faŋən tsu: 'vaɪnən]
tear	Träne (f)	['tʀɛ:nə]

fault	Schuld (f)	[ʃʊlt]
guilt (feeling)	Schuldgefühl (n)	['ʃʊltgə‚fy:l]
dishonor (disgrace)	Schmach (f)	[ʃma:χ]
protest	Protest (m)	[pʀo'tɛst]

stress	**Stress** (m)	[strɛs]
to disturb (vt)	**stören** (vt)	[ˈʃtøːʀən]
to be furious	**sich ärgern**	[zɪç ˈɛʁgen]
mad, angry (adj)	**ärgerlich**	[ˈɛʁgeˌlɪç]
to end (~ a relationship)	**abbrechen** (vi)	[ˈapˌbʀɛçən]
to swear (at sb)	**schelten** (vi)	[ˈʃɛltən]

to scare (become afraid)	**erschrecken** (vi)	[ɛɐˈʃʀɛkən]
to hit (strike with hand)	**schlagen** (vt)	[ˈʃlaːgən]
to fight (street fight, etc.)	**sich prügeln**	[zɪç ˈpʀyːgəln]

to settle (a conflict)	**beilegen** (vt)	[ˈbaɪˌleːgən]
discontented (adj)	**unzufrieden**	[ˈʊntsuˌfʀiːdən]
furious (adj)	**wütend**	[ˈvyːtənt]

| It's not good! | **Das ist nicht gut!** | [das is nɪçt guːt] |
| It's bad! | **Das ist schlecht!** | [das is ʃlɛçt] |

Medicine

71. Diseases

sickness	**Krankheit** (f)	['kʁaŋkhaɪt]
to be sick	**krank sein**	[kʁaŋk zaɪn]
health	**Gesundheit** (f)	[gə'zʊnthaɪt]
runny nose (coryza)	**Schnupfen** (m)	['ʃnʊpfən]
tonsillitis	**Angina** (f)	[aŋ'giːna]
cold (illness)	**Erkältung** (f)	[ɛɐ'kɛltʊŋ]
to catch a cold	**sich erkälten**	[zɪç ɛɐ'kɛltən]
bronchitis	**Bronchitis** (f)	[bʁɔn'çiːtɪs]
pneumonia	**Lungenentzündung** (f)	['lʊŋən?ɛntˌtsʏndʊŋ]
flu, influenza	**Grippe** (f)	['gʁɪpə]
nearsighted (adj)	**kurzsichtig**	['kʊʁtsˌzɪçtɪç]
farsighted (adj)	**weitsichtig**	['vaɪtˌzɪçtɪç]
strabismus (crossed eyes)	**Schielen** (n)	['ʃiːlən]
cross-eyed (adj)	**schielend**	['ʃiːlənt]
cataract	**grauer Star** (m)	['gʁaʊɐ ʃtaːɐ]
glaucoma	**Glaukom** (n)	[glau'koːm]
stroke	**Schlaganfall** (m)	['ʃlaːk?anˌfal]
heart attack	**Infarkt** (m)	[ɪn'faʁkt]
myocardial infarction	**Herzinfarkt** (m)	['hɛʁts?ɪnˌfaʁkt]
paralysis	**Lähmung** (f)	['lɛːmʊŋ]
to paralyze (vt)	**lähmen** (vt)	['lɛːmən]
allergy	**Allergie** (f)	[ˌalɛʁ'giː]
asthma	**Asthma** (n)	['astma]
diabetes	**Diabetes** (m)	[dia'beːtɛs]
toothache	**Zahnschmerz** (m)	['tsaːnʃmɛʁts]
caries	**Karies** (f)	['kaːʁiɛs]
diarrhea	**Durchfall** (m)	['dʊʁçˌfal]
constipation	**Verstopfung** (f)	[fɛɐ'ʃtɔpfʊŋ]
stomach upset	**Magenverstimmung** (f)	['maːgən·fɛɐˌʃtɪmʊŋ]
food poisoning	**Vergiftung** (f)	[fɛɐ'gɪftʊŋ]
to get food poisoning	**Vergiftung bekommen**	[fɛɐ'gɪftʊŋ bə'kɔmən]
arthritis	**Arthritis** (f)	[aʁ'tʁiːtɪs]
rickets	**Rachitis** (f)	[ʁa'χiːtɪs]
rheumatism	**Rheumatismus** (m)	[ʁɔɪma'tɪsmʊs]

atherosclerosis	Atherosklerose (f)	[atɛʁɔskle'ʁoːzə]
gastritis	Gastritis (f)	[gas'tʀiːtɪs]
appendicitis	Blinddarmentzündung (f)	['blɪntdaʁm ʔɛnt tsʏndʊŋ]
cholecystitis	Cholezystitis (f)	[çoletsʏs'tiːtɪs]
ulcer	Geschwür (n)	[gə'ʃvyːɐ]

measles	Masern (pl)	['maːzɐn]
rubella (German measles)	Röteln (pl)	['ʀøːtəln]
jaundice	Gelbsucht (f)	['gɛlp zʊxt]
hepatitis	Hepatitis (f)	[ˌhepa'tiːtɪs]

schizophrenia	Schizophrenie (f)	[ʃitsofʀe'niː]
rabies (hydrophobia)	Tollwut (f)	['tɔl vuːt]
neurosis	Neurose (f)	[nɔɪ'ʀoːzə]
concussion	Gehirnerschütterung (f)	[gə'hɪʁn ʔɛɐ ʃytɐʁʊŋ]

cancer	Krebs (m)	[kʀeːps]
sclerosis	Sklerose (f)	[skle'ʀoːzə]
multiple sclerosis	multiple Sklerose (f)	[mʊl'tiːplə skle'ʀoːzə]

alcoholism	Alkoholismus (m)	[ˌalkoho'lɪsmʊs]
alcoholic (n)	Alkoholiker (m)	[alko'hoːlikɐ]
syphilis	Syphilis (f)	['zyːfilɪs]
AIDS	AIDS	['eɪts]

tumor	Tumor (m)	['tuːmoːɐ]
malignant (adj)	bösartig	['bøːs ʔaːɐtɪç]
benign (adj)	gutartig	['guːt ʔaːɐtɪç]
fever	Fieber (n)	['fiːbɐ]
malaria	Malaria (f)	[ma'laːʀɪa]
gangrene	Gangrän (f, n)	[gaŋ'gʀɛːn]
seasickness	Seekrankheit (f)	['zeː kraŋkhaɪt]
epilepsy	Epilepsie (f)	[epilɛ'psiː]

epidemic	Epidemie (f)	[epide'miː]
typhus	Typhus (m)	['tyːfʊs]
tuberculosis	Tuberkulose (f)	[tubɛʁku'loːzə]
cholera	Cholera (f)	['koːleʀa]
plague (bubonic ~)	Pest (f)	[pɛst]

72. Symptoms. Treatments. Part 1

symptom	Symptom (n)	[zʏmp'toːm]
temperature	Temperatur (f)	[tɛmpəʀa'tuːɐ]
high temperature (fever)	Fieber (n)	['fiːbɐ]
pulse (heartbeat)	Puls (m)	[pʊls]

dizziness (vertigo)	Schwindel (m)	['ʃvɪndəl]
hot (adj)	heiß	[haɪs]
shivering	Schüttelfrost (m)	['ʃʏtəl fʀɔst]

English	German	IPA
pale (e.g., ~ face)	blass	[blas]
cough	Husten (m)	['huːstən]
to cough (vi)	husten (vi)	['huːstən]
to sneeze (vi)	niesen (vi)	['niːzən]
faint	Ohnmacht (f)	['oːnˌmaχt]
to faint (vi)	ohnmächtig werden	['oːnˌmɛçtɪç 'veːɐdən]
bruise (hématome)	blauer Fleck (m)	['blaʊɐ flɛk]
bump (lump)	Beule (f)	['bɔɪlə]
to bang (bump)	sich stoßen	[zɪç 'ʃtoːsən]
contusion (bruise)	Prellung (f)	['pʀɛlʊŋ]
to get a bruise	sich stoßen	[zɪç 'ʃtoːsən]
to limp (vi)	hinken (vi)	['hɪŋkən]
dislocation	Verrenkung (f)	[fɛɐ'ʀɛnkʊŋ]
to dislocate (vt)	ausrenken (vt)	['aʊsˌʀɛŋkən]
fracture	Fraktur (f)	[fʀak'tuːɐ]
to have a fracture	brechen (vt)	['bʀɛçən]
cut (e.g., paper ~)	Schnittwunde (f)	['ʃnɪtˌvʊndə]
to cut oneself	sich schneiden	[zɪç 'ʃnaɪdən]
bleeding	Blutung (f)	['bluːtʊŋ]
burn (injury)	Verbrennung (f)	[fɛɐ'bʀɛnʊŋ]
to get burned	sich verbrennen	[zɪç fɛɐ'bʀɛnən]
to prick (vt)	stechen (vt)	['ʃtɛçən]
to prick oneself	sich stechen	[zɪç 'ʃtɛçən]
to injure (vt)	verletzen (vt)	[fɛɐ'lɛtsən]
injury	Verletzung (f)	[fɛɐ'lɛtsʊŋ]
wound	Wunde (f)	['vʊndə]
trauma	Trauma (n)	['tʀaʊma]
to be delirious	irrereden (vi)	['ɪʀəˌʀeːdən]
to stutter (vi)	stottern (vi)	['ʃtɔten]
sunstroke	Sonnenstich (m)	['zɔnənˌʃtɪç]

73. Symptoms. Treatments. Part 2

English	German	IPA
pain, ache	Schmerz (m)	[ʃmɛʁts]
splinter (in foot, etc.)	Splitter (m)	['ʃplɪtɐ]
sweat (perspiration)	Schweiß (m)	[ʃvaɪs]
to sweat (perspire)	schwitzen (vi)	['ʃvɪtsən]
vomiting	Erbrechen (n)	[ɛɐ'bʀɛçən]
convulsions	Krämpfe (pl)	['kʀɛmpfə]
pregnant (adj)	schwanger	['ʃvaŋɐ]
to be born	geboren sein	[gə'boːʀən zaɪn]
delivery, labor	Geburt (f)	[gə'buːɐt]

| to deliver (~ a baby) | gebären (vt) | [gə'bɛːʀən] |
| abortion | Abtreibung (f) | ['apˌtʀaɪbʊŋ] |

breathing, respiration	Atem (m)	['aːtəm]
in-breath (inhalation)	Atemzug (m)	['aːtəmˌtsuːk]
out-breath (exhalation)	Ausatmung (f)	['aʊsˌʔaːtmʊŋ]
to exhale (breathe out)	ausatmen (vt)	['aʊsˌʔaːtmən]
to inhale (vi)	einatmen (vt)	['aɪnˌʔaːtmən]

disabled person	Invalide (m)	[ɪnvaˈliːdə]
cripple	Krüppel (m)	['kʀʏpəl]
drug addict	Drogenabhängiger (m)	['dʀoːgənˌʔaphɛŋɪgɐ]

deaf (adj)	taub	[taʊp]
mute (adj)	stumm	[ʃtʊm]
deaf mute (adj)	taubstumm	['taʊpʃtʊm]

mad, insane (adj)	verrückt	[fɛɐ'ʀʏkt]
madman (demented person)	Irre (m)	['ɪʀə]
madwoman	Irre (f)	['ɪʀə]
to go insane	den Verstand verlieren	[den fɛɐ'ʃtant fɛɐ'liːʀən]

gene	Gen (n)	[geːn]
immunity	Immunität (f)	[ɪmuniˈtɛːt]
hereditary (adj)	erblich	['ɛɐplɪç]
congenital (adj)	angeboren	['angəˌboːʀən]

virus	Virus (m, n)	['viːʀʊs]
microbe	Mikrobe (f)	[mi'kʀoːbə]
bacterium	Bakterie (f)	[bak'teːʀɪə]
infection	Infektion (f)	[ɪnfɛk'tsjoːn]

74. Symptoms. Treatments. Part 3

| hospital | Krankenhaus (n) | ['kʀaŋkənˌhaʊs] |
| patient | Patient (m) | [paˈtsjɛnt] |

diagnosis	Diagnose (f)	[diaˈgnoːzə]
cure	Heilung (f)	['haɪlʊŋ]
medical treatment	Behandlung (f)	[bə'handlʊŋ]
to get treatment	Behandlung bekommen	[bə'handlʊŋ bə'kɔmən]
to treat (~ a patient)	behandeln (vt)	[bə'handəln]
to nurse (look after)	pflegen (vt)	['pfleːgən]
care (nursing ~)	Pflege (f)	['pfleːgə]

operation, surgery	Operation (f)	[opəʀaˈtsjoːn]
to bandage (head, limb)	verbinden (vt)	[fɛɐ'bɪndən]
bandaging	Verband (m)	[fɛɐ'bant]
vaccination	Impfung (f)	['ɪmpfʊŋ]

English	German	Pronunciation
to vaccinate (vt)	impfen (vt)	['ɪmpfən]
injection, shot	Spritze (f)	['ʃpʀɪtsə]
to give an injection	eine Spritze geben	['aɪnə 'ʃpʀɪtsə 'ge:bən]
attack	Anfall (m)	['anˌfal]
amputation	Amputation (f)	[amputa'tsjo:n]
to amputate (vt)	amputieren (vt)	[ampu'ti:ʀən]
coma	Koma (n)	['ko:ma]
to be in a coma	im Koma liegen	[ɪm 'ko:ma 'li:gən]
intensive care	Reanimation (f)	[ʀeʔanima'tsjo:n]
to recover (~ from flu)	genesen von …	[gə'ne:zən fɔn]
condition (patient's ~)	Zustand (m)	['tsu:ˌʃtant]
consciousness	Bewusstsein (n)	[bə'vʊstzaɪn]
memory (faculty)	Gedächtnis (n)	[gə'dɛçtnɪs]
to pull out (tooth)	ziehen (vt)	['tsi:ən]
filling	Plombe (f)	['plɔmbə]
to fill (a tooth)	plombieren (vt)	[plɔm'bi:ʀən]
hypnosis	Hypnose (f)	[hʏp'no:zə]
to hypnotize (vt)	hypnotisieren (vt)	[hʏpnoti'zi:ʀən]

75. Doctors

English	German	Pronunciation
doctor	Arzt (m)	[aʁtst]
nurse	Krankenschwester (f)	[kʀaŋkənˌʃvɛstɐ]
personal doctor	Privatarzt (m)	[pʀi'va:tˌʔaʁtst]
dentist	Zahnarzt (m)	['tsa:nˌʔaʁtst]
eye doctor	Augenarzt (m)	['aʊgənˌʔaʁtst]
internist	Internist (m)	[ɪntɐ'nɪst]
surgeon	Chirurg (m)	[çi'ʀʊʁk]
psychiatrist	Psychiater (m)	[psy'çɪa:tɐ]
pediatrician	Kinderarzt (m)	['kɪndɐˌʔaʁtst]
psychologist	Psychologe (m)	[psyço'lo:gə]
gynecologist	Frauenarzt (m)	['fʀaʊənˌʔaʁtst]
cardiologist	Kardiologe (m)	[kaʁdɪo'lo:gə]

76. Medicine. Drugs. Accessories

English	German	Pronunciation
medicine, drug	Arznei (f)	[aʁts'naɪ]
remedy	Heilmittel (n)	['haɪlˌmɪtəl]
to prescribe (vt)	verschreiben (vt)	[fɛɐ'ʃʀaɪbən]
prescription	Rezept (n)	[ʀe'tsɛpt]
tablet, pill	Tablette (f)	[tab'letə]
ointment	Salbe (f)	['zalbə]

ampule	**Ampulle** (f)	[am'pʊlə]
mixture, solution	**Mixtur** (f)	[mɪks'tuːɐ]
syrup	**Sirup** (m)	['ziːʀʊp]
capsule	**Pille** (f)	['pɪlə]
powder	**Pulver** (n)	['pʊlfɐ]
gauze bandage	**Verband** (m)	[fɛɐ'bant]
cotton wool	**Watte** (f)	['vatə]
iodine	**Jod** (n)	[joːt]
Band-Aid	**Pflaster** (n)	['pflastɐ]
eyedropper	**Pipette** (f)	[pi'pɛtə]
thermometer	**Thermometer** (n)	[tɛʁmo'meːtɐ]
syringe	**Spritze** (f)	['ʃpʀɪtsə]
wheelchair	**Rollstuhl** (m)	['ʀɔlʃtuːl]
crutches	**Krücken** (pl)	['kʀʏkən]
painkiller	**Betäubungsmittel** (n)	[bə'tɔɪbʊŋsˌmɪtəl]
laxative	**Abführmittel** (n)	['apfyːɐˌmɪtəl]
spirits (ethanol)	**Spiritus** (m)	['spiːʀitʊs]
medicinal herbs	**Heilkraut** (n)	['haɪlˌkʀaʊt]
herbal (~ tea)	**Kräuter-**	['kʀɔɪtɐ]

77. Smoking. Tobacco products

tobacco	**Tabak** (m)	['taːbak]
cigarette	**Zigarette** (f)	[tsiga'ʀɛtə]
cigar	**Zigarre** (f)	[tsi'gaʀə]
pipe	**Pfeife** (f)	['pfaɪfə]
pack (of cigarettes)	**Packung** (f)	['pakʊŋ]
matches	**Streichhölzer** (pl)	['ʃtʀaɪçˌhœltsɐ]
matchbox	**Streichholzschachtel** (f)	['ʃtʀaɪç·hɔltsˌʃaxtəl]
lighter	**Feuerzeug** (n)	['fɔɪɐˌtsɔɪk]
ashtray	**Aschenbecher** (m)	['aʃən·bɛçɐ]
cigarette case	**Zigarettenetui** (n)	[tsiga'ʀɛtənʔɛtˌviː]
cigarette holder	**Mundstück** (n)	['mʊntʃtʏk]
filter (cigarette tip)	**Filter** (n)	['fɪltɐ]
to smoke (vi, vt)	**rauchen** (vi, vt)	['ʀaʊxən]
to light a cigarette	**anrauchen** (vt)	['anˌʀaʊxən]
smoking	**Rauchen** (n)	['ʀaʊxən]
smoker	**Raucher** (m)	['ʀaʊxɐ]
stub, butt (of cigarette)	**Stummel** (m)	['ʃtʊməl]
smoke, fumes	**Rauch** (m)	[ʀaʊx]
ash	**Asche** (f)	['aʃə]

HUMAN HABITAT

City

78. City. Life in the city

city, town	Stadt (f)	[ʃtat]
capital city	Hauptstadt (f)	[ˈhaʊptˌʃtat]
village	Dorf (n)	[dɔʁf]
city map	Stadtplan (m)	[ˈʃtatˌplaːn]
downtown	Stadtzentrum (n)	[ˈʃtatˌtsɛntʀʊm]
suburb	Vorort (m)	[ˈfoːɐˌʔɔʁt]
suburban (adj)	Vorort-	[ˈfoːɐˌʔɔʁt]
outskirts	Stadtrand (m)	[ˈʃtatˌʀant]
environs (suburbs)	Umgebung (f)	[ʊmˈgeːbʊŋ]
city block	Stadtviertel (n)	[ˈʃtatˌfɪʁtəl]
residential block (area)	Wohnblock (m)	[ˈvoːnˌblɔk]
traffic	Straßenverkehr (m)	[ˈʃtʀaːsənˌfɛɐˌkeːɐ]
traffic lights	Ampel (f)	[ˈampəl]
public transportation	Stadtverkehr (m)	[ˈʃtatˌfɛɐˈkeːɐ]
intersection	Straßenkreuzung (f)	[ˈʃtʀaːsənˌkʀɔɪtsʊŋ]
crosswalk	Übergang (m)	[ˈyːbɐˌgaŋ]
pedestrian underpass	Fußgängerunterführung (f)	[ˈfuːsˌgɛŋɐ·ʊntɐˈfyːʀʊŋ]
to cross (~ the street)	überqueren (vt)	[yːbɐˈkveːʀən]
pedestrian	Fußgänger (m)	[ˈfuːsˌgɛŋɐ]
sidewalk	Gehweg (m)	[ˈgeːˌveːk]
bridge	Brücke (f)	[ˈbʀʏkə]
embankment (river walk)	Kai (m)	[kaɪ]
fountain	Springbrunnen (m)	[ˈʃpʀɪŋˌbʀʊnən]
allée (garden walkway)	Allee (f)	[aˈleː]
park	Park (m)	[paʁk]
boulevard	Boulevard (m)	[buləˈvaːɐ]
square	Platz (m)	[plats]
avenue (wide street)	Avenue (f)	[avəˈnyː]
street	Straße (f)	[ˈʃtʀaːsə]
side street	Gasse (f)	[ˈgasə]
dead end	Sackgasse (f)	[ˈzakˌgasə]
house	Haus (n)	[haʊs]
building	Gebäude (n)	[gəˈbɔɪdə]

English	German	Pronunciation
skyscraper	**Wolkenkratzer** (m)	['vɔlkənˌkʀatsɐ]
facade	**Fassade** (f)	[fa'saːdə]
roof	**Dach** (n)	[dax]
window	**Fenster** (n)	['fɛnstɐ]
arch	**Bogen** (m)	['boːgən]
column	**Säule** (f)	['zɔɪlə]
corner	**Ecke** (f)	['ɛkə]
store window	**Schaufenster** (n)	['ʃaʊˌfɛnstɐ]
signboard (store sign, etc.)	**Firmenschild** (n)	['fɪʁmənˌʃɪlt]
poster (e.g., playbill)	**Anschlag** (m)	['anˌʃlaːk]
advertising poster	**Werbeposter** (m)	['vɛʁbəˌpoːstɐ]
billboard	**Werbeschild** (n)	['vɛʁbəˌʃɪlt]
garbage, trash	**Müll** (m)	[mʏl]
trash can (public ~)	**Mülleimer** (m)	['mʏlˌʔaɪmɐ]
to litter (vi)	**Abfall wegwerfen**	['apfal 'vɛkˌvɛʁfən]
garbage dump	**Mülldeponie** (f)	['mʏlˑdepoˌniː]
phone booth	**Telefonzelle** (f)	[teleˈfoːnˌtsɛlə]
lamppost	**Straßenlaterne** (f)	['ʃtʀaːsənˑlaˌtɛʁnə]
bench (park ~)	**Bank** (f)	[baŋk]
police officer	**Polizist** (m)	[poliˈtsɪst]
police	**Polizei** (f)	[ˌpoliˈtsaɪ]
beggar	**Bettler** (m)	['bɛtlɐ]
homeless (n)	**Obdachlose** (m)	['ɔpdaxˌloːzə]

79. Urban institutions

English	German	Pronunciation
store	**Laden** (m)	['laːdən]
drugstore, pharmacy	**Apotheke** (f)	[apoˈteːkə]
eyeglass store	**Optik** (f)	['ɔptɪk]
shopping mall	**Einkaufszentrum** (n)	['aɪnkaʊfsˌtsɛntʀʊm]
supermarket	**Supermarkt** (m)	['zuːpɐˌmaʁkt]
bakery	**Bäckerei** (f)	[ˌbɛkəˈʀaɪ]
baker	**Bäcker** (m)	['bɛkɐ]
pastry shop	**Konditorei** (f)	[ˌkɔnditoˈʀaɪ]
grocery store	**Lebensmittelladen** (m)	['leːbənsˌmɪtəlˑlaːdən]
butcher shop	**Metzgerei** (f)	[mɛtsgəˈʀaɪ]
produce store	**Gemüseladen** (m)	[gəˈmyːzəˌlaːdən]
market	**Markt** (m)	[maʁkt]
coffee house	**Kaffeehaus** (n)	[kaˈfeːˌhaʊs]
restaurant	**Restaurant** (n)	[ʀɛstoˈʀaŋ]
pub, bar	**Bierstube** (f)	['biːɐˌʃtuːbə]
pizzeria	**Pizzeria** (f)	[pɪtseˈʀiːa]
hair salon	**Friseursalon** (m)	[fʀiˈzøːɐˑzaˌlɔŋ]

English	German	Pronunciation
post office	**Post** (f)	[pɔst]
dry cleaners	**chemische Reinigung** (f)	[çeːmiʃə 'ʀaɪnɪgʊŋ]
photo studio	**Fotostudio** (n)	['fotoˌʃtuːdɪo]
shoe store	**Schuhgeschäft** (n)	['ʃuːgəˌʃɛft]
bookstore	**Buchhandlung** (f)	['buːχˌhandlʊŋ]
sporting goods store	**Sportgeschäft** (n)	['ʃpɔʁt·gə'ʃɛft]
clothes repair shop	**Kleiderreparatur** (f)	['klaɪdɐˌʀepaʀa'tuːɐ]
formal wear rental	**Bekleidungsverleih** (m)	[bə'klaɪdʊŋs·fɛɐ'laɪ]
video rental store	**Videothek** (f)	[video'teːk]
circus	**Zirkus** (m)	['tsɪʁkʊs]
zoo	**Zoo** (m)	['tsoː]
movie theater	**Kino** (n)	['kiːno]
museum	**Museum** (n)	[muˈzeːʊm]
library	**Bibliothek** (f)	[biblio'teːk]
theater	**Theater** (n)	[te'aːtɐ]
opera (opera house)	**Opernhaus** (n)	['oːpɐnˌhaʊs]
nightclub	**Nachtklub** (m)	['naχtˌklʊp]
casino	**Kasino** (n)	[ka'ziːno]
mosque	**Moschee** (f)	[mɔ'ʃeː]
synagogue	**Synagoge** (f)	[zyna'goːgə]
cathedral	**Kathedrale** (f)	[kate'dʀaːlə]
temple	**Tempel** (m)	['tɛmpəl]
church	**Kirche** (f)	['kɪʁçə]
college	**Institut** (n)	[ɪnsti'tuːt]
university	**Universität** (f)	[univɛʁzi'tɛːt]
school	**Schule** (f)	['ʃuːlə]
prefecture	**Präfektur** (f)	[pʀɛfɛk'tuːɐ]
city hall	**Rathaus** (n)	['ʀaːtˌhaʊs]
hotel	**Hotel** (n)	[ho'tɛl]
bank	**Bank** (f)	[baŋk]
embassy	**Botschaft** (f)	['boːtʃaft]
travel agency	**Reisebüro** (n)	['ʀaɪzə·byˌʀoː]
information office	**Informationsbüro** (n)	[ɪnfɔʁma'tsjoːns·byˌʀoː]
currency exchange	**Wechselstube** (f)	['vɛksəlˌʃtuːbə]
subway	**U-Bahn** (f)	['uːbaːn]
hospital	**Krankenhaus** (n)	['kʀaŋkənˌhaʊs]
gas station	**Tankstelle** (f)	['taŋkˌʃtɛlə]
parking lot	**Parkplatz** (m)	['paʁkˌplats]

80. Signs

signboard (store sign, etc.)	**Firmenschild** (n)	['fɪʁmənˌʃɪlt]
notice (door sign, etc.)	**Aufschrift** (f)	['aʊfˌʃʁɪft]
poster	**Plakat** (n)	[pla'ka:t]
direction sign	**Wegweiser** (m)	['vɛkˌvaɪzɐ]
arrow (sign)	**Pfeil** (m)	[pfaɪl]
caution	**Vorsicht** (f)	['foːɐˌzɪçt]
warning sign	**Warnung** (f)	['vaʁnʊŋ]
to warn (vt)	**warnen** (vt)	['vaʁnən]
rest day (weekly ~)	**freier Tag** (m)	['fʁaɪɐ taːk]
timetable (schedule)	**Fahrplan** (m)	['faːɐˌplaːn]
opening hours	**Öffnungszeiten** (pl)	['œfnʊŋsˌtsaɪtən]
WELCOME!	**HERZLICH WILLKOMMEN!**	['hɛʁtslɪç vɪl'kɔmən]
ENTRANCE	**EINGANG**	['aɪnˌgaŋ]
EXIT	**AUSGANG**	['aʊsˌgaŋ]
PUSH	**DRÜCKEN**	['dʁʏkən]
PULL	**ZIEHEN**	['tsiːən]
OPEN	**GEÖFFNET**	[gə'ʔœfnət]
CLOSED	**GESCHLOSSEN**	[gə'ʃlɔsən]
WOMEN	**DAMEN, FRAUEN**	['daːmən], ['fʁaʊən]
MEN	**HERREN, MÄNNER**	['hɛʁən], ['mɛnɐ]
DISCOUNTS	**AUSVERKAUF**	['aʊsfɛɐˌkaʊf]
SALE	**REDUZIERT**	[ʁedu'tsiːɐt]
NEW!	**NEU!**	[nɔɪ]
FREE	**GRATIS**	['gʁaːtɪs]
ATTENTION!	**ACHTUNG!**	['aχtʊŋ]
NO VACANCIES	**ZIMMER BELEGT**	['tsɪmɐ bə'leːkt]
RESERVED	**RESERVIERT**	[ʁezɛʁ'viːɐt]
ADMINISTRATION	**VERWALTUNG**	[fɛɐ'valtʊŋ]
STAFF ONLY	**NUR FÜR PERSONAL**	[nuːɐ fyːɐ pɛʁzo'naːl]
BEWARE OF THE DOG!	**VORSICHT BISSIGER HUND**	['foːɐˌzɪçt 'bɪsɪgɐ hʊnt]
NO SMOKING	**RAUCHEN VERBOTEN!**	['ʁaʊχən fɛɐ'boːtən]
DO NOT TOUCH!	**BITTE NICHT BERÜHREN**	['bɪtə nɪçt bə'ʁyːʁən]
DANGEROUS	**GEFÄHRLICH**	[gə'fɛːɐlɪç]
DANGER	**VORSICHT!**	['foːɐˌzɪçt]
HIGH VOLTAGE	**HOCHSPANNUNG**	['hoːχˌʃpanʊŋ]
NO SWIMMING!	**BADEN VERBOTEN**	['baːdən fɛɐ'boːtən]

OUT OF ORDER	AUßER BETRIEB	[ˌaʊsɐ bəˈtʀiːp]
FLAMMABLE	LEICHTENTZÜNDLICH	[ˈlaɪçt?ɛnˈtsʏntlɪç]
FORBIDDEN	VERBOTEN	[fɛɐˈboːtən]
NO TRESPASSING!	DURCHGANG VERBOTEN	[ˈdʊʁçˌɡaŋ fɛɐˈboːtən]
WET PAINT	FRISCH GESTRICHEN	[fʀɪʃ ɡəˈʃtʀɪçən]

81. Urban transportation

bus	**Bus** (m)	[bʊs]
streetcar	**Straßenbahn** (f)	[ˈʃtʀaːsənˌbaːn]
trolley bus	**Obus** (m)	[ˈoːbʊs]
route (of bus, etc.)	**Linie** (f)	[ˈliːniə]
number (e.g., bus ~)	**Nummer** (f)	[ˈnʊmɐ]
to go by ...	**mit ... fahren**	[mɪt ... ˈfaːʀən]
to get on (~ the bus)	**einsteigen** (vi)	[ˈaɪnˌʃtaɪɡən]
to get off ...	**aussteigen** (vi)	[ˈaʊsˌʃtaɪɡən]
stop (e.g., bus ~)	**Haltestelle** (f)	[ˈhaltəˌʃtɛlə]
next stop	**nächste Haltestelle** (f)	[ˈnɛːçstə ˈhaltəˌʃtɛlə]
terminus	**Endhaltestelle** (f)	[ˈɛntˌhaltəʃtɛlə]
schedule	**Fahrplan** (m)	[ˈfaːɐˌplaːn]
to wait (vt)	**warten** (vi, vt)	[ˈvaʁtən]
ticket	**Fahrkarte** (f)	[ˈfaːɐˌkaʁtə]
fare	**Fahrpreis** (m)	[ˈfaːɐˌpʀaɪs]
cashier (ticket seller)	**Kassierer** (m)	[kaˈsiːʀɐ]
ticket inspection	**Fahrkartenkontrolle** (f)	[ˈfaːɐˌkaʁtən-kɔnˈtʀɔlə]
ticket inspector	**Kontrolleur** (m)	[kɔntʀoˈløːɐ]
to be late (for ...)	**sich verspäten**	[zɪç fɛɐˈʃpɛːtən]
to miss (~ the train, etc.)	**versäumen** (vt)	[fɛɐˈzɔɪmən]
to be in a hurry	**sich beeilen**	[zɪç bəˈʔaɪlən]
taxi, cab	**Taxi** (n)	[ˈtaksi]
taxi driver	**Taxifahrer** (m)	[ˈtaksiˌfaːʀɐ]
by taxi	**mit dem Taxi**	[mɪt dem ˈtaksi]
taxi stand	**Taxistand** (m)	[ˈtaksiˌʃtant]
to call a taxi	**ein Taxi rufen**	[aɪn ˈtaksi ˈʀuːfən]
to take a taxi	**ein Taxi nehmen**	[aɪn ˈtaksi ˈneːmən]
traffic	**Straßenverkehr** (m)	[ˈʃtʀaːsən-fɛɐˌkeːɐ]
traffic jam	**Stau** (m)	[ʃtaʊ]
rush hour	**Hauptverkehrszeit** (f)	[ˈhaʊpt-fɛɐˈkeːɐsˌtsaɪt]
to park (vi)	**parken** (vi)	[ˈpaʁkən]
to park (vt)	**parken** (vt)	[ˈpaʁkən]
parking lot	**Parkplatz** (m)	[ˈpaʁkˌplats]
subway	**U-Bahn** (f)	[ˈuːbaːn]

station	**Station** (f)	[ʃta'tsjoːn]
to take the subway	**mit der U-Bahn fahren**	[mɪt deːɐ 'uːbaːn 'faːʀən]
train	**Zug** (m)	[tsuːk]
train station	**Bahnhof** (m)	['baːnˌhoːf]

82. Sightseeing

monument	**Denkmal** (n)	['dɛŋkˌmaːl]
fortress	**Festung** (f)	['fɛstʊŋ]
palace	**Palast** (m)	[pa'last]
castle	**Schloss** (n)	[ʃlɔs]
tower	**Turm** (m)	[tʊʀm]
mausoleum	**Mausoleum** (n)	[ˌmaʊzo'leːʊm]

architecture	**Architektur** (f)	[aʀçitɛk'tuːɐ]
medieval (adj)	**mittelalterlich**	['mɪtəlˌʔaltɛlɪç]
ancient (adj)	**alt**	[alt]
national (adj)	**national**	[natsjo'naːl]
famous (monument, etc.)	**berühmt**	[bə'ʀyːmt]

tourist	**Tourist** (m)	[tu'ʀɪst]
guide (person)	**Fremdenführer** (m)	['fʀɛmdənˌfyːʀɐ]
excursion, sightseeing tour	**Ausflug** (m)	['aʊsˌfluːk]
to show (vt)	**zeigen** (vt)	['tsaɪɡən]
to tell (vt)	**erzählen** (vt)	[ɛɐ'tsɛːlən]

to find (vt)	**finden** (vt)	['fɪndən]
to get lost (lose one's way)	**sich verlieren**	[zɪç fɛɐ'liːbən]
map (e.g., subway ~)	**Karte** (f)	['kaʀtə]
map (e.g., city ~)	**Karte** (f)	['kaʀtə]

souvenir, gift	**Souvenir** (n)	[zuvəˌniːɐ]
gift shop	**Souvenirladen** (m)	[zuvəˌniːɐ'laːdən]
to take pictures	**fotografieren** (vt)	[fotoɡʀa'fiːʀən]
to have one's picture taken	**sich fotografieren**	[zɪç fotoɡʀa'fiːʀən]

83. Shopping

to buy (purchase)	**kaufen** (vt)	['kaʊfən]
purchase	**Einkauf** (m)	['aɪnˌkaʊf]
to go shopping	**einkaufen gehen**	['aɪnˌkaʊfən 'ɡeːən]
shopping	**Einkaufen** (n)	['aɪnˌkaʊfən]

| to be open (ab. store) | **offen sein** | ['ɔfən zaɪn] |
| to be closed | **zu sein** | [tsu zaɪn] |

| footwear, shoes | **Schuhe** (pl) | ['ʃuːə] |
| clothes, clothing | **Kleidung** (f) | ['klaɪdʊŋ] |

cosmetics	**Kosmetik** (f)	[kɔs'meːtɪk]
food products	**Lebensmittel** (pl)	['leːbənsˌmɪtəl]
gift, present	**Geschenk** (n)	[gə'ʃɛŋk]
salesman	**Verkäufer** (m)	[fɛɐ'kɔɪfɐ]
saleswoman	**Verkäuferin** (f)	[fɛɐ'kɔɪfəʀɪn]
check out, cash desk	**Kasse** (f)	['kasə]
mirror	**Spiegel** (m)	['ʃpiːgəl]
counter (store ~)	**Ladentisch** (m)	['laːdənˌtɪʃ]
fitting room	**Umkleidekabine** (f)	['ʊmklaɪdəˌkaˌbiːnə]
to try on	**anprobieren** (vt)	['anpʀoˌbiːʀən]
to fit (ab. dress, etc.)	**passen** (vi)	['pasən]
to like (I like ...)	**gefallen** (vi)	[gə'falən]
price	**Preis** (m)	[pʀaɪs]
price tag	**Preisschild** (n)	['pʀaɪsˌʃɪlt]
to cost (vt)	**kosten** (vt)	['kɔstən]
How much?	**Wie viel?**	['viː fiːl]
discount	**Rabatt** (m)	[ʀa'bat]
inexpensive (adj)	**preiswert**	['pʀaɪsˌveːɐt]
cheap (adj)	**billig**	['bɪlɪç]
expensive (adj)	**teuer**	['tɔɪɐ]
It's expensive	**Das ist teuer**	[das is 'tɔɪɐ]
rental (n)	**Verleih** (m)	[fɛɐ'laɪ]
to rent (~ a tuxedo)	**ausleihen** (vt)	['aʊsˌlaɪən]
credit (trade credit)	**Kredit** (m), **Darlehen** (n)	[kʀe'diːt], ['daʁˌleːən]
on credit (adv)	**auf Kredit**	[aʊf kʀe'diːt]

84. Money

money	**Geld** (n)	[gɛlt]
currency exchange	**Austausch** (m)	['aʊsˌtaʊʃ]
exchange rate	**Kurs** (m)	[kʊʁs]
ATM	**Geldautomat** (m)	['gɛltʔaʊtoˌmaːt]
coin	**Münze** (f)	['mʏntsə]
dollar	**Dollar** (m)	['dɔlaʁ]
euro	**Euro** (m)	['ɔɪʀo]
lira	**Lira** (f)	['liːʀa]
Deutschmark	**Mark** (f)	[maʁk]
franc	**Franken** (m)	['fʀaŋkən]
pound sterling	**Pfund Sterling** (n)	[pfʊnt 'ʃtɛʁlɪŋ]
yen	**Yen** (m)	[jɛn]
debt	**Schulden** (pl)	['ʃʊldən]
debtor	**Schuldner** (m)	['ʃʊldnɐ]

English	German	Pronunciation
to lend (money)	**leihen** (vt)	['laɪən]
to borrow (vi, vt)	**ausleihen** (vt)	['aʊsˌlaɪən]
bank	**Bank** (f)	[baŋk]
account	**Konto** (n)	['kɔnto]
to deposit (vt)	**einzahlen** (vt)	['aɪnˌtsaːlən]
to deposit into the account	**auf ein Konto einzahlen**	[aʊf aɪn 'kɔnto 'aɪnˌtsaːlən]
to withdraw (vt)	**abheben** (vt)	['apˌheːbən]
credit card	**Kreditkarte** (f)	[kʀe'diːtˌkaʁtə]
cash	**Bargeld** (n)	['baːɐˌgɛlt]
check	**Scheck** (m)	[ʃɛk]
to write a check	**einen Scheck schreiben**	['aɪnən ʃɛk 'ʃʀaɪbn]
checkbook	**Scheckbuch** (n)	['ʃɛkˌbuːχ]
wallet	**Geldtasche** (f)	['gɛltˌtaʃə]
change purse	**Geldbeutel** (m)	['gɛltˌbɔɪtəl]
safe	**Safe** (m)	[sɛɪf]
heir	**Erbe** (m)	['ɛʁbə]
inheritance	**Erbschaft** (f)	['ɛʁpʃaft]
fortune (wealth)	**Vermögen** (n)	[fɛɐ'møːgən]
lease	**Pacht** (f)	[paχt]
rent (money)	**Miete** (f)	['miːtə]
to rent (sth from sb)	**mieten** (vt)	['miːtən]
price	**Preis** (m)	[pʀaɪs]
cost	**Kosten** (pl)	['kɔstən]
sum	**Summe** (f)	['zʊmə]
to spend (vt)	**ausgeben** (vt)	['aʊsˌgeːbən]
expenses	**Ausgaben** (pl)	['aʊsˌgaːbən]
to economize (vi, vt)	**sparen** (vt)	['ʃpaːʀən]
economical	**sparsam**	['ʃpaːɐzaːm]
to pay (vi, vt)	**zahlen** (vt)	['tsaːlən]
payment	**Lohn** (m)	[loːn]
change (give the ~)	**Wechselgeld** (n)	['vɛksəlˌgɛlt]
tax	**Steuer** (f)	['ʃtɔɪɐ]
fine	**Geldstrafe** (f)	['gɛltʃtʀaːfə]
to fine (vt)	**bestrafen** (vt)	[bə'ʃtʀaːfən]

85. Post. Postal service

English	German	Pronunciation
post office	**Post** (f)	[pɔst]
mail (letters, etc.)	**Post** (f)	[pɔst]
mailman	**Briefträger** (m)	['bʀiːfˌtʀɛːgɐ]
opening hours	**Öffnungszeiten** (pl)	['œfnʊŋsˌtsaɪtən]

letter	**Brief** (m)	[bʀiːf]
registered letter	**Einschreibebrief** (m)	[ˈaɪnʃʀaɪbəˌbʀiːf]
postcard	**Postkarte** (f)	[ˈpɔstˌkaʁtə]
telegram	**Telegramm** (n)	[teleˈgʀam]
package (parcel)	**Postpaket** (n)	[ˈpɔst·paˈkeːt]
money transfer	**Geldanweisung** (f)	[ˈgɛltˌanvaɪzʊŋ]

to receive (vt)	**bekommen** (vt)	[bəˈkɔmən]
to send (vt)	**abschicken** (vt)	[ˈapˌʃɪkən]
sending	**Absendung** (f)	[ˈapˌzɛndʊŋ]

address	**Postanschrift** (f)	[ˈpɔstˌanʃʀɪft]
ZIP code	**Postleitzahl** (f)	[ˈpɔstlaɪtˌtsaːl]
sender	**Absender** (m)	[ˈapˌzɛndɐ]
receiver	**Empfänger** (m)	[ɛmˈpfɛŋɐ]

| name (first name) | **Vorname** (m) | [ˈfoːɐ̯ˌnaːmə] |
| surname (last name) | **Nachname** (m) | [ˈnaːxˌnaːmə] |

postage rate	**Tarif** (m)	[taˈʀiːf]
standard (adj)	**Standard-**	[ˈstandaʁt]
economical (adj)	**Spar-**	[ˈʃpaːɐ̯]

weight	**Gewicht** (n)	[gəˈvɪçt]
to weigh (~ letters)	**abwiegen** (vt)	[ˈapˌviːgən]
envelope	**Briefumschlag** (m)	[ˈbʀiːfʔʊmˌʃlaːk]
postage stamp	**Briefmarke** (f)	[ˈbʀiːfˌmaʁkə]
to stamp an envelope	**Briefmarke aufkleben**	[ˈbʀiːfˌmaʁkə ˈaʊfˌkleːbən]

Dwelling. House. Home

86. House. Dwelling

house	Haus (n)	[haʊs]
at home (adv)	zu Hause	[tsu 'haʊzə]
yard	Hof (m)	[ho:f]
fence (iron ~)	Zaun (m)	[tsaʊn]
brick (n)	Ziegel (m)	['tsi:gəl]
brick (as adj)	Ziegel-	['tsi:gəl]
stone (n)	Stein (m)	[ʃtaɪn]
stone (as adj)	Stein-	[ʃtaɪn]
concrete (n)	Beton (m)	[be'tɔŋ]
concrete (as adj)	Beton-	[be'tɔŋ]
new (new-built)	neu	[nɔɪ]
old (adj)	alt	[alt]
decrepit (house)	baufällig	['baʊˌfɛlɪç]
modern (adj)	modern	[mo'dɛʁn]
multistory (adj)	mehrstöckig	['me:ɐʃtœkɪç]
tall (~ building)	hoch	[ho:χ]
floor, story	Stock (m)	[ʃtɔk]
single-story (adj)	einstöckig	['aɪnʃtœkɪç]
1st floor	Erdgeschoß (n)	['e:ɐt·gəˌʃo:s]
top floor	oberster Stock (m)	['obɐstɐ ʃtɔk]
roof	Dach (n)	[daχ]
chimney	Schlot (m)	[ʃlo:t]
roof tiles	Dachziegel (m)	['daχˌtsi:gəl]
tiled (adj)	Dachziegel-	['daχˌtsi:gəl]
attic (storage place)	Dachboden (m)	['daχˌbo:dən]
window	Fenster (n)	['fɛnstɐ]
glass	Glas (n)	[gla:s]
window ledge	Fensterbrett (n)	['fɛnstɐˌbʀɛt]
shutters	Fensterläden (pl)	['fɛnstɐˌlɛ:dən]
wall	Wand (f)	[vant]
balcony	Balkon (m)	[bal'ko:n]
downspout	Regenfallrohr (n)	['ʀe:gənˌfalʀo:ɐ]
upstairs (to be ~)	nach oben	[na:χ 'o:bən]
to go upstairs	hinaufgehen (vi)	[hɪ'naʊfˌge:ən]

to come down (the stairs)	herabsteigen (vi)	[hɛ'ʀapʃtaɪɡən]
to move (to new premises)	umziehen (vi)	['ʊmtsi:ən]

87. House. Entrance. Lift

entrance	Eingang (m)	['aɪnˌɡaŋ]
stairs (stairway)	Treppe (f)	['tʀɛpə]
steps	Stufen (pl)	['ʃtu:fən]
banister	Geländer (n)	[ɡə'lɛndɐ]
lobby (hotel ~)	Halle (f)	['halə]
mailbox	Briefkasten (m)	['bʀi:fˌkastən]
garbage can	Müllkasten (m)	['mʏlˌkastən]
trash chute	Müllschlucker (m)	['mʏlʃlʊkɐ]
elevator	Aufzug (m), Fahrstuhl (m)	['aʊfˌtsu:k], ['fa:ɐʃtu:l]
freight elevator	Lastenaufzug (m)	['lastən·'aʊfˌtsu:k]
elevator cage	Aufzugkabine (f)	['aʊfˌtsu:k·ka'bi:nə]
to take the elevator	Aufzug nehmen	['aʊfˌtsu:k 'ne:mən]
apartment	Wohnung (f)	['vo:nʊŋ]
residents (~ of a building)	Mieter (pl)	['mi:tɐ]
neighbor (masc.)	Nachbar (m)	['naxˌba:ɐ]
neighbor (fem.)	Nachbarin (f)	['naxba:ʀɪn]
neighbors	Nachbarn (pl)	['naxba:ɐn]

88. House. Electricity

electricity	Elektrizität (f)	[elɛktʀitsi'tɛ:t]
light bulb	Glühbirne (f)	['ɡly:ˌbɪʁnə]
switch	Schalter (m)	['ʃaltɐ]
fuse (plug fuse)	Sicherung (f)	['zɪçəʀʊŋ]
cable, wire (electric ~)	Draht (m)	[dʀa:t]
wiring	Leitung (f)	['laɪtʊŋ]
electricity meter	Stromzähler (m)	['ʃtʀo:mˌtsɛ:lɐ]
readings	Zählerstand (m)	['tsɛ:lɐʃtant]

89. House. Doors. Locks

door	Tür (f)	[ty:ɐ]
gate (vehicle ~)	Tor (n)	[to:ɐ]
handle, doorknob	Griff (m)	[ɡʀɪf]
to unlock (unbolt)	aufschließen (vt)	['aʊfʃli:sən]
to open (vt)	öffnen (vt)	['œfnən]
to close (vt)	schließen (vt)	['ʃli:sən]

key	Schlüssel (m)	[ˈʃlʏsəl]
bunch (of keys)	Bündel (n)	[ˈbʏndəl]
to creak (door, etc.)	knarren (vi)	[ˈknaʁən]
creak	Knarren (n)	[ˈknaʁən]
hinge (door ~)	Türscharnier (n)	[ˈtyːɐ̯ʃaʁˈniːɐ̯]
doormat	Fußmatte (f)	[ˈfuːsˌmatə]
door lock	Schloss (n)	[ʃlɔs]
keyhole	Schlüsselloch (n)	[ˈʃlʏsəlˌlɔx]
crossbar (sliding bar)	Türriegel (m)	[ˈtyːɐ̯ˌʁiːɡəl]
door latch	Riegel (m)	[ˈʁiːɡəl]
padlock	Vorhängeschloss (n)	[ˈfoːɐ̯hɛŋəˌʃlɔs]
to ring (~ the door bell)	klingeln (vi)	[ˈklɪŋəln]
ringing (sound)	Klingel (f)	[ˈklɪŋəl]
doorbell	Türklingel (f)	[ˈtyːɐ̯ˌklɪŋəl]
doorbell button	Knopf (m)	[knɔpf]
knock (at the door)	Klopfen (n)	[ˈklɔpfən]
to knock (vi)	anklopfen (vi)	[ˈanˌklɔpfən]
code	Code (m)	[koːt]
combination lock	Zahlenschloss (n)	[ˈtsaːlənʃlɔs]
intercom	Sprechanlage (f)	[ˈʃpʁɛçʔanˌlaːɡə]
number (on the door)	Nummer (f)	[ˈnʊmɐ]
doorplate	Türschild (n)	[ˈtyːɐ̯ʃɪlt]
peephole	Türspion (m)	[ˈtyːɐ̯·ʃpiˌoːn]

90. Country house

village	Dorf (n)	[dɔʁf]
vegetable garden	Gemüsegarten (m)	[ɡəˈmyːzəˌɡaʁtən]
fence	Zaun (m)	[tsaʊn]
picket fence	Lattenzaun (m)	[ˈlatənˌtsaʊn]
wicket gate	Zauntür (f)	[ˈtsaʊnˌtyːɐ̯]
granary	Speicher (m)	[ˈʃpaɪçɐ]
root cellar	Keller (m)	[ˈkɛlɐ]
shed (garden ~)	Schuppen (m)	[ˈʃʊpən]
water well	Brunnen (m)	[ˈbʁʊnən]
stove (wood-fired ~)	Ofen (m)	[ˈoːfən]
to stoke the stove	heizen (vt)	[ˈhaɪtsən]
firewood	Holz (n)	[hɔlts]
log (firewood)	Holzscheit (n)	[ˈhɔltsʃaɪt]
veranda	Veranda (f)	[veˈʁanda]
deck (terrace)	Terrasse (f)	[tɛˈʁasə]
stoop (front steps)	Außentreppe (f)	[ˈaʊsənˌtʁɛpə]
swing (hanging seat)	Schaukel (f)	[ˈʃaʊkəl]

91. Villa. Mansion

country house	**Landhaus** (n)	['lant‚haʊs]
villa (seaside ~)	**Villa** (f)	['vɪla]
wing (~ of a building)	**Flügel** (m)	['fly:gəl]
garden	**Garten** (m)	['gaʁtən]
park	**Park** (m)	[paʁk]
conservatory (greenhouse)	**Orangerie** (f)	[oʁaŋʒə'ʁi:]
to look after (garden, etc.)	**pflegen** (vt)	['pfle:gən]
swimming pool	**Schwimmbad** (n)	['ʃvɪmba:t]
gym (home gym)	**Kraftraum** (m)	['kʁaft‚ʁaʊm]
tennis court	**Tennisplatz** (m)	['tɛnɪs‚plats]
home theater (room)	**Heimkinoraum** (m)	['haɪmki:no‚ʁaʊm]
garage	**Garage** (f)	[ga'ʁa:ʒə]
private property	**Privateigentum** (n)	[pʁi'va:t‚ʔaɪgəntu:m]
private land	**Privatgrundstück** (n)	[pʁi'va:t‚gʁʊntʃtʏk]
warning (caution)	**Warnung** (f)	['vaʁnʊŋ]
warning sign	**Warnschild** (n)	['vaʁnʃɪlt]
security	**Bewachung** (f)	[bə'vaχʊŋ]
security guard	**Wächter** (m)	['vɛçte]
burglar alarm	**Alarmanlage** (f)	[a'laʁm·an‚la:gə]

92. Castle. Palace

castle	**Schloss** (n)	[ʃlɔs]
palace	**Palast** (m)	[pa'last]
fortress	**Festung** (f)	['fɛstʊŋ]
wall (round castle)	**Mauer** (f)	['maʊɐ]
tower	**Turm** (m)	[tʊʁm]
keep, donjon	**Bergfried** (m)	['bɛʁk‚fʁi:t]
portcullis	**Fallgatter** (n)	['fal‚gatɐ]
underground passage	**Tunnel** (n)	['tʊnəl]
moat	**Graben** (m)	['gʁa:bən]
chain	**Kette** (f)	['kɛtə]
arrow loop	**Schießscharte** (f)	['ʃi:s‚ʃaʁtə]
magnificent (adj)	**großartig, prächtig**	['gʁo:s‚ʔa:ɐtɪç], ['pʁɛçtɪç]
majestic (adj)	**majestätisch**	[majɛs'tɛ:tɪʃ]
impregnable (adj)	**unnahbar**	[ʊn'na:ba:ɐ]
medieval (adj)	**mittelalterlich**	['mɪtəl‚ʔaltɐlɪç]

93. Apartment

apartment	**Wohnung** (f)	['vo:nʊŋ]
room	**Zimmer** (n)	['tsɪmɐ]
bedroom	**Schlafzimmer** (n)	['ʃla:f‚tsɪmɐ]
dining room	**Esszimmer** (n)	['ɛs‚tsɪmɐ]
living room	**Wohnzimmer** (n)	['vo:n‚tsɪmɐ]
study (home office)	**Arbeitszimmer** (n)	['aʁbaɪts‚tsɪmɐ]
entry room	**Vorzimmer** (n)	['fo:ɐ‚tsɪmɐ]
bathroom (room with a bath or shower)	**Badezimmer** (n)	['ba:də‚tsɪmɐ]
half bath	**Toilette** (f)	[toa'lɛtə]
ceiling	**Decke** (f)	['dɛkə]
floor	**Fußboden** (m)	['fu:s‚bo:dən]
corner	**Ecke** (f)	['ɛkə]

94. Apartment. Cleaning

to clean (vi, vt)	**aufräumen** (vt)	['aʊf‚ʀɔɪmən]
to put away (to stow)	**weglegen** (vt)	['vɛk‚le:gən]
dust	**Staub** (m)	[ʃtaʊp]
dusty (adj)	**staubig**	['ʃtaʊbɪç]
to dust (vt)	**Staub abwischen**	[ʃtaʊp 'ap‚vɪʃən]
vacuum cleaner	**Staubsauger** (m)	['ʃtaʊp‚zaʊgɐ]
to vacuum (vt)	**Staub saugen**	[ʃtaʊp 'zaʊgən]
to sweep (vi, vt)	**kehren, fegen** (vt)	['ke:ʀən], ['fe:gən]
sweepings	**Kehricht** (m, n)	['ke:ʀɪçt]
order	**Ordnung** (f)	['ɔʁdnʊŋ]
disorder, mess	**Unordnung** (f)	['ʊn‚ʔɔʁdnʊŋ]
mop	**Schrubber** (m)	['ʃʀʊbɐ]
dust cloth	**Lappen** (m)	['lapən]
short broom	**Besen** (m)	['be:zən]
dustpan	**Kehrichtschaufel** (f)	['ke:ʀɪçtʃaʊfəl]

95. Furniture. Interior

furniture	**Möbel** (n)	['mø:bəl]
table	**Tisch** (m)	[tɪʃ]
chair	**Stuhl** (m)	[ʃtu:l]
bed	**Bett** (n)	[bɛt]
couch, sofa	**Sofa** (n)	['zo:fa]
armchair	**Sessel** (m)	['zɛsəl]
bookcase	**Bücherschrank** (m)	['by:çɐʃʀaŋk]

shelf	Regal (n)	[ʀe'ga:l]
wardrobe	Schrank (m)	[ʃʀaŋk]
coat rack (wall-mounted ~)	Hakenleiste (f)	['ha:kən‚laɪstə]
coat stand	Kleiderständer (m)	['klaɪdɐˌʃtɛndɐ]

| bureau, dresser | Kommode (f) | [kɔ'mo:də] |
| coffee table | Couchtisch (m) | ['kaʊtʃˌtɪʃ] |

mirror	Spiegel (m)	['ʃpi:gəl]
carpet	Teppich (m)	['tɛpɪç]
rug, small carpet	Matte (f)	['matə]

fireplace	Kamin (m)	[ka'mi:n]
candle	Kerze (f)	['kɛʁtsə]
candlestick	Kerzenleuchter (m)	['kɛʁtsən‚lɔɪçtɐ]

drapes	Vorhänge (pl)	['fo:ɐhɛŋə]
wallpaper	Tapete (f)	[ta'pe:tə]
blinds (jalousie)	Jalousie (f)	[ʒalu'zi:]

table lamp	Tischlampe (f)	['tɪʃˌlampə]
wall lamp (sconce)	Leuchte (f)	['lɔɪçtə]
floor lamp	Stehlampe (f)	['ʃte:ˌlampə]
chandelier	Kronleuchter (m)	['kʀo:nˌlɔɪçtɐ]

leg (of chair, table)	Bein (n)	[baɪn]
armrest	Armlehne (f)	['aʁmˌle:nə]
back (backrest)	Lehne (f)	['le:nə]
drawer	Schublade (f)	['ʃu:pˌla:də]

96. Bedding

bedclothes	Bettwäsche (f)	['bɛtˌvɛʃə]
pillow	Kissen (n)	['kɪsən]
pillowcase	Kissenbezug (m)	['kɪsən·bəˌtsu:k]
duvet, comforter	Bettdecke (f)	['bɛtˌdɛkə]
sheet	Laken (n)	['la:kən]
bedspread	Tagesdecke (f)	['ta:gəsˌdɛkə]

97. Kitchen

kitchen	Küche (f)	['kʏçə]
gas	Gas (n)	[ga:s]
gas stove (range)	Gasherd (m)	['ga:sˌhe:ɐt]
electric stove	Elektroherd (m)	[e'lɛktʀoˌhe:ɐt]
oven	Backofen (m)	['bakˌʔo:fən]
microwave oven	Mikrowellenherd (m)	['mikʀovɛlənˌhe:ɐt]
refrigerator	Kühlschrank (m)	['ky:lʃʀaŋk]

freezer	**Tiefkühltruhe** (f)	['ti:fky:l‚tʀu:ə]
dishwasher	**Geschirrspülmaschine** (f)	[gə'ʃɪʁˌʃpy:l·maʃi:nə]
meat grinder	**Fleischwolf** (m)	['flaɪʃvɔlf]
juicer	**Saftpresse** (f)	['zaftˌpʀɛsə]
toaster	**Toaster** (m)	['to:stɐ]
mixer	**Mixer** (m)	['mɪksɐ]
coffee machine	**Kaffeemaschine** (f)	['kafe·maˌʃi:nə]
coffee pot	**Kaffeekanne** (f)	['kafeˌkanə]
coffee grinder	**Kaffeemühle** (f)	['kafeˌmy:lə]
kettle	**Wasserkessel** (m)	['vasɐˌkɛsəl]
teapot	**Teekanne** (f)	['te:ˌkanə]
lid	**Deckel** (m)	['dɛkəl]
tea strainer	**Teesieb** (n)	['te:ˌzi:p]
spoon	**Löffel** (m)	['lœfəl]
teaspoon	**Teelöffel** (m)	['te:ˌlœfəl]
soup spoon	**Esslöffel** (m)	['ɛsˌlœfəl]
fork	**Gabel** (f)	[ga:bəl]
knife	**Messer** (n)	['mɛsɐ]
tableware (dishes)	**Geschirr** (n)	[gə'ʃɪʁ]
plate (dinner ~)	**Teller** (m)	['tɛlɐ]
saucer	**Untertasse** (f)	['ʊntɐˌtasə]
shot glass	**Schnapsglas** (n)	['ʃnapsˌgla:s]
glass (tumbler)	**Glas** (n)	[gla:s]
cup	**Tasse** (f)	['tasə]
sugar bowl	**Zuckerdose** (f)	['tsʊkɐˌdo:zə]
salt shaker	**Salzstreuer** (m)	['zaltsˌʃtʀɔɪɐ]
pepper shaker	**Pfefferstreuer** (m)	['pfɛfɐˌʃtʀɔɪɐ]
butter dish	**Butterdose** (f)	['bʊtɐˌdo:zə]
stock pot (soup pot)	**Kochtopf** (m)	['kɔxˌtɔpf]
frying pan (skillet)	**Pfanne** (f)	['pfanə]
ladle	**Schöpflöffel** (m)	['ʃœpfˌlœfəl]
colander	**Durchschlag** (m)	['dʊʁçˌʃla:k]
tray (serving ~)	**Tablett** (n)	[ta'blɛt]
bottle	**Flasche** (f)	['flaʃə]
jar (glass)	**Einmachglas** (n)	['aɪnmaxˌgla:s]
can	**Dose** (f)	['do:zə]
bottle opener	**Flaschenöffner** (m)	['flaʃənˌʔœfnɐ]
can opener	**Dosenöffner** (m)	['do:zənˌʔœfnɐ]
corkscrew	**Korkenzieher** (m)	['kɔʁkənˌtsi:ɐ]
filter	**Filter** (n)	['fɪltɐ]
to filter (vt)	**filtern** (vt)	['fɪltɐn]
trash, garbage (food waste, etc.)	**Müll** (m)	[mʏl]
trash can (kitchen ~)	**Mülleimer** (m)	['mʏlˌʔaɪmɐ]

98. Bathroom

bathroom	**Badezimmer** (n)	['baːdəˌtsɪmɐ]
water	**Wasser** (n)	['vasɐ]
faucet	**Wasserhahn** (m)	['vasɐˌhaːn]
hot water	**Warmwasser** (n)	['vaʁmˌvasɐ]
cold water	**Kaltwasser** (n)	['kaltˌvasɐ]
toothpaste	**Zahnpasta** (f)	['tsaːnˌpasta]
to brush one's teeth	**Zähne putzen**	['tsɛːnə 'pʊtsən]
toothbrush	**Zahnbürste** (f)	['tsaːnˌbyʁstə]
to shave (vi)	**sich rasieren**	[zɪç ʁa'ziːʁən]
shaving foam	**Rasierschaum** (m)	[ʁa'ziːɐˌʃaʊm]
razor	**Rasierer** (m)	[ʁa'ziːʁɐ]
to wash (one's hands, etc.)	**waschen** (vt)	['vaʃən]
to take a bath	**sich waschen**	[zɪç 'vaʃən]
shower	**Dusche** (f)	['duːʃə]
to take a shower	**sich duschen**	[zɪç 'duːʃən]
bathtub	**Badewanne** (f)	['baːdəˌvanə]
toilet (toilet bowl)	**Klosettbecken** (n)	[klo'zɛtˌbɛkən]
sink (washbasin)	**Waschbecken** (n)	['vaʃˌbɛkən]
soap	**Seife** (f)	['zaɪfə]
soap dish	**Seifenschale** (f)	['zaɪfənˌʃaːlə]
sponge	**Schwamm** (m)	[ʃvam]
shampoo	**Shampoo** (n)	['ʃampu]
towel	**Handtuch** (n)	['hantˌtuːx]
bathrobe	**Bademantel** (m)	['baːdəˌmantəl]
laundry (laundering)	**Wäsche** (f)	['vɛʃə]
washing machine	**Waschmaschine** (f)	['vaʃ·maˌʃiːnə]
to do the laundry	**waschen** (vt)	['vaʃən]
laundry detergent	**Waschpulver** (n)	['vaʃˌpʊlvɐ]

99. Household appliances

TV set	**Fernseher** (m)	['fɛʁnˌzeːɐ]
tape recorder	**Tonbandgerät** (n)	['toːnbant·gəˌʁɛːt]
VCR (video recorder)	**Videorekorder** (m)	['video·ʁeˌkɔʁdɐ]
radio	**Empfänger** (m)	[ɛm'pfɛŋɐ]
player (CD, MP3, etc.)	**Player** (m)	['plɛɪɐ]
video projector	**Videoprojektor** (m)	['viːdeo·pʁoˌjɛktoːɐ]
home movie theater	**Heimkino** (n)	['haɪmkiːno]
DVD player	**DVD-Player** (m)	[defaʊ'deːˌplɛɪɐ]

| amplifier | Verstärker (m) | [fɛɐ'ʃtɛʁkɐ] |
| video game console | Spielkonsole (f) | ['ʃpi:l·kɔn‚zo:lə] |

video camera	Videokamera (f)	['vi:deo‚kaməʀa]
camera (photo)	Kamera (f)	['kaməʀa]
digital camera	Digitalkamera (f)	[digi'ta:l‚kaməʀa]

vacuum cleaner	Staubsauger (m)	['ʃtaʊp‚zaʊgɐ]
iron (e.g., steam ~)	Bügeleisen (n)	['by:gəl‚ʔaɪzən]
ironing board	Bügelbrett (n)	['by:gəl‚bʀɛt]

telephone	Telefon (n)	[tele'fo:n]
cell phone	Mobiltelefon (n)	[mo'bi:l·tele‚fo:n]
typewriter	Schreibmaschine (f)	['ʃʀaɪp·ma‚ʃi:nə]
sewing machine	Nähmaschine (f)	['nɛ:·ma‚ʃi:nə]

microphone	Mikrophon (n)	[mikʀo'fo:n]
headphones	Kopfhörer (m)	['kɔpf‚høːʀɐ]
remote control (TV)	Fernbedienung (f)	['fɛʁnbə‚di:nʊŋ]

CD, compact disc	CD (f)	[tseː'deː]
cassette, tape	Kassette (f)	[ka'sɛtə]
vinyl record	Schallplatte (f)	['ʃal‚platə]

100. Repairs. Renovation

renovations	Renovierung (f)	[ʀeno'vi:ʀʊŋ]
to renovate (vt)	renovieren (vt)	[ʀeno'vi:ʀən]
to repair, to fix (vt)	reparieren (vt)	[ʀepa'ʀi:ʀən]
to put in order	in Ordnung bringen	[ɪn 'ɔʁdnʊŋ 'bʀɪŋən]
to redo (do again)	noch einmal machen	[nɔχ 'aɪnma:l 'maχən]

paint	Farbe (f)	['faʁbə]
to paint (~ a wall)	streichen (vt)	['ʃtʀaɪçən]
house painter	Anstreicher (m)	['an‚ʃtʀaɪçɐ]
paintbrush	Pinsel (m)	['pɪnzəl]
whitewash	Kalkfarbe (f)	['kalk‚faʁbə]
to whitewash (vt)	weißen (vt)	['vaɪsən]

wallpaper	Tapete (f)	[ta'pe:tə]
to wallpaper (vt)	tapezieren (vt)	[tape'tsi:ʀən]
varnish	Lack (m)	['lak]
to varnish (vt)	lackieren (vt)	[la'ki:ʀən]

101. Plumbing

| water | Wasser (n) | ['vasɐ] |
| hot water | Warmwasser (n) | ['vaʁm‚vasɐ] |

cold water	**Kaltwasser** (n)	['kalt‚vasɐ]
faucet	**Wasserhahn** (m)	['vasɐˌhaːn]
drop (of water)	**Tropfen** (m)	['tʀɔpfən]
to drip (vi)	**tropfen** (vi)	['tʀɔpfən]
to leak (ab. pipe)	**durchsickern** (vi)	['dʊʀç‚zɪkɐn]
leak (pipe ~)	**Leck** (n)	[lɛk]
puddle	**Lache** (f)	['la:χə]
pipe	**Rohr** (n)	[ʀoːɐ]
valve (e.g., ball ~)	**Ventil** (n)	[vɛn'tiːl]
to be clogged up	**sich verstopfen**	[zɪç fɛɐ'ʃtɔpfən]
tools	**Werkzeuge** (pl)	['vɛʀk‚tsɔɪgə]
adjustable wrench	**Engländer** (m)	['ɛŋlɛndɐ]
to unscrew (lid, filter, etc.)	**abdrehen** (vt)	['ap‚dʀeːən]
to screw (tighten)	**zudrehen** (vt)	[tsuː'dʀeːən]
to unclog (vt)	**reinigen** (vt)	['ʀaɪnɪgən]
plumber	**Klempner** (m)	['klɛmpnɐ]
basement	**Keller** (m)	['kɛlɐ]
sewerage (system)	**Kanalisation** (f)	[kanaliza'tsjoːn]

102. Fire. Conflagration

fire (accident)	**Feuer** (n)	['fɔɪɐ]
flame	**Flamme** (f)	['flamə]
spark	**Funke** (m)	['fʊŋkə]
smoke (from fire)	**Rauch** (m)	[ʀaʊχ]
torch (flaming stick)	**Fackel** (f)	['fakəl]
campfire	**Lagerfeuer** (n)	['laːgɐˌfɔɪɐ]
gas, gasoline	**Benzin** (n)	[bɛn'tsiːn]
kerosene (type of fuel)	**Kerosin** (n)	[keʀo'ziːn]
flammable (adj)	**brennbar**	['bʀɛnbaːɐ]
explosive (adj)	**explosiv**	[ɛksplo'ziːf]
NO SMOKING	**RAUCHEN VERBOTEN!**	['ʀaʊχən fɛɐ'boːtən]
safety	**Sicherheit** (f)	['zɪçɐhaɪt]
danger	**Gefahr** (f)	[gə'faːɐ]
dangerous (adj)	**gefährlich**	[gə'fɛːelɪç]
to catch fire	**sich entflammen**	[zɪç ɛnt'flamən]
explosion	**Explosion** (f)	[ɛksplo'zjoːn]
to set fire	**in Brand stecken**	[ɪn bʀant 'ʃtɛkən]
arsonist	**Brandstifter** (m)	['bʀantˌʃtɪftɐ]
arson	**Brandstiftung** (f)	['bʀantˌʃtɪftʊŋ]
to blaze (vi)	**flammen** (vi)	['flamən]
to burn (be on fire)	**brennen** (vi)	['bʀɛnən]

to burn down	verbrennen (vi)	[fɛɐ'brɛnən]
to call the fire department	die Feuerwehr rufen	[di 'fɔɪɐˌveːɐ 'ʀuːfən]
firefighter, fireman	Feuerwehrmann (m)	['fɔɪɐveːɐˌman]
fire truck	Feuerwehrauto (n)	['fɔɪɐveːɐˌʔaʊto]
fire department	Feuerwehr (f)	['fɔɪɐˌveːɐ]
fire truck ladder	Drehleiter (f)	['dʀeːˌlaɪtɐ]

fire hose	Schlauch (m)	[ʃlaʊχ]
fire extinguisher	Feuerlöscher (m)	['fɔɪɐˌlœʃɐ]
helmet	Helm (m)	[hɛlm]
siren	Sirene (f)	[ˌziˈʀeːnə]

to cry (for help)	schreien (vi)	['ʃʀaɪən]
to call for help	um Hilfe rufen	[ʊm 'hɪlfə 'ʀuːfən]
rescuer	Retter (m)	['ʀɛtɐ]
to rescue (vt)	retten (vt)	['ʀɛtən]

to arrive (vi)	ankommen (vi)	['anˌkɔmən]
to extinguish (vt)	löschen (vt)	['lœʃən]
water	Wasser (n)	['vasɐ]
sand	Sand (m)	[zant]

ruins (destruction)	Trümmer (pl)	['tʀʏmɐ]
to collapse (building, etc.)	zusammenbrechen (vi)	[tsu'zamənˌbʀɛçən]
to fall down (vi)	einfallen (vi)	['aɪnˌfalən]
to cave in (ceiling, floor)	einstürzen (vi)	['aɪnˌʃtʏʀtsən]

| piece of debris | Bruchstück (n) | ['bʀʊχˌʃtʏk] |
| ash | Asche (f) | ['aʃə] |

| to suffocate (die) | ersticken (vi) | [ɛɐ'ʃtɪkən] |
| to be killed (perish) | ums Leben kommen | [ʊms 'leːbən 'kɔmən] |

HUMAN ACTIVITIES

Job. Business. Part 1

103. Office. Working in the office

office (company ~)	**Büro** (n)	[by'ʀoː]
office (of director, etc.)	**Büro** (n)	[by'ʀoː]
reception desk	**Rezeption** (f)	[ʀetsɛp'tsjoːn]
secretary	**Sekretär** (m)	[zekʀe'tɛːɐ]
secretary (fem.)	**Sekretärin** (f)	[zekʀe'tɛːʀɪn]
director	**Direktor** (m)	[di'ʀɛktoːɐ]
manager	**Manager** (m)	['mɛnɪdʒɐ]
accountant	**Buchhalter** (m)	['buːx‿halte]
employee	**Mitarbeiter** (m)	['mɪtʔaʁˌbaɪte]
furniture	**Möbel** (n)	['møːbəl]
desk	**Tisch** (m)	[tɪʃ]
desk chair	**Schreibtischstuhl** (m)	['ʃʀaɪptɪʃˌʃtuːl]
drawer unit	**Rollcontainer** (m)	['ʀɔl·kɔnˌteːnɐ]
coat stand	**Kleiderständer** (m)	['klaɪdɐˌʃtɛndɐ]
computer	**Computer** (m)	[kɔm'pjuːte]
printer	**Drucker** (m)	['dʀʊkɐ]
fax machine	**Fax** (m, n)	[faks]
photocopier	**Kopierer** (m)	[ko'piːʀɐ]
paper	**Papier** (n)	[pa'piːɐ]
office supplies	**Büromaterial** (n)	[by'ʀoːmateˌʀiaːl]
mouse pad	**Mousepad** (n)	['maʊspɛt]
sheet (of paper)	**Blatt** (n) **Papier**	[blat pa'piːɐ]
binder	**Ordner** (m)	['ɔʁdnɐ]
catalog	**Katalog** (m)	[kata'loːk]
phone directory	**Adressbuch** (n)	[a'dʀɛsˌbuːx]
documentation	**Dokumentation** (f)	[dokumɛnta'tsjoːn]
brochure (e.g., 12 pages ~)	**Broschüre** (f)	[bʀɔ'ʃyːʀə]
leaflet (promotional ~)	**Flugblatt** (n)	['fluːkˌblat]
sample	**Muster** (n)	['mʊstɐ]
training meeting	**Training** (n)	['tʀɛːnɪŋ]
meeting (of managers)	**Meeting** (n)	['miːtɪŋ]
lunch time	**Mittagspause** (f)	['mɪtaːksˌpaʊzə]

to make a copy	eine Kopie machen	['aɪnə ko'pi: 'maxən]
to make multiple copies	vervielfältigen (vt)	[fɛɐ'fi:l‚fɛltɪgən]
to receive a fax	ein Fax bekommen	[aɪn faks bə'kɔmən]
to send a fax	ein Fax senden	[aɪn faks 'zɛndən]

to call (by phone)	anrufen (vt)	['an‚ʀu:fən]
to answer (vt)	antworten (vi)	['ant‚vɔʀtən]
to put through	verbinden (vt)	[fɛɐ'bɪndən]

to arrange, to set up	ausmachen (vt)	['aʊs‚maxən]
to demonstrate (vt)	demonstrieren (vt)	[demɔn'stʀi:ʀən]
to be absent	fehlen (vi)	['fe:lən]
absence	Abwesenheit (f)	['ap‚ve:zən·haɪt]

104. Business processes. Part 1

business	Geschäft (n)	[gə'ʃɛft]
occupation	Angelegenheit (f)	['angə‚le:gənhaɪt]
firm	Firma (f)	['fɪʀma]
company	Gesellschaft (f)	[gə'zɛlʃaft]
corporation	Konzern (m)	[kɔn'tsɛʀn]
enterprise	Unternehmen (n)	[‚ʊntɐ'ne:mən]
agency	Agentur (f)	[agɛn'tu:ɐ]

agreement (contract)	Vereinbarung (f)	[fɛɐ'ʔaɪnba:ʀʊŋ]
contract	Vertrag (m)	[fɛɐ'tʀa:k]
deal	Geschäft (n)	[gə'ʃɛft]
order (to place an ~)	Auftrag (m)	['aʊf‚tʀa:k]
terms (of the contract)	Bedingung (f)	[bə'dɪŋʊŋ]

wholesale (adv)	en gros	[ɛn 'gʀo]
wholesale (adj)	Großhandels-	['gʀo:s‚handəls]
wholesale (n)	Großhandel (m)	['gʀo:s‚handəl]
retail (adj)	Einzelhandels-	['aɪntsəl‚handəls]
retail (n)	Einzelhandel (m)	['aɪntsəl‚handəl]

competitor	Konkurrent (m)	[kɔŋkʊ'ʀɛnt]
competition	Konkurrenz (f)	[‚kɔŋkʊ'ʀɛnts]
to compete (vi)	konkurrieren (vi)	[kɔŋkʊ'ʀi:ʀən]

| partner (associate) | Partner (m) | ['paʀtnɐ] |
| partnership | Partnerschaft (f) | ['paʀtnɐʃaft] |

crisis	Krise (f)	['kʀi:zə]
bankruptcy	Bankrott (m)	[baŋ'kʀɔt]
to go bankrupt	Bankrott machen	[baŋ'kʀɔt 'maxən]
difficulty	Schwierigkeit (f)	['ʃvi:ʀɪçkaɪt]
problem	Problem (n)	[pʀo'ble:m]
catastrophe	Katastrophe (f)	[‚katas'tʀo:fə]
economy	Wirtschaft (f)	['vɪʀtʃaft]

English	German	Pronunciation
economic (~ growth)	wirtschaftlich	['vɪʁtʃaftlɪç]
economic recession	Rezession (f)	[ʀetsɛ'sjoːn]
goal (aim)	Ziel (n)	[tsiːl]
task	Aufgabe (f)	['aʊfˌgaːbə]
to trade (vi)	handeln (vi)	['handəln]
network (distribution ~)	Netz (n)	[nɛts]
inventory (stock)	Lager (n)	['laːgɐ]
range (assortment)	Sortiment (n)	[zɔʁti'mɛnt]
leader (leading company)	führende Unternehmen (n)	['fyːʀəndə ʊntɐ'neːmən]
large (~ company)	groß	[gʀoːs]
monopoly	Monopol (n)	[mono'poːl]
theory	Theorie (f)	[teo'ʀiː]
practice	Praxis (f)	['pʀaksɪs]
experience (in my ~)	Erfahrung (f)	[ɛɐ'faːʀʊŋ]
trend (tendency)	Tendenz (f)	[tɛn'dɛnts]
development	Entwicklung (f)	[ɛnt'vɪklʊŋ]

105. Business processes. Part 2

English	German	Pronunciation
profit (foregone ~)	Vorteil (m)	['foːɐˌtaɪl]
profitable (~ deal)	vorteilhaft	['foːɐtaɪlˌhaft]
delegation (group)	Delegation (f)	[delega'tsjoːn]
salary	Lohn (m)	[loːn]
to correct (an error)	korrigieren (vt)	[kɔʀi'giːʀən]
business trip	Dienstreise (f)	['diːnstˌʀaɪzə]
commission	Kommission (f)	[kɔmɪ'sjoːn]
to control (vt)	kontrollieren (vt)	[kɔntʀɔ'liːʀən]
conference	Konferenz (f)	[ˌkɔnfe'ʀɛnts]
license	Lizenz (f)	[li'tsɛnts]
reliable (~ partner)	zuverlässig	['tsuːfɛɐˌlɛsɪç]
initiative (undertaking)	Initiative (f)	[initsɪa'tiːvə]
norm (standard)	Norm (f)	[nɔʁm]
circumstance	Umstand (m)	['ʊmʃtant]
duty (of employee)	Pflicht (f)	[pflɪçt]
organization (company)	Unternehmen (n)	[ˌʊntɐ'neːmən]
organization (process)	Organisation (f)	[ˌɔʁganiza'tsjoːn]
organized (adj)	organisiert	[ɔʁgani'ziːɐt]
cancellation	Abschaffung (f)	['apˌʃafʊŋ]
to cancel (call off)	abschaffen (vt)	['apˌʃafən]
report (official ~)	Bericht (m)	[bə'ʀɪçt]
patent	Patent (n)	[pa'tɛnt]

English	German	IPA
to patent (obtain patent)	patentieren (vt)	[patɛn'tiːʀən]
to plan (vt)	planen (vt)	['plaːnən]
bonus (money)	Prämie (f)	['pʀɛːmɪə]
professional (adj)	professionell	[pʀofɛsjoˈnɛl]
procedure	Prozedur (f)	[ˌpʀotseˈduːɐ]
to examine (contract, etc.)	prüfen (vt)	['pʀyːfən]
calculation	Berechnung (f)	[bəˈʀɛçnʊŋ]
reputation	Ruf (m)	[ʀuːf]
risk	Risiko (n)	['ʀiːziko]
to manage, to run	leiten (vt)	['laɪtən]
information (report)	Informationen (pl)	[ɪnfɔʁmaˈtsjoːnən]
property	Eigentum (n)	['aɪɡəntuːm]
union	Bund (m)	[bʊnt]
life insurance	Lebensversicherung (f)	['leːbənsˌfɛɐ̯ˌzɪçəʀʊŋ]
to insure (vt)	versichern (vt)	[fɛɐ̯ˈzɪçɐn]
insurance	Versicherung (f)	[fɛɐ̯ˈzɪçəʀʊŋ]
auction (~ sale)	Auktion (f)	[aʊkˈtsjoːn]
to notify (inform)	benachrichtigen (vt)	[bəˈnaːxˌʀɪçtɪɡən]
management (process)	Verwaltung (f)	[fɛɐ̯ˈvaltʊŋ]
service (~ industry)	Dienst (m)	[diːnst]
forum	Forum (n)	['foːʀʊm]
to function (vi)	funktionieren (vi)	[fʊŋktsjoˈniːʀən]
stage (phase)	Etappe (f)	[eˈtapə]
legal (~ services)	juristisch	[juˈʀɪstɪʃ]
lawyer (legal advisor)	Jurist (m)	[juˈʀɪst]

106. Production. Works

English	German	IPA
plant	Werk (n)	[vɛʁk]
factory	Fabrik (f)	[faˈbʀiːk]
workshop	Werkstatt (f)	['vɛʁkˌʃtat]
works, production site	Betrieb (m)	[bəˈtʀiːp]
industry (manufacturing)	Industrie (f)	[ɪndʊsˈtʀiː]
industrial (adj)	Industrie-	[ɪndʊsˈtʀiː]
heavy industry	Schwerindustrie (f)	['ʃveːɐ̯ʔɪndʊsˌtʀiː]
light industry	Leichtindustrie (f)	['laɪçtʔɪndʊsˌtʀiː]
products	Produktion (f)	[pʀodʊkˈtsjoːn]
to produce (vt)	produzieren (vt)	[pʀoduˈtsiːʀən]
raw materials	Rohstoff (m)	['ʀoːˌʃtɔf]
foreman (construction ~)	Vorarbeiter (m), Meister (m)	[foːɐ̯ˈʔaʁbaɪtɐ], ['maɪstɐ]

| workers team (crew) | **Arbeitsteam** (n) | ['aʁbaɪtsˌtiːm] |
| worker | **Arbeiter** (m) | ['aʁbaɪtɐ] |

working day	**Arbeitstag** (m)	['aʁbaɪtsˌtaːk]
pause (rest break)	**Pause** (f)	['paʊzə]
meeting	**Versammlung** (f)	[fɛɐ'zamlʊŋ]
to discuss (vt)	**besprechen** (vt)	[bə'ʃpʁɛçən]

plan	**Plan** (m)	[plaːn]
to fulfill the plan	**den Plan erfüllen**	[den plaːn ɛɐ'fʏlən]
rate of output	**Arbeitsertrag** (m)	['aʁbaɪtsˌɛɐ'tʁaːk]
quality	**Qualität** (f)	[kvali'tɛːt]
control (checking)	**Prüfung, Kontrolle** (f)	['pʁyːfʊŋ], [kɔn'tʁɔlə]
quality control	**Gütekontrolle** (f)	['gyːtə·kɔn'tʁɔlə]
workplace safety	**Arbeitsplatzsicherheit** (f)	['aʁbaɪts·platsˌzɪçɐhaɪt]
discipline	**Disziplin** (f)	[dɪstsi'pliːn]
violation (of safety rules, etc.)	**Übertretung** (f)	[yːbɐ'tʁeːtʊŋ]
to violate (rules)	**übertreten** (vt)	[yːbɐ'tʁeːtən]

strike	**Streik** (m)	[ʃtʁaɪk]
striker	**Streikender** (m)	['ʃtʁaɪkəndɐ]
to be on strike	**streiken** (vi)	['ʃtʁaɪkən]
labor union	**Gewerkschaft** (f)	[gə'vɛʁkʃaft]

to invent (machine, etc.)	**erfinden** (vt)	[ɛɐ'fɪndən]
invention	**Erfindung** (f)	[ɛɐ'fɪndʊŋ]
research	**Erforschung** (f)	[ɛɐ'fɔʁʃʊŋ]
to improve (make better)	**verbessern** (vt)	[fɛɐ'bɛsɐn]
technology	**Technologie** (f)	[tɛçnolo'giː]
technical drawing	**Zeichnung** (f)	['tsaɪçnʊŋ]

load, cargo	**Ladung** (f)	['laːdʊŋ]
loader (person)	**Ladearbeiter** (m)	['laːdəˌaʁbaɪtɐ]
to load (vehicle, etc.)	**laden** (vt)	['laːdən]
loading (process)	**Beladung** (f)	[bə'laːdʊŋ]
to unload (vi, vt)	**entladen** (vt)	[ɛnt'laːdən]
unloading	**Entladung** (f)	[ɛnt'laːdʊŋ]

transportation	**Transport** (m)	[tʁans'pɔʁt]
transportation company	**Transportunternehmen**	[tʁans'pɔʁt·ʊntɐ'neːmən]
to transport (vt)	**transportieren** (vt)	[ˌtʁanspɔʁ'tiːʁən]

freight car	**Güterwagen** (m)	['gyːtɐˌvaːgən]
tank (e.g., oil ~)	**Zisterne** (f)	[tsɪs'tɛʁnə]
truck	**Lastkraftwagen** (m)	['lastkʁaftˌvaːgən]

machine tool	**Werkzeugmaschine** (f)	['vɛʁktsɔɪk·maˌʃiːnə]
mechanism	**Mechanismus** (m)	[meça'nɪsmʊs]
industrial waste	**Industrieabfälle** (pl)	[ɪndʊs'tʁiːʔapˌfɛlə]
packing (process)	**Verpacken** (n)	[fɛɐ'pakən]
to pack (vt)	**verpacken** (vt)	[fɛɐ'pakən]

107. Contract. Agreement

contract	**Vertrag** (m)	[fɛɐ̯'tʀaːk]
agreement	**Vereinbarung** (f)	[fɛɐ̯'ʔaɪnbaːʀʊŋ]
addendum	**Anhang** (m)	['anhaŋ]
to sign a contract	**einen Vertrag abschließen**	['aɪnən fɛɐ̯'tʀaːk 'apˌʃliːsən]
signature	**Unterschrift** (f)	['ʊntɐˌʃʀɪft]
to sign (vt)	**unterschreiben** (vt)	[ˌʊntɐ'ʃʀaɪbən]
seal (stamp)	**Stempel** (m)	['ʃtɛmpəl]
subject of the contract	**Vertragsgegenstand** (m)	[fɛɐ̯'tʀaːksˈgeːgənʃtant]
clause	**Punkt** (m)	[pʊŋkt]
parties (in contract)	**Parteien** (pl)	[paʀ'taɪən]
legal address	**rechtmäßige Anschrift** (f)	['ʀɛçtˌmɛːsɪgə 'anʃʀɪft]
to violate the contract	**Vertrag brechen**	[fɛɐ̯'tʀaːk 'bʀɛçən]
commitment (obligation)	**Verpflichtung** (f)	[fɛɐ̯'pflɪçtʊŋ]
responsibility	**Verantwortlichkeit** (f)	[fɛɐ̯'ʔantvɔʀtlɪçkaɪt]
force majeure	**Force majeure** (f)	[fɔʀsˈmaˈʒœːr]
dispute	**Streit** (m)	[ʃtʀaɪt]
penalties	**Strafsanktionen** (pl)	['ʃtʀaːfˈzaŋk'tsjoːnən]

108. Import & Export

import	**Import** (m)	[ˌɪm'pɔʀt]
importer	**Importeur** (m)	[ɪmpɔʀ'tøːɐ]
to import (vt)	**importieren** (vt)	[ɪmpɔʀ'tiːʀən]
import (as adj.)	**Import-**	[ˌɪm'pɔʀt]
export (exportation)	**Export** (m)	[ɛks'pɔʀt]
exporter	**Exporteur** (m)	[ɛkspɔʀ'tøːɐ]
to export (vi, vt)	**exportieren** (vt)	[ˌɛkspɔʀ'tiːʀən]
export (as adj.)	**Export-**	[ɛks'pɔʀt]
goods (merchandise)	**Waren** (pl)	['vaːʀən]
consignment, lot	**Partie** (f), **Ladung** (f)	[paʀ'tiː], ['laːdʊŋ]
weight	**Gewicht** (n)	[gə'vɪçt]
volume	**Volumen** (n)	[voˈluːmən]
cubic meter	**Kubikmeter** (m)	[ku'biːkˌmeːtɐ]
manufacturer	**Hersteller** (m)	['heːɐ̯ˌʃtɛlɐ]
transportation company	**Transportunternehmen**	[tʀansˈpɔʀtˈʊntɐ'neːmən]
container	**Container** (m)	[ˌkɔn'tɛɪnɐ]
border	**Grenze** (f)	['gʀɛntsə]
customs	**Zollamt** (n)	['tsɔlˌʔamt]

customs duty	Zoll (m)	[tsɔl]
customs officer	Zollbeamter (m)	['tsɔl·bəˌʔamtɐ]
smuggling	Schmuggel (m)	['ʃmʊgəl]
contraband (smuggled goods)	Schmuggelware (f)	['ʃmʊgəlˌvaːʀə]

109. Finances

stock (share)	Aktie (f)	['aktsiə]
bond (certificate)	Obligation (f)	[ɔbligaˈtsjoːn]
promissory note	Wechsel (m)	['vɛksəl]
stock exchange	Börse (f)	['bœʁzə]
stock price	Aktienkurs (m)	['aktsiən·kʊʁs]
to go down (become cheaper)	billiger werden	['bɪlɪgɐ 'veːɐdən]
to go up (become more expensive)	teuer werden	['tɔɪɐ 'veːɐdən]
share	Anteil (m)	['anˌtaɪl]
controlling interest	Mehrheitsbeteiligung (f)	['meːɐhaɪts·bəˈtaɪlɪgʊŋ]
investment	Investitionen (pl)	[ɪnvɛstiˈtsjoːnən]
to invest (vt)	investieren (vt)	[ɪnvɛsˈtiːʀən]
percent	Prozent (n)	[pʀoˈtsɛnt]
interest (on investment)	Zinsen (pl)	['tsɪnzən]
profit	Gewinn (m)	[gəˈvɪn]
profitable (adj)	gewinnbringend	[gəˈvɪnˌbʀɪŋənt]
tax	Steuer (f)	['ʃtɔɪɐ]
currency (foreign ~)	Währung (f)	['vɛːʀʊŋ]
national (adj)	Landes-	['landəs]
exchange (currency ~)	Geldumtausch (m)	['gɛltˌʊmtaʊʃ]
accountant	Buchhalter (m)	['buːχˌhaltɐ]
accounting	Buchhaltung (f)	['buːχˌhaltʊŋ]
bankruptcy	Bankrott (m)	[baŋˈkʀɔt]
collapse, crash	Zusammenbruch (m)	[tsuˈzamənˌbʀʊχ]
ruin	Pleite (f)	['plaɪtə]
to be ruined (financially)	pleite gehen	['plaɪtə 'geːən]
inflation	Inflation (f)	[ɪnflaˈtsjoːn]
devaluation	Abwertung (f)	['apˌveːɐtʊŋ]
capital	Kapital (n)	[kapiˈtaːl]
income	Einkommen (n)	['aɪnˌkɔmən]
turnover	Umsatz (m)	['ʊmˌzats]
resources	Mittel (pl)	['mɪtəl]

monetary resources	**Geldmittel** (pl)	['gɛlt͵mɪtəl]
overhead	**Gemeinkosten** (pl)	[gə'maɪn͵kɔstən]
to reduce (expenses)	**reduzieren** (vt)	[ʀedu'tsiːʀən]

110. Marketing

marketing	**Marketing** (n)	['maʁkətɪŋ]
market	**Markt** (m)	[maʁkt]
market segment	**Marktsegment** (n)	['maʁkt·zɛ'gmɛnt]
product	**Produkt** (n)	[pʀo'dʊkt]
goods (merchandise)	**Waren** (pl)	['vaːʀən]

brand	**Schutzmarke** (f)	['ʃʊts͵maʁkə]
trademark	**Handelsmarke** (f)	['handəls͵maʁkə]
logotype	**Firmenzeichen** (n)	['fɪʁmən͵tsaɪçən]
logo	**Logo** (m, n)	['loːgo]

demand	**Nachfrage** (f)	['naːχ͵fʀaːgə]
supply	**Angebot** (n)	['angə͵boːt]
need	**Bedürfnis** (n)	[bə'dyʁfnɪs]
consumer	**Verbraucher** (m)	[fɛɐ'bʀaʊχɐ]

analysis	**Analyse** (f)	[ana'lyːzə]
to analyze (vt)	**analysieren** (vt)	[͵analy:'ziːʀən]
positioning	**Positionierung** (f)	[pozitsjɔ'niːʀʊŋ]
to position (vt)	**positionieren** (vt)	[pozitsjɔ'niːʀən]

price	**Preis** (m)	[pʀaɪs]
pricing policy	**Preispolitik** (f)	['pʀaɪs·poli'tɪk]
price formation	**Preisbildung** (f)	['pʀaɪs͵bɪldʊŋ]

111. Advertising

advertising	**Werbung** (f)	['vɛʁbʊŋ]
to advertise (vt)	**werben** (vt)	['vɛʁbən]
budget	**Budget** (n)	[by'dʒeː]

ad, advertisement	**Werbeanzeige** (f)	['vɛʁbəʔan͵tsaɪgə]
TV advertising	**Fernsehwerbung** (f)	['fɛʀnzeː͵vɛʁbʊŋ]
radio advertising	**Radiowerbung** (f)	['ʀaːdɪo͵vɛʁbʊŋ]
outdoor advertising	**Außenwerbung** (f)	['aʊsən͵vɛʁbʊŋ]

mass media	**Massenmedien** (pl)	['masən͵meːdɪən]
periodical (n)	**Zeitschrift** (f)	['tsaɪtʃʀɪft]
image (public appearance)	**Image** (n)	['ɪmɪdʒ]

| slogan | **Losung** (f) | ['loːzʊŋ] |
| motto (maxim) | **Motto** (n) | ['mɔto] |

campaign	**Kampagne** (f)	[kam'panjə]
advertising campaign	**Werbekampagne** (f)	['vɛʁbə‿kam'panjə]
target group	**Zielgruppe** (f)	['tsiːl‿gʁʊpə]

business card	**Visitenkarte** (f)	[vi'ziːtən‿kaʁtə]
leaflet (promotional ~)	**Flugblatt** (n)	['fluːk‿blat]
brochure (e.g., 12 pages ~)	**Broschüre** (f)	[bʁɔ'ʃyːʁə]
pamphlet	**Faltblatt** (n)	['falt‿blat]
newsletter	**Informationsblatt** (n)	[ɪnfɔʁma'tsjoːns‿blat]

signboard (store sign, etc.)	**Firmenschild** (n)	['fɪʁmən‿ʃɪlt]
poster	**Plakat** (n)	[pla'kaːt]
billboard	**Werbeschild** (n)	['vɛʁbə‿ʃɪlt]

112. Banking

| bank | **Bank** (f) | [baŋk] |
| branch (of bank, etc.) | **Filiale** (f) | [fi'lɪaːlə] |

| bank clerk, consultant | **Berater** (m) | [bə'ʁaːtɐ] |
| manager (director) | **Leiter** (m) | ['laɪtɐ] |

bank account	**Konto** (n)	['kɔnto]
account number	**Kontonummer** (f)	['kɔnto‿nʊmɐ]
checking account	**Kontokorrent** (n)	[kɔnto‿kɔ'ʁɛnt]
savings account	**Sparkonto** (n)	['ʃpaːɐ‿kɔnto]

to open an account	**ein Konto eröffnen**	[aɪn 'kɔnto ɐ'ʔœfnən]
to close the account	**das Konto schließen**	[das 'kɔnto 'ʃliːsən]
to deposit into the account	**auf ein Konto einzahlen**	[aʊf aɪn 'kɔnto 'aɪn‿tsaːlən]
to withdraw (vt)	**abheben** (vt)	['ap‿heːbən]

deposit	**Einzahlung** (f)	['aɪn‿tsaːlʊŋ]
to make a deposit	**eine Einzahlung machen**	['aɪnə 'aɪn‿tsaːlʊŋ 'maxən]
wire transfer	**Überweisung** (f)	[‿yːbə'vaɪzən]
to wire, to transfer	**überweisen** (vt)	[‿yːbə'vaɪzən]

| sum | **Summe** (f) | ['zʊmə] |
| How much? | **Wie viel?** | ['viː fiːl] |

| signature | **Unterschrift** (f) | ['ʊntɐ‿ʃʁɪft] |
| to sign (vt) | **unterschreiben** (vt) | [‿ʊntɐ'ʃʁaɪbən] |

credit card	**Kreditkarte** (f)	[kʁe'diːt‿kaʁtə]
code (PIN code)	**Code** (m)	[koːt]
credit card number	**Kreditkartennummer** (f)	[kʁe'diːt‿kaʁtə‿nʊmɐ]
ATM	**Geldautomat** (m)	['gɛlt‿ʔaʊto‿maːt]
check	**Scheck** (m)	[ʃɛk]
to write a check	**einen Scheck schreiben**	['aɪnən ʃɛk 'ʃʁaɪbn]

checkbook	Scheckbuch (n)	[ˈʃɛkˌbuːχ]
loan (bank ~)	Darlehen (m)	[ˈdaʁˌleːən]
to apply for a loan	ein Darlehen beantragen	[aɪn ˈdaʁˌleːən bəˈʔantʁaːgən]
to get a loan	ein Darlehen aufnehmen	[aɪn daʁˌleːən ˈaʊfˌneːmən]
to give a loan	ein Darlehen geben	[aɪn ˈdaʁˌleːən ˈgeːbən]
guarantee	Sicherheit (f)	[ˈzɪçɐhaɪt]

113. Telephone. Phone conversation

telephone	Telefon (n)	[teleˈfoːn]
cell phone	Mobiltelefon (n)	[moˈbiːlˌteleˌfoːn]
answering machine	Anrufbeantworter (m)	[ˈanʁuːfbəˌantˌvɔʁtɐ]
to call (by phone)	anrufen (vt)	[ˈanˌʁuːfən]
phone call	Anruf (m)	[ˈanˌʁuːf]
to dial a number	eine Nummer wählen	[ˈaɪnə ˈnʊmɐ ˈvɛːlən]
Hello!	Hallo!	[haˈloː]
to ask (vt)	fragen (vt)	[ˈfʁaːgən]
to answer (vi, vt)	antworten (vi)	[ˈantˌvɔʁtən]
to hear (vt)	hören (vt)	[ˈhøːʁən]
well (adv)	gut	[guːt]
not well (adv)	schlecht	[ʃlɛçt]
noises (interference)	Störungen (pl)	[ˈʃtøːʁʊŋən]
receiver	Hörer (m)	[ˈhøːʁɐ]
to pick up (~ the phone)	den Hörer abnehmen	[den ˈhøːʁɐ ˈapˌneːmən]
to hang up (~ the phone)	auflegen (vt)	[ˈaʊfˌleːgən]
busy (engaged)	besetzt	[bəˈzɛtst]
to ring (ab. phone)	läuten (vi)	[ˈlɔɪtən]
telephone book	Telefonbuch (n)	[teleˈfoːnˌbuːχ]
local (adj)	Orts-	[ɔʁts]
local call	Ortsgespräch	[ɔʁts-gəˈʃpʁɛːç]
long distance (~ call)	Fern-	[ˈfɛʁn]
long-distance call	Ferngespräch	[ˈfɛʁn-gəˈʃpʁɛːç]
international (adj)	Auslands-	[ˈaʊslants]
international call	Auslandsgespräch	[ˈaʊslants-gəˈʃpʁɛːç]

114. Cell phone

cell phone	Mobiltelefon (n)	[moˈbiːlˌteleˌfoːn]
display	Display (n)	[dɪsˈpleː]
button	Knopf (m)	[knɔpf]
SIM card	SIM-Karte (f)	[ˈzɪmˌkaʁtə]

battery	Batterie (f)	[batə'ʀi:]
to be dead (battery)	leer sein	[le:ɐ zaɪn]
charger	Ladegerät (n)	['la:də·gə'ʀɛ:t]

menu	Menü (n)	[me'ny:]
settings	Einstellungen (pl)	['aɪnʃtɛlʊŋən]
tune (melody)	Melodie (f)	[melo'di:]
to select (vt)	auswählen (vt)	['aʊsˌvɛ:lən]

calculator	Rechner (m)	['ʀɛçnɐ]
voice mail	Anrufbeantworter (m)	['anʀu:fbə·antˌvɔʀtɐ]
alarm clock	Wecker (m)	['vɛkɐ]
contacts	Kontakte (pl)	[kɔn'taktə]

| SMS (text message) | SMS-Nachricht (f) | [ɛsʔɛm'ʔɛs 'na:χˌʀɪçt] |
| subscriber | Teilnehmer (m) | ['taɪlˌne:mɐ] |

115. Stationery

| ballpoint pen | Kugelschreiber (m) | ['ku:gəlˌʃʀaɪbɐ] |
| fountain pen | Federhalter (m) | ['fe:dɐˌhaltɐ] |

pencil	Bleistift (m)	['blaɪˌʃtɪft]
highlighter	Faserschreiber (m)	['fa:zɐˌʃʀaɪbɐ]
felt-tip pen	Filzstift (m)	['fɪltsˌʃtɪft]

| notepad | Notizblock (m) | [no'ti:tsˌblɔk] |
| agenda (diary) | Terminkalender (m) | [tɛʀ'mi:n·kaˌlɛndɐ] |

ruler	Lineal (n)	[line'a:l]
calculator	Rechner (m)	['ʀɛçnɐ]
eraser	Radiergummi (m)	[ʀa'di:ɐˌgʊmi]
thumbtack	Reißwecke (f)	['ʀaɪs·tsvɛkə]
paper clip	Heftklammer (f)	['hɛftˌklamɐ]

glue	Klebstoff (m)	['kle:pˌʃtɔf]
stapler	Hefter (m)	['hɛftɐ]
hole punch	Locher (m)	['lɔχɐ]
pencil sharpener	Bleistiftspitzer (m)	['blaɪʃtɪftˌʃpɪtsɐ]

116. Various kinds of documents

account (report)	Bericht (m)	[bə'ʀɪçt]
agreement	Abkommen (n)	['apˌkɔmən]
application form	Anmeldeformular (n)	['anmɛldə·fɔʀmuˌla:ɐ]
authentic (adj)	Original-	[ɔʀigi'na:l]
badge (identity tag)	Namensschild (n)	['na:mənsˌʃɪlt]
business card	Visitenkarte (f)	[vi'zi:tənˌkaʀtə]

certificate (~ of quality)	**Zertifikat** (n)	[tsɛʁtifi'kaːt]
check (e.g., draw a ~)	**Scheck** (m)	[ʃɛk]
check (in restaurant)	**Rechnung** (f)	['ʀɛçnʊŋ]
constitution	**Verfassung** (f)	[fɛɐ'fasʊŋ]
contract (agreement)	**Vertrag** (m)	[fɛɐ'tʀaːk]
copy	**Kopie** (f)	[ko'piː]
copy (of contract, etc.)	**Kopie** (f)	[ko'piː]
customs declaration	**Zolldeklaration** (f)	['tsɔl·deklaʀa'tsjoːn]
document	**Dokument** (n)	[ˌdoku'mɛnt]
driver's license	**Führerschein** (m)	['fyːʀɐˌʃaɪn]
addendum	**Anlage** (f)	['anˌlaːɡə]
form	**Fragebogen** (m)	['fʀaːɡəˌboːɡən]
ID card (e.g., FBI ~)	**Ausweis** (m)	['aʊsˌvaɪs]
inquiry (request)	**Anfrage** (f)	['anˌfʀaːɡə]
invitation card	**Einladungskarte** (f)	['aɪnlaːdʊŋsˌkaʁtə]
invoice	**Rechnung** (f)	['ʀɛçnʊŋ]
law	**Gesetz** (n)	[ɡə'zɛts]
letter (mail)	**Brief** (m)	[bʀiːf]
letterhead	**Briefbogen** (n)	['bʀiːfˌboːɡən]
list (of names, etc.)	**Liste** (f)	['lɪstə]
manuscript	**Manuskript** (n)	[manu'skʀɪpt]
newsletter	**Informationsblatt** (n)	[ɪnfoʁma'tsjoːnsˌblat]
note (short letter)	**Zettel** (m)	['tsɛtəl]
pass (for worker, visitor)	**Passierschein** (m)	[pa'siːɐʃaɪn]
passport	**Pass** (m)	[pas]
permit	**Erlaubnis** (f)	[ɛɐ'laʊpnɪs]
résumé	**Lebenslauf** (m)	['leːbənsˌlaʊf]
debt note, IOU	**Schuldschein** (m)	['ʃʊltʃaɪn]
receipt (for purchase)	**Quittung** (f)	['kvɪtʊŋ]
sales slip, receipt	**Kassenzettel** (m)	['kasənˌtsɛtəl]
report (mil.)	**Bericht** (m)	[bə'ʀɪçt]
to show (ID, etc.)	**vorzeigen** (vt)	['foːɐˌtsaɪɡən]
to sign (vt)	**unterschreiben** (vt)	[ˌʊntɐ'ʃʀaɪbən]
signature	**Unterschrift** (f)	['ʊntɐʃʀɪft]
seal (stamp)	**Stempel** (m)	['ʃtɛmpəl]
text	**Text** (m)	[tɛkst]
ticket (for entry)	**Eintrittskarte** (f)	['aɪntʀɪtsˌkaʁtə]
to cross out	**streichen** (vt)	['ʃtʀaɪçən]
to fill out (~ a form)	**ausfüllen** (vt)	['aʊsˌfʏlən]
waybill (shipping invoice)	**Frachtbrief** (m)	['fʀaxtˌbʀiːf]
will (testament)	**Testament** (n)	[tɛsta'mɛnt]

117. Kinds of business

English	German	IPA
accounting services	Buchführung (f)	['buːxˌfyːʀʊŋ]
advertising	Werbung (f)	['vɛʁbʊŋ]
advertising agency	Werbeagentur (f)	['vɛʁbəʔagɛnˌtuːɐ]
air-conditioners	Klimaanlagen (pl)	['kliːmaˌʔanlaːgən]
airline	Fluggesellschaft (f)	['fluːkgəˌzɛlʃaft]
alcoholic beverages	Spirituosen (pl)	[ʃpiʀi'tʊoːzən]
antiques (antique dealers)	Antiquitäten (pl)	[antikvi'tɛːtən]
art gallery (contemporary ~)	Kunstgalerie (f)	['kʊnstˌgaləˈʀiː]
audit services	Rechnungsprüfung (f)	['ʀɛçnʊŋsˌpʀyːfʊŋ]
banking industry	Bankwesen (n)	['baŋkˌveːzən]
bar	Bar (f)	[baːɐ]
beauty parlor	Schönheitssalon (m)	['ʃøːnhaɪtsˌzaˈlɔŋ]
bookstore	Buchhandlung (f)	['buːxˌhandlʊŋ]
brewery	Bierbrauerei (f)	['biːɐ·bʀaʊəˌʀaɪ]
business center	Bürogebäude (n)	[byˈʀoːgəˌbɔɪdə]
business school	Business-Schule (f)	['bɪznɛs·ˈʃuːlə]
casino	Kasino (n)	[ka'ziːno]
construction	Bau (m)	['baʊ]
consulting	Beratung (f)	[bə'ʀaːtʊŋ]
dental clinic	Stomatologie (f)	[ʃtomatolo'giː]
design	Design (n)	[di'zaɪn]
drugstore, pharmacy	Apotheke (f)	[apoˈteːkə]
dry cleaners	chemische Reinigung (f)	[çeːmiʃə 'ʀaɪnɪgʊŋ]
employment agency	Personalagentur (f)	[pɛʁzoˈnaːl·agɛnˈtuːɐ]
financial services	Finanzdienstleistungen	[fi'nants·ˈdiːnstˌlaɪstʊŋən]
food products	Nahrungsmittel (pl)	['naːʀʊŋsˌmɪtəl]
funeral home	Bestattungsinstitut (n)	[bə'ʃtatʊŋsʔɪnstiˌtuːt]
furniture (e.g., house ~)	Möbel (n)	['møːbəl]
clothing, garment	Kleidung (f)	['klaɪdʊŋ]
hotel	Hotel (n)	[ho'tɛl]
ice-cream	Eis (n)	[aɪs]
industry (manufacturing)	Industrie (f)	[ɪndʊs'tʀiː]
insurance	Versicherung (f)	[fɛɐ'zɪçəʀʊŋ]
Internet	Internet (n)	['ɪntenɛt]
investments (finance)	Investitionen (pl)	[ɪnvɛsti'tsjoːnən]
jeweler	Juwelier (m)	[juve'liːɐ]
jewelry	Juwelierwaren (pl)	[juveˈliːɐˌvaːʀən]
laundry (shop)	Wäscherei (f)	[vɛʃəˈʀaɪ]
legal advisor	Rechtsberatung (f)	['ʀɛçts·bəˈʀaːtʊŋ]
light industry	Leichtindustrie (f)	['laɪçtʔɪndʊsˌtʀiː]
magazine	Zeitschrift (f)	['tsaɪtʃʀɪft]

mail order selling	Versandhandel (m)	[fɛɐ'zant̩ˌhandəl]
medicine	Medizin (f)	[medi'tsiːn]
movie theater	Kino (n)	['kiːno]
museum	Museum (n)	[muˈzeːʊm]

news agency	Nachrichtenagentur (f)	['naːχrɪçtənʔagɛnˌtuːɐ]
newspaper	Zeitung (f)	['tsaɪtʊŋ]
nightclub	Nachtklub (m)	['naχt̩ˌklʊp]

oil (petroleum)	Erdöl (n)	['eːɐt̩ˌʔøːl]
courier services	Kurierdienst (m)	[kuˈʀiːɐˌdiːnst]
pharmaceutics	Pharmaindustrie (f)	['faʁmaʔɪndʊsˌtʀiː]
printing (industry)	Druckindustrie (f)	[dʀʊk·ɪndʊs'tʀiː]
publishing house	Verlag (m)	[fɛɐ'laːk]

radio (~ station)	Rundfunk (m)	['ʀʊntfʊŋk]
real estate	Immobilien (pl)	[ɪmo'biːlɪən]
restaurant	Restaurant (n)	[ʀɛsto'ʀaŋ]

security company	Sicherheitsagentur (f)	['zɪçɐhaɪts·agɛn'tuːɐ]
sports	Sport (m)	[ʃpɔʁt]
stock exchange	Börse (f)	['bœʁzə]
store	Laden (m)	['laːdən]
supermarket	Supermarkt (m)	['zuːpɐˌmaʁkt]
swimming pool (public ~)	Schwimmbad (n)	['ʃvɪmbaːt]

tailor shop	Atelier (n)	[ateˈlieː]
television	Fernsehen (n)	['fɛʁnˌzeːən]
theater	Theater (n)	[teˈaːtɐ]
trade (commerce)	Handel (m)	['handəl]
transportation	Transporte (pl)	[tʀans'pɔʁtə]
travel	Reisen (pl)	['ʀaɪzən]

veterinarian	Tierarzt (m)	['tiːɐˌʔaʁtst]
warehouse	Warenlager (n)	['vaːʀənˌlaːgɐ]
waste collection	Müllabfuhr (f)	['mʏlˌʔapfuːɐ]

Job. Business. Part 2

118. Show. Exhibition

English	German	IPA
exhibition, show	Ausstellung (f)	['aʊsˌʃtɛlʊŋ]
trade show	Handelsausstellung (f)	['handəlsˌaʊsʃtɛlʊŋ]
participation	Teilnahme (f)	['taɪlˌnaːmə]
to participate (vi)	teilnehmen (vi)	['taɪlˌneːmən]
participant (exhibitor)	Teilnehmer (m)	['taɪlˌneːmɐ]
director	Direktor (m)	[diˈʀɛktoːɐ]
organizers' office	Messeverwaltung (f)	['mɛsəˈfɛɐ'valtʊŋ]
organizer	Organisator (m)	[ɔʀganiˈzaːtoːɐ]
to organize (vt)	veranstalten (vt)	[fɛɐˈʔanʃtaltən]
participation form	Anmeldeformular (n)	['anmɛldəˈfɔʀmuˌlaːɐ]
to fill out (vt)	ausfüllen (vt)	['aʊsˌfʏlən]
details	Details (pl)	[deˈtaɪs]
information	Information (f)	[ɪnfɔʀmaˈtsjoːn]
price (cost, rate)	Preis (m)	[pʀaɪs]
including	einschließlich	['aɪnʃliːslɪç]
to include (vt)	einschließen (vt)	['aɪnˌʃliːsən]
to pay (vi, vt)	zahlen (vt)	['tsaːlən]
registration fee	Anmeldegebühr (f)	['anmɛldəˈgəˌbyːɐ]
entrance	Eingang (m)	['aɪnˌgaŋ]
pavilion, hall	Pavillon (m)	['pavɪljɔŋ]
to register (vt)	registrieren (vt)	[ʀeɡɪsˈtʀiːʀən]
badge (identity tag)	Namensschild (n)	['naːmənsˌʃɪlt]
booth, stand	Stand (m)	[ʃtant]
to reserve, to book	reservieren (vt)	[ʀezɛʀˈviːʀən]
display case	Vitrine (f)	[viˈtʀiːnə]
spotlight	Strahler (m)	['ʃtʀaːlɐ]
design	Design (n)	[diˈzaɪn]
to place (put, set)	stellen (vt)	['ʃtɛlən]
to be placed	gelegen sein	[ɡəˈleːɡən zaɪn]
distributor	Distributor (m)	[dɪstʀiˈbuːtoːɐ]
supplier	Lieferant (m)	[ˌliːfəˈʀant]
to supply (vt)	liefern (vt)	['liːfən]
country	Land (n)	[lant]
foreign (adj)	ausländisch	['aʊsˌlɛndɪʃ]

product	**Produkt** (n)	[pʀoˈdʊkt]
association	**Assoziation** (f)	[asɔtsiaˈtsjoːn]
conference hall	**Konferenzraum** (m)	[kɔnfeˈʀɛntsˌʀaʊm]
congress	**Kongress** (m)	[kɔŋˈgʀɛs]
contest (competition)	**Wettbewerb** (m)	[ˈvɛtbəˌvɛʀp]

visitor (attendee)	**Besucher** (m)	[bəˈzuːχɐ]
to visit (attend)	**besuchen** (vt)	[bəˈzuːχən]
customer	**Auftraggeber** (m)	[ˈaʊftʀaːkˌgeːbɐ]

119. Mass Media

newspaper	**Zeitung** (f)	[ˈtsaɪtʊŋ]
magazine	**Zeitschrift** (f)	[ˈtsaɪtʃʀɪft]
press (printed media)	**Presse** (f)	[ˈpʀɛsə]
radio	**Rundfunk** (m)	[ˈʀʊntfʊŋk]
radio station	**Rundfunkstation** (f)	[ˈʀʊntfʊŋkʃtaˈtsjoːn]
television	**Fernsehen** (n)	[ˈfɛʀnˌzeːən]

presenter, host	**Moderator** (m)	[modeˈʀaːtoːɐ]
newscaster	**Sprecher** (m)	[ˈʃpʀɛçɐ]
commentator	**Kommentator** (m)	[kɔmənˈtatoːɐ]

journalist	**Journalist** (m)	[ʒʊʀnaˈlɪst]
correspondent (reporter)	**Korrespondent** (m)	[kɔʀɛspɔnˈdɛnt]
press photographer	**Bildberichterstatter** (m)	[ˈbɪltbəˈʀɪçtɐɐʃtatɐ]
reporter	**Reporter** (m)	[ʀeˈpɔʀtɐ]

| editor | **Redakteur** (m) | [ʀedakˈtøːɐ] |
| editor-in-chief | **Chefredakteur** (m) | [ˈʃɛfʀedakˌtøːɐ] |

to subscribe (to ...)	**abonnieren** (vt)	[abɔˈniːʀən]
subscription	**Abonnement** (n)	[abɔnəˈmaːŋ]
subscriber	**Abonnent** (m)	[abɔˈnɛnt]
to read (vi, vt)	**lesen** (vi, vt)	[ˈleːzən]
reader	**Leser** (m)	[ˈleːzɐ]

circulation (of newspaper)	**Auflage** (f)	[ˈaʊfˌlaːgə]
monthly (adj)	**monatlich**	[ˈmoːnatlɪç]
weekly (adj)	**wöchentlich**	[ˈvœçəntlɪç]
issue (edition)	**Ausgabe** (f)	[ˈaʊsˌgaːbə]
new (~ issue)	**neueste** (~ **Ausgabe**)	[ˈnɔɪstə]

headline	**Titel** (m)	[ˈtiːtəl]
short article	**Notiz** (f)	[noˈtiːts]
column (regular article)	**Rubrik** (f)	[ʀuˈbʀiːk]
article	**Artikel** (m)	[ˌaʀˈtiːkl]
page	**Seite** (f)	[ˈzaɪtə]
reportage, report	**Reportage** (f)	[ʀepɔʀˈtaːʒə]
event (happening)	**Ereignis** (n)	[ɛɐˈʔaɪgnɪs]

sensation (news)	Sensation (f)	[zɛnza'tsjoːn]
scandal	Skandal (m)	[skan'daːl]
scandalous (adj)	skandalös	[skanda'løːs]
great (~ scandal)	groß	[gʀoːs]

show (e.g., cooking ~)	Sendung (f)	['zɛndʊŋ]
interview	Interview (n)	['ɪntɐvjuː]
live broadcast	Live-Übertragung (f)	['laɪfʔyːbɐˌtʀaːgʊŋ]
channel	Kanal (m)	[ka'naːl]

120. Agriculture

agriculture	Landwirtschaft (f)	['lantvɪʁtʃaft]
peasant (masc.)	Bauer (m)	['baʊɐ]
peasant (fem.)	Bäuerin (f)	['bɔɪəʀɪn]
farmer	Farmer (m)	['faʁmɐ]

| tractor (farm ~) | Traktor (m) | ['tʀaktoːɐ] |
| combine, harvester | Mähdrescher (m) | ['mɛːˌdʀɛʃɐ] |

plow	Pflug (m)	[pfluːk]
to plow (vi, vt)	pflügen (vt)	['pflyːgən]
plowland	Acker (m)	['akɐ]
furrow (in field)	Furche (f)	['fʊʁçə]

to sow (vi, vt)	säen (vt)	['zɛːən]
seeder	Sämaschine (f)	['zɛːˑma'ʃiːnə]
sowing (process)	Saat (f)	['zaːt]

| scythe | Sense (f) | ['zɛnzə] |
| to mow, to scythe | mähen (vt) | ['mɛːən] |

| spade (tool) | Schaufel (f) | ['ʃaʊfəl] |
| to till (vt) | graben (vt) | ['gʀaːbən] |

hoe	Hacke (f)	['hakə]
to hoe, to weed	jäten (vt)	['jɛːtən]
weed (plant)	Unkraut (n)	['ʊnˌkʀaʊt]

watering can	Gießkanne (f)	['giːsˌkanə]
to water (plants)	gießen (vt)	['giːsən]
watering (act)	Bewässerung (f)	[bə'vɛsəʀʊŋ]

| pitchfork | Heugabel (f) | ['hɔɪˌgaːbəl] |
| rake | Rechen (m) | [ʀɛçən] |

fertilizer	Dünger (m)	['dʏŋɐ]
to fertilize (vt)	düngen (vt)	['dʏŋən]
manure (fertilizer)	Mist (m)	[mɪst]
field	Feld (n)	[fɛlt]

meadow	**Wiese** (f)	['vi:zə]
vegetable garden	**Gemüsegarten** (m)	[gə'my:zəˌgaʁtən]
orchard (e.g., apple ~)	**Obstgarten** (m)	['o:pstˌgaʁtən]

to graze (vt)	**weiden** (vt)	['vaɪdən]
herder (herdsman)	**Hirt** (m)	[hɪʁt]
pasture	**Weide** (f)	['vaɪdə]

| cattle breeding | **Viehzucht** (f) | ['fi:ˌtsʊχt] |
| sheep farming | **Schafzucht** (f) | ['ʃa:fˌtsʊχt] |

plantation	**Plantage** (f)	[plan'ta:ʒə]
row (garden bed ~s)	**Beet** (n)	['be:t]
hothouse	**Treibhaus** (n)	['tʁaɪpˌhaʊs]

| drought (lack of rain) | **Dürre** (f) | ['dʏʁə] |
| dry (~ summer) | **dürr, trocken** | [dʏʁ], 'tʁɔkən] |

grain	**Getreide** (n)	[gə'tʁaɪdə]
cereal crops	**Getreidepflanzen** (pl)	[gə'tʁaɪdəˌpflantsən]
to harvest, to gather	**ernten** (vt)	['ɛʁntən]

miller (person)	**Müller** (m)	['mʏlɐ]
mill (e.g., gristmill)	**Mühle** (f)	['my:lə]
to grind (grain)	**mahlen** (vt)	['ma:lən]
flour	**Mehl** (n)	[me:l]
straw	**Stroh** (n)	[ʃtʁo:]

121. Building. Building process

construction site	**Baustelle** (f)	['baʊʃtɛlə]
to build (vt)	**bauen** (vt)	['baʊən]
construction worker	**Bauarbeiter** (m)	['baʊʔaʁˌbaɪtɐ]

project	**Projekt** (n)	[pʁo'jɛkt]
architect	**Architekt** (m)	[aʁçi'tɛkt]
worker	**Arbeiter** (m)	['aʁbaɪtɐ]

foundation (of a building)	**Fundament** (n)	[fʊnda'mɛnt]
roof	**Dach** (n)	[daχ]
foundation pile	**Pfahl** (m)	[pfa:l]
wall	**Wand** (f)	[vant]

| reinforcing bars | **Bewehrungsstahl** (m) | [bə've:ʁʊŋsˌʃta:l] |
| scaffolding | **Gerüst** (n) | [gə'ʁʏst] |

concrete	**Beton** (m)	[be'tɔn]
granite	**Granit** (m)	[gʁa'ni:t]
stone	**Stein** (m)	[ʃtaɪn]
brick	**Ziegel** (m)	['tsi:gəl]

English	German	Pronunciation
sand	**Sand** (m)	[zant]
cement	**Zement** (m, n)	[tseˈmɛnt]
plaster (for walls)	**Putz** (m)	[pʊts]
to plaster (vt)	**verputzen** (vt)	[fɛɐˈpʊtsən]
paint	**Farbe** (f)	[ˈfaʁbə]
to paint (~ a wall)	**färben** (vt)	[ˈfɛʁbən]
barrel	**Fass** (n), **Tonne** (f)	[fas], [ˈtɔnə]
crane	**Kran** (m)	[kʁaːn]
to lift, to hoist (vt)	**aufheben** (vt)	[ˈaʊfˌheːbən]
to lower (vt)	**herunterlassen** (vt)	[hɛˈʁʊntɐˌlasən]
bulldozer	**Planierraupe** (f)	[plaˈniːɐˌʁaʊpə]
excavator	**Bagger** (m)	[ˈbagɐ]
scoop, bucket	**Baggerschaufel** (f)	[ˈbagɐˌʃaʊfəl]
to dig (excavate)	**graben** (vt)	[ˈgʁaːbən]
hard hat	**Schutzhelm** (m)	[ˈʃʊtsˌhɛlm]

122. Science. Research. Scientists

English	German	Pronunciation
science	**Wissenschaft** (f)	[ˈvɪsənʃaft]
scientific (adj)	**wissenschaftlich**	[ˈvɪsənʃaftlɪç]
scientist	**Wissenschaftler** (m)	[ˈvɪsənʃaftlɐ]
theory	**Theorie** (f)	[teoˈʁiː]
axiom	**Axiom** (n)	[aˈksɪoːm]
analysis	**Analyse** (f)	[anaˈlyːzə]
to analyze (vt)	**analysieren** (vt)	[ˌanalyˈziːʁən]
argument (strong ~)	**Argument** (n)	[aʁguˈmɛnt]
substance (matter)	**Substanz** (f)	[zʊpsˈtants]
hypothesis	**Hypothese** (f)	[ˌhypoˈteːzə]
dilemma	**Dilemma** (n)	[ˌdiˈlɛma]
dissertation	**Dissertation** (f)	[dɪsɛʁtaˈtsjoːn]
dogma	**Dogma** (n)	[ˈdɔgma]
doctrine	**Doktrin** (f)	[dɔkˈtʁiːn]
research	**Forschung** (f)	[ˈfɔʁʃʊŋ]
to research (vt)	**forschen** (vi)	[ˈfɔʁʃən]
tests (laboratory ~)	**Kontrolle** (f)	[kɔnˈtʁɔlə]
laboratory	**Labor** (n)	[laˈboːɐ]
method	**Methode** (f)	[meˈtoːdə]
molecule	**Molekül** (n)	[moleˈkyːl]
monitoring	**Monitoring** (n)	[ˈmoːnitoːʁɪŋ]
discovery (act, event)	**Entdeckung** (f)	[ɛntˈdɛkʊŋ]
postulate	**Postulat** (n)	[pɔstuˈlaːt]
principle	**Prinzip** (n)	[pʁɪnˈtsiːp]

forecast	**Prognose** (f)	[pʀoˈgnoːzə]
to forecast (vt)	**prognostizieren** (vt)	[pʀognɔstiˈtsiːʀən]
synthesis	**Synthese** (f)	[zʏnˈteːzə]
trend (tendency)	**Tendenz** (f)	[tɛnˈdɛnts]
theorem	**Theorem** (n)	[teoˈʀeːm]
teachings	**Lehre** (f)	[ˈleːʀə]
fact	**Tatsache** (f)	[ˈtaːtˌzaχə]
expedition	**Expedition** (f)	[ɛkspediˈtsjoːn]
experiment	**Experiment** (n)	[ɛkspeʀiˈmɛnt]
academician	**Akademiemitglied** (n)	[akadeˈmiː·mɪtˌgliːt]
bachelor (e.g., ~ of Arts)	**Bachelor** (m)	[ˈbɛtʃəlɐ]
doctor (PhD)	**Doktor** (m)	[ˈdɔktoːɐ]
Associate Professor	**Dozent** (m)	[doˈtsɛnt]
Master (e.g., ~ of Arts)	**Magister** (m)	[maˈgɪstɐ]
professor	**Professor** (m)	[pʀoˈfɛsoːɐ]

Professions and occupations

123. Job search. Dismissal

job	**Arbeit** (f), **Stelle** (f)	['aʁbaɪt], ['ʃtɛlə]
staff (work force)	**Belegschaft** (f)	[bə'leːkʃaft]
personnel	**Personal** (n)	[pɛʁzo'naːl]
career	**Karriere** (f)	[ka'ʁɪeːʁə]
prospects (chances)	**Perspektive** (f)	[pɛʁspɛk'tiːvə]
skills (mastery)	**Können** (n)	['kœnən]
selection (screening)	**Auswahl** (f)	['aʊsvaːl]
employment agency	**Personalagentur** (f)	[pɛʁzo'naːl·agɛn'tuːʁ]
résumé	**Lebenslauf** (m)	['leːbəns‚laʊf]
job interview	**Vorstellungsgespräch** (n)	['foːɐʃtɛlʊŋs·gəʃpʁɛːç]
vacancy, opening	**Vakanz** (f)	[va'kants]
salary, pay	**Gehalt** (n)	[gə'halt]
fixed salary	**festes Gehalt** (n)	['fɛstəs gə'halt]
pay, compensation	**Arbeitslohn** (m)	['aʁbaɪts‚loːn]
position (job)	**Stellung** (f)	['ʃtɛlʊŋ]
duty (of employee)	**Pflicht** (f), **Aufgabe** (f)	[pflɪçt], ['aʊf‚gaːbə]
range of duties	**Aufgabenspektrum** (n)	['aʊf‚gaːbən'ʃpɛktʁʊm]
busy (I'm ~)	**beschäftigt**	[‚bə'ʃɛftɪçt]
to fire (dismiss)	**kündigen** (vt)	['kʏndɪgən]
dismissal	**Kündigung** (f)	['kʏndɪgʊŋ]
unemployment	**Arbeitslosigkeit** (f)	['aʁbaɪts‚loːzɪçkaɪt]
unemployed (n)	**Arbeitslose** (m)	['aʁbaɪts‚loːzə]
retirement	**Rente** (f), **Ruhestand** (m)	['ʁɛntə], ['ʁuːəʃtant]
to retire (from job)	**in Rente gehen**	[ɪn 'ʁɛntə 'geːən]

124. Business people

director	**Direktor** (m)	[di'ʁɛktoːɐ]
manager (director)	**Leiter** (m)	['laɪtɐ]
boss	**Boss** (m)	[bɔs]
superior	**Vorgesetzte** (m)	['foːɐgə‚zɛtstə]
superiors	**Vorgesetzten** (pl)	['foːɐgə‚zɛtstən]
president	**Präsident** (m)	[pʁɛzi'dɛnt]

chairman	**Vorsitzende** (m)	['foːɐˌzɪtsəndə]
deputy (substitute)	**Stellvertreter** (m)	['ʃtɛlfɛɐˌtʁeːtɐ]
assistant	**Helfer** (m)	['hɛlfɐ]
secretary	**Sekretär** (m)	[zekʁeˈtɛːɐ]
personal assistant	**Privatsekretär** (m)	[pʁiˈvaːt·zekʁeˈtɛːɐ]

businessman	**Geschäftsmann** (m)	[gəˈʃɛftsˌman]
entrepreneur	**Unternehmer** (m)	[ˌʊntɐˈneːmɐ]
founder	**Gründer** (m)	[ˈgʁʏndɐ]
to found (vt)	**gründen** (vt)	[ˈgʁʏndən]

incorporator	**Gründungsmitglied** (n)	[ˈgʁʏndʊŋsˌmɪtgliːt]
partner	**Partner** (m)	[ˈpaʁtnɐ]
stockholder	**Aktionär** (m)	[aktsjoˈnɛːɐ]

millionaire	**Millionär** (m)	[mɪljɔˈnɛːɐ]
billionaire	**Milliardär** (m)	[ˌmɪliaʁˈdɛːɐ]
owner, proprietor	**Besitzer** (m)	[bəˈzɪtsɐ]
landowner	**Landbesitzer** (m)	[ˈlantbəˌzɪtsɐ]

client	**Kunde** (m)	[ˈkʊndə]
regular client	**Stammkunde** (m)	[ˈʃtamˌkʊndə]
buyer (customer)	**Käufer** (m)	[ˈkɔɪfɐ]
visitor	**Besucher** (m)	[bəˈzuːχɐ]

professional (n)	**Fachmann** (m)	[ˈfaχˌman]
expert	**Experte** (m)	[ɛksˈpɛʁtə]
specialist	**Spezialist** (m)	[ʃpetsɪaˈlɪst]

banker	**Bankier** (m)	[baŋˈkɪeː]
broker	**Makler** (m)	[ˈmaːklɐ]

cashier, teller	**Kassierer** (m)	[kaˈsiːʁɐ]
accountant	**Buchhalter** (m)	[ˈbuːχˌhaltɐ]
security guard	**Wächter** (m)	[ˈvɛçtɐ]

investor	**Investor** (m)	[ɪnˈvɛstoːɐ]
debtor	**Schuldner** (m)	[ˈʃʊldnɐ]
creditor	**Gläubiger** (m)	[ˈglɔɪbɪgɐ]
borrower	**Kreditnehmer** (m)	[kʁeˈdiːtˌneːmɐ]

importer	**Importeur** (m)	[ɪmpɔʁˈtøːɐ]
exporter	**Exporteur** (m)	[ɛkspɔʁˈtøːɐ]

manufacturer	**Hersteller** (m)	[ˈheːɐˌʃtɛlɐ]
distributor	**Distributor** (m)	[dɪstʁiˈbuːtoːɐ]
middleman	**Vermittler** (m)	[fɛɐˈmɪtlɐ]

consultant	**Berater** (m)	[bəˈʁaːtɐ]
sales representative	**Vertreter** (m)	[fɛɐˈtʁeːtɐ]
agent	**Agent** (m)	[aˈgɛnt]
insurance agent	**Versicherungsagent** (m)	[fɛɐˈzɪçəʁʊŋs·aˈgɛnt]

125. Service professions

cook	**Koch** (m)	[kɔx]
chef (kitchen chef)	**Chefkoch** (m)	[ˈʃɛfˌkɔx]
baker	**Bäcker** (m)	[ˈbɛkɐ]
bartender	**Barmixer** (m)	[ˈbaːɐˌmɪksɐ]
waiter	**Kellner** (m)	[ˈkɛlnɐ]
waitress	**Kellnerin** (f)	[ˈkɛlnəʀɪn]
lawyer, attorney	**Rechtsanwalt** (m)	[ˈʀɛçtsʔanˌvalt]
lawyer (legal expert)	**Jurist** (m)	[juˈʀɪst]
notary public	**Notar** (m)	[noˈtaːɐ]
electrician	**Elektriker** (m)	[ˌeˈlɛktʀikɐ]
plumber	**Klempner** (m)	[ˈklɛmpnɐ]
carpenter	**Zimmermann** (m)	[ˈtsɪmɐˌman]
masseur	**Masseur** (m)	[maˈsøːɐ]
masseuse	**Masseurin** (f)	[maˈsøːʀɪn]
doctor	**Arzt** (m)	[aʁtst]
taxi driver	**Taxifahrer** (m)	[ˈtaksiˌfaːʀɐ]
driver	**Fahrer** (m)	[ˈfaːʀɐ]
delivery man	**Ausfahrer** (m)	[ˈaʊsˌfaːʀɐ]
chambermaid	**Zimmermädchen** (n)	[ˈtsɪmɐˌmɛːtçən]
security guard	**Wächter** (m)	[ˈvɛçtɐ]
flight attendant (fem.)	**Flugbegleiterin** (f)	[ˈfluːkbəˌglaɪtəʀɪn]
schoolteacher	**Lehrer** (m)	[ˈleːʀɐ]
librarian	**Bibliothekar** (m)	[biblioteˌkaːɐ]
translator	**Übersetzer** (m)	[ˌyːbɐˈzɛtsɐ]
interpreter	**Dolmetscher** (m)	[ˈdɔlmɛtʃɐ]
guide	**Fremdenführer** (m)	[ˈfʀɛmdənˌfyːʀɐ]
hairdresser	**Friseur** (m)	[fʀiˈzøːɐ]
mailman	**Briefträger** (m)	[ˈbʀiːfˌtʀɛːgɐ]
salesman (store staff)	**Verkäufer** (m)	[fɛɐˈkɔɪfɐ]
gardener	**Gärtner** (m)	[ˈgɛʁtnɐ]
domestic servant	**Diener** (m)	[ˈdiːnɐ]
maid (female servant)	**Magd** (f)	[maːkt]
cleaner (cleaning lady)	**Putzfrau** (f)	[ˈpʊtsˌfʀaʊ]

126. Military professions and ranks

private	**einfacher Soldat** (m)	[ˈaɪnfaxɐ zɔlˈdaːt]
sergeant	**Feldwebel** (m)	[ˈfɛltˌveːbəl]

lieutenant	Leutnant (m)	['lɔɪtnant]
captain	Hauptmann (m)	['haʊptman]
major	Major (m)	[ma'joːɐ]
colonel	Oberst (m)	['oːbɐst]
general	General (m)	[genə'ʀaːl]
marshal	Marschall (m)	['maʁʃal]
admiral	Admiral (m)	[ˌatmi'ʀaːl]
military (n)	Militärperson (f)	[miliˈtɛːɐˌpɛʁ'zoːn]
soldier	Soldat (m)	[zɔl'daːt]
officer	Offizier (m)	[ɔfi'tsiːɐ]
commander	Kommandeur (m)	[kɔman'døːɐ]
border guard	Grenzsoldat (m)	['gʀɛnts·zɔlˌdaːt]
radio operator	Funker (m)	['fʊŋkɐ]
scout (searcher)	Aufklärer (m)	['aʊfˌklɛːʀɐ]
pioneer (sapper)	Pionier (m)	[pɪo'niːɐ]
marksman	Schütze (m)	['ʃʏtsə]
navigator	Steuermann (m)	['ʃtɔɪɐˌman]

127. Officials. Priests

king	König (m)	['køːnɪç]
queen	Königin (f)	['køːnɪgɪn]
prince	Prinz (m)	[pʀɪnts]
princess	Prinzessin (f)	[pʀɪn'tsɛsɪn]
czar	Zar (m)	[tsaːɐ]
czarina	Zarin (f)	['tsaːʀɪn]
president	Präsident (m)	[pʀɛzi'dɛnt]
Secretary (minister)	Minister (m)	[mi'nɪstɐ]
prime minister	Ministerpräsident (m)	[mi'nɪstɐ·pʀɛziˌdɛnt]
senator	Senator (m)	[ze'naːtoːɐ]
diplomat	Diplomat (m)	[ˌdiplo'maːt]
consul	Konsul (m)	['kɔnzʊl]
ambassador	Botschafter (m)	['boːtʃaftɐ]
counselor (diplomatic officer)	Ratgeber (m)	['ʀaːtˌgeːbɐ]
official, functionary (civil servant)	Beamte (m)	[bə'ʔamtə]
prefect	Präfekt (m)	[pʀɛ'fɛkt]
mayor	Bürgermeister (m)	['bʏʁgɐˌmaɪstɐ]
judge	Richter (m)	['ʀɪçtɐ]
prosecutor (e.g., district attorney)	Staatsanwalt (m)	['ʃtaːts?anˌvalt]

missionary	Missionar (m)	[ˌmɪsjoˈnaːɐ]
monk	Mönch (m)	[mœnç]
abbot	Abt (m)	[apt]
rabbi	Rabbiner (m)	[ʀaˈbiːnɐ]

vizier	Wesir (m)	[veˈziːɐ]
shah	Schah (n)	[ʃax]
sheikh	Scheich (m)	[ʃaɪç]

128. Agricultural professions

beekeeper	Bienenzüchter (m)	[ˈbiːnənˌtsʏçtɐ]
herder, shepherd	Hirt (m)	[hɪʁt]
agronomist	Agronom (m)	[aɡʀoˈnoːm]
cattle breeder	Viehzüchter (m)	[ˈfiːˌtsʏçtɐ]
veterinarian	Tierarzt (m)	[ˈtiːɐˌʔaʁtst]

farmer	Farmer (m)	[ˈfaʁmɐ]
winemaker	Winzer (m)	[ˈvɪntsɐ]
zoologist	Zoologe (m)	[tsooˈloːɡə]
cowboy	Cowboy (m)	[ˈkaʊbɔɪ]

129. Art professions

| actor | Schauspieler (m) | [ˈʃaʊʃpiːlɐ] |
| actress | Schauspielerin (f) | [ˈʃaʊʃpiːləʀɪn] |

| singer (masc.) | Sänger (m) | [ˈzɛŋɐ] |
| singer (fem.) | Sängerin (f) | [ˈzɛŋəʀɪn] |

| dancer (masc.) | Tänzer (m) | [ˈtɛntsɐ] |
| dancer (fem.) | Tänzerin (f) | [ˈtɛntsəʀɪn] |

| performer (masc.) | Künstler (m) | [ˈkʏnstlɐ] |
| performer (fem.) | Künstlerin (f) | [ˈkʏnstləʀɪn] |

musician	Musiker (m)	[ˈmuːzikɐ]
pianist	Pianist (m)	[pɪaˈnɪst]
guitar player	Gitarrist (m)	[ɡitaˈʀɪst]

conductor (orchestra ~)	Dirigent (m)	[ˌdiʀiˈɡɛnt]
composer	Komponist (m)	[ˌkɔmpoˈnɪst]
impresario	Manager (m)	[ˈmɛnɪdʒɐ]

film director	Regisseur (m)	[ʀeʒɪˈsøːɐ]
producer	Produzent (m)	[pʀoduˈtsɛnt]
scriptwriter	Drehbuchautor (m)	[ˈdʀeːbuːxˌʔaʊtoːɐ]
critic	Kritiker (m)	[ˈkʀiːtikɐ]

writer	Schriftsteller (m)	['ʃrɪftˌʃtɛlɐ]
poet	Dichter (m)	['dɪçtɐ]
sculptor	Bildhauer (m)	['bɪltˌhaʊɐ]
artist (painter)	Maler (m)	['maːlɐ]

juggler	Jongleur (m)	[ʒɔŋ'gløːɐ]
clown	Clown (m)	[klaʊn]
acrobat	Akrobat (m)	[akʀo'baːt]
magician	Zauberkünstler (m)	['tsaʊbɐˌkʏnstlɐ]

130. Various professions

doctor	Arzt (m)	[aʁtst]
nurse	Krankenschwester (f)	[kʀaŋkənˌʃvɛstɐ]
psychiatrist	Psychiater (m)	[psy'çiaːtɐ]
dentist	Zahnarzt (m)	['tsaːnˌʔaʁtst]
surgeon	Chirurg (m)	[çi'ʀʊʁk]

astronaut	Astronaut (m)	[astʀo'naʊt]
astronomer	Astronom (m)	[astʀo'noːm]
pilot	Pilot (m)	[pi'loːt]

driver (of taxi, etc.)	Fahrer (m)	['faːʀɐ]
engineer (train driver)	Lokführer (m)	['lɔkˌfyːʀɐ]
mechanic	Mechaniker (m)	[me'çaːnikɐ]

miner	Bergarbeiter (m)	['bɛʁkʔaʁˌbaɪtɐ]
worker	Arbeiter (m)	['aʁbaɪtɐ]
locksmith	Schlosser (m)	['ʃlɔsɐ]
joiner (carpenter)	Tischler (m)	['tɪʃlɐ]
turner (lathe operator)	Dreher (m)	['dʀeːɐ]
construction worker	Bauarbeiter (m)	['baʊʔaʁˌbaɪtɐ]
welder	Schweißer (m)	['ʃvaɪsɐ]

professor (title)	Professor (m)	[pʀo'fɛsoːɐ]
architect	Architekt (m)	[aʁçi'tɛkt]
historian	Historiker (m)	[hɪs'toːʀikɐ]
scientist	Wissenschaftler (m)	['vɪsənˌʃaftlɐ]
physicist	Physiker (m)	['fyːzikɐ]
chemist (scientist)	Chemiker (m)	['çeːmikɐ]

archeologist	Archäologe (m)	[aʁçɛo'loːgə]
geologist	Geologe (m)	[geo'loːgə]
researcher (scientist)	Forscher (m)	['fɔʁʃɐ]

| babysitter | Kinderfrau (f) | ['kɪndɐˌfʀaʊ] |
| teacher, educator | Lehrer (m) | ['leːʀɐ] |

| editor | Redakteur (m) | [ʀedak'tøːɐ] |
| editor-in-chief | Chefredakteur (m) | ['ʃɛf·ʀedakˌtøːɐ] |

| correspondent | Korrespondent (m) | [kɔrɛspɔn'dɛnt] |
| typist (fem.) | Schreibkraft (f) | ['ʃraɪpˌkraft] |

designer	Designer (m)	[di'zaɪnɐ]
computer expert	Computerspezialist (m)	[kɔm'pjuːtɐˈʃpetsɪa'lɪst]
programmer	Programmierer (m)	[prograˈmiːrɐ]
engineer (designer)	Ingenieur (m)	[ɪnʒe'nɪø:ɐ]

sailor	Seemann (m)	['zeːman]
seaman	Matrose (m)	[ma'troːzə]
rescuer	Retter (m)	['rɛtɐ]

fireman	Feuerwehrmann (m)	['fɔɪɐveːɐˌman]
police officer	Polizist (m)	[poli'tsɪst]
watchman	Nachtwächter (m)	['naxtˌvɛçtɐ]
detective	Detektiv (m)	[detɛk'tiːf]

customs officer	Zollbeamter (m)	['tsɔl·bəˌʔamtɐ]
bodyguard	Leibwächter (m)	['laɪpˌvɛçtɐ]
prison guard	Gefängniswärter (m)	[gə'fɛŋnɪs·vɛʁtɐ]
inspector	Inspektor (m)	[ɪn'spɛktoːɐ]

sportsman	Sportler (m)	['ʃpɔʁtlɐ]
trainer, coach	Trainer (m)	['trɛːnɐ]
butcher	Fleischer (m)	['flaɪʃɐ]
cobbler (shoe repairer)	Schuster (m)	['ʃuːstɐ]
merchant	Geschäftsmann (m)	[gə'ʃɛftsˌman]
loader (person)	Ladearbeiter (m)	['laːdəˌaʁbaɪtɐ]

| fashion designer | Modedesigner (m) | ['moːdə·di'zaɪnɐ] |
| model (fem.) | Modell (n) | [mo'dɛl] |

131. Occupations. Social status

| schoolboy | Schüler (m) | ['ʃyːlɐ] |
| student (college ~) | Student (m) | [ʃtu'dɛnt] |

philosopher	Philosoph (m)	[filo'zoːf]
economist	Ökonom (m)	[øko'noːm]
inventor	Erfinder (m)	[ɛɐ'fɪndɐ]

unemployed (n)	Arbeitslose (m)	['aʁbaɪtsˌloːzə]
retiree	Rentner (m)	['rɛntnɐ]
spy, secret agent	Spion (m)	[ʃpi'oːn]

prisoner	Gefangene (m)	[gə'faŋənə]
striker	Streikender (m)	['ʃtraɪkəndɐ]
bureaucrat	Bürokrat (m)	[ˌbyro'kraːt]
traveler (globetrotter)	Reisende (m)	['raɪzəndə]
gay, homosexual (n)	Homosexuelle (m)	[homozɛ'ksuɛlə]

| hacker | Hacker (m) | ['hɛkɐ] |
| hippie | Hippie (m) | ['hɪpi] |

bandit	Bandit (m)	[ban'diːt]
hit man, killer	Killer (m)	['kɪlɐ]
drug addict	Drogenabhängiger (m)	['dʀoːgənˌʔaphɛŋɪgɐ]
drug dealer	Drogenhändler (m)	['dʀoːgənˌhɛndlɐ]
prostitute (fem.)	Prostituierte (f)	[ˌpʀostitu'iːɐtə]
pimp	Zuhälter (m)	['tsuːˌhɛltɐ]

sorcerer	Zauberer (m)	['tsaʊbəʀɐ]
sorceress (evil ~)	Zauberin (f)	['tsaʊbəʀɪn]
pirate	Seeräuber (m)	['zeːˌʀɔɪbɐ]
slave	Sklave (m)	['sklaːvə]
samurai	Samurai (m)	[zamu'ʀaɪ]
savage (primitive)	Wilde (m)	['vɪldə]

Sports

132. Kinds of sports. Sportspersons

sportsman	**Sportler** (m)	['ʃpɔʁtlɐ]
kind of sports	**Sportart** (f)	['ʃpɔʁtʔaːɐt]
basketball	**Basketball** (m)	['baːskətbal]
basketball player	**Basketballspieler** (m)	['baːskətbalˌʃpiːlɐ]
baseball	**Baseball** (m, n)	['bɛɪsbɔːl]
baseball player	**Baseballspieler** (m)	['bɛɪsbɔːlˌʃpiːlɐ]
soccer	**Fußball** (m)	['fuːsbal]
soccer player	**Fußballspieler** (m)	['fuːsbalˌʃpiːlɐ]
goalkeeper	**Torwart** (m)	['toːɐˌvaʁt]
hockey	**Eishockey** (n)	['aɪsˌhɔki]
hockey player	**Eishockeyspieler** (m)	['aɪshɔkiˌʃpiːlɐ]
volleyball	**Volleyball** (m)	['vɔliˌbal]
volleyball player	**Volleyballspieler** (m)	['vɔlibalˌʃpiːlɐ]
boxing	**Boxen** (n)	['bɔksən]
boxer	**Boxer** (m)	['bɔksɐ]
wrestling	**Ringen** (n)	['ʀɪŋən]
wrestler	**Ringkämpfer** (m)	['ʀɪŋˌkɛmpfɐ]
karate	**Karate** (n)	[kaˈʀaːtə]
karate fighter	**Karatekämpfer** (m)	[kaˈʀaːtəˌkɛmpfɐ]
judo	**Judo** (n)	['juːdɔ]
judo athlete	**Judoka** (m)	[juˈdoːka]
tennis	**Tennis** (n)	['tɛnɪs]
tennis player	**Tennisspieler** (m)	['tɛnɪsˌʃpiːlɐ]
swimming	**Schwimmen** (n)	['ʃvɪmən]
swimmer	**Schwimmer** (m)	['ʃvɪmɐ]
fencing	**Fechten** (n)	['fɛçtən]
fencer	**Fechter** (m)	['fɛçtɐ]
chess	**Schach** (n)	[ʃax]
chess player	**Schachspieler** (m)	['ʃaxˌʃpiːlɐ]

| alpinism | Bergsteigen (n) | ['bɛʁkʃtaɪgən] |
| alpinist | Bergsteiger (m) | ['bɛʁkʃtaɪgɐ] |

| running | Lauf (m) | [laʊf] |
| runner | Läufer (m) | ['lɔɪfɐ] |

| athletics | Leichtathletik (f) | ['laɪçtʔatˌleːtik] |
| athlete | Athlet (m) | [at'leːt] |

| horseback riding | Pferdesport (m) | ['pfeːɐdəʃpɔʁt] |
| horse rider | Reiter (m) | ['ʀaɪtɐ] |

figure skating	Eiskunstlauf (m)	['aɪskʊnstˌlaʊf]
figure skater (masc.)	Eiskunstläufer (m)	['aɪskʊnstˌlɔɪfɐ]
figure skater (fem.)	Eiskunstläuferin (f)	['aɪskʊnstˌlɔɪfəʀɪn]

| powerlifting | Gewichtheben (n) | [gə'vɪçtˌheːbən] |
| powerlifter | Gewichtheber (m) | [gə'vɪçtˌheːbɐ] |

| car racing | Autorennen (n) | ['aʊtoʀɛnən] |
| racer (driver) | Rennfahrer (m) | ['ʀɛnˌfaːʀɐ] |

| cycling | Radfahren (n) | ['ʀaːtˌfaːʀən] |
| cyclist | Radfahrer (m) | ['ʀaːtˌfaːʀɐ] |

broad jump	Weitsprung (m)	['vaɪtʃpʀʊŋ]
pole vault	Stabhochsprung (m)	['ʃtaːphoːxʃpʀʊŋ]
jumper	Springer (m)	['ʃpʀɪŋɐ]

133. Kinds of sports. Miscellaneous

football	American Football (m)	[ɛ'mɛʀɪkən 'fʊtboːl]
badminton	Federballspiel (n)	['feːdɐˌbalˌʃpiːl]
biathlon	Biathlon (n)	['biːatlɔn]
billiards	Billard (n)	['bɪljaʁt]

bobsled	Bob (m)	[bɔp]
bodybuilding	Bodybuilding (n)	['bɔdiˌbɪldɪŋ]
water polo	Wasserballspiel (n)	['vasɐbalˌʃpiːl]
handball	Handball (m)	['hantˌbal]
golf	Golf (n)	[gɔlf]

rowing, crew	Rudern (n)	['ʀuːdɐn]
scuba diving	Tauchen (n)	['taʊχən]
cross-country skiing	Skilanglauf (m)	['ʃiːˌlantlɔɪf]
table tennis (ping-pong)	Tischtennis (n)	[tɪʃˌtɛnɪs]

sailing	Segelsport (m)	['zeːgəlʃpɔʁt]
rally racing	Rallye (f, n)	['ʀali]
rugby	Rugby (n)	['ʀakbi]

snowboarding	**Snowboard** (n)	['snoːˌboːɐt]
archery	**Bogenschießen** (n)	['boːɡənˌʃiːsən]

134. Gym

barbell	**Hantel** (f)	['hantəl]
dumbbells	**Hanteln** (pl)	['hantəln]
training machine	**Trainingsgerät** (n)	['tʀɛːnɪŋsɡəˈʀɛːt]
exercise bicycle	**Fahrradtrainer** (m)	['faːɐʀaːˌtʀɛːnɐ]
treadmill	**Laufband** (n)	['laʊfˌbant]
horizontal bar	**Reck** (n)	[ʀɛk]
parallel bars	**Barren** (m)	['baʀən]
vault (vaulting horse)	**Sprungpferd** (n)	['ʃpʀɪŋˌpfeːɐt]
mat (exercise ~)	**Matte** (f)	['matə]
jump rope	**Sprungseil** (n)	['ʃpʀʊŋˌzaɪl]
aerobics	**Aerobic** (n)	[ɛˈʀoːbɪk]
yoga	**Yoga** (m, n)	['joːɡa]

135. Hockey

hockey	**Eishockey** (n)	['aɪsˌhɔki]
hockey player	**Eishockeyspieler** (m)	['aɪshɔkiˌʃpiːlɐ]
to play hockey	**Hockey spielen**	['hɔki 'ʃpiːlən]
ice	**Eis** (n)	[aɪs]
puck	**Puck** (m)	[pʊk]
hockey stick	**Hockeyschläger** (m)	['hɔkiˌʃlɛːɡɐ]
ice skates	**Schlittschuhe** (pl)	['ʃlɪtʃuːə]
board (ice hockey rink ~)	**Bord** (m)	[bɔʁt]
shot	**Schuss** (m)	[ʃʊs]
goaltender	**Torwart** (m)	['toːɐˌvaʁt]
goal (score)	**Tor** (n)	[toːɐ]
to score a goal	**ein Tor schießen**	[aɪn 'toːɐ 'ʃiːsən]
period	**Drittel** (n)	['dʀɪtəl]
second period	**zweites Drittel** (n)	['tsvaɪtəs 'dʀɪtəl]
substitutes bench	**Ersatzbank** (f)	[ɛɐˈzatsˌbaŋk]

136. Soccer

soccer	**Fußball** (m)	['fuːsbal]
soccer player	**Fußballspieler** (m)	['fuːsbalˌʃpiːlɐ]

to play soccer	**Fußball spielen**	['fu:sbal 'ʃpi:lən]
major league	**Oberliga** (f)	['o:bɐˌli:ga]
soccer club	**Fußballclub** (m)	['fu:sbalˌklʊp]
coach	**Trainer** (m)	['trɛːnɐ]
owner, proprietor	**Besitzer** (m)	[bə'zɪtsɐ]
team	**Mannschaft** (f)	['manʃaft]
team captain	**Mannschaftskapitän** (m)	['manʃafts·kapiˌtɛ:n]
player	**Spieler** (m)	['ʃpi:lɐ]
substitute	**Ersatzspieler** (m)	[ɛɐ'zatsˌʃpi:lɐ]
forward	**Stürmer** (m)	['ʃtʏʁmɐ]
center forward	**Mittelstürmer** (m)	['mɪtəlˌʃtʏʁmɐ]
scorer	**Torjäger** (m)	['to:ɐˌjɛ:gɐ]
defender, back	**Verteidiger** (m)	[fɛɐ'taɪdɪgɐ]
midfielder, halfback	**Läufer** (m)	['lɔɪfɐ]
match	**Spiel** (n)	[ʃpi:l]
to meet (vi, vt)	**sich begegnen**	[zɪç bə'ge:gnən]
final	**Finale** (n)	[fi'na:lə]
semi-final	**Halbfinale** (n)	['halp·fiˌna:lə]
championship	**Meisterschaft** (f)	['maɪstɐˌʃaft]
period, half	**Halbzeit** (f)	['halpˌtsaɪt]
first period	**erste Halbzeit** (f)	['ɛʁstə 'halpˌtsaɪt]
half-time	**Halbzeit** (f)	['halpˌtsaɪt]
goal	**Tor** (n)	[to:ɐ]
goalkeeper	**Torwart** (m)	['to:ɐˌvaʁt]
goalpost	**Torpfosten** (m)	['to:ɐˌpfɔstən]
crossbar	**Torlatte** (f)	['to:ɐˌlatə]
net	**Netz** (n)	[nɛts]
to concede a goal	**ein Tor zulassen**	[aɪn 'to:ɐ 'tsu:ˌlasn]
ball	**Ball** (m)	[bal]
pass	**Pass** (m)	[pas]
kick	**Schuss** (m)	[ʃʊs]
to kick (~ the ball)	**schießen** (vi)	['ʃi:sən]
free kick (direct ~)	**Freistoß** (m)	['fraɪˌʃto:s]
corner kick	**Eckball** (m)	['ɛkˌbal]
attack	**Attacke** (f)	[a'takə]
counterattack	**Gegenangriff** (m)	['ge:gənˌʔangrɪf]
combination	**Kombination** (f)	[kɔmbina'tsjo:n]
referee	**Schiedsrichter** (m)	['ʃi:tsˌrɪçtɐ]
to blow the whistle	**pfeifen** (vi)	['pfaɪfən]
whistle (sound)	**Pfeife** (f)	['pfaɪfə]
foul, misconduct	**Foul** (n)	[faʊl]
to commit a foul	**foulen** (vt)	['faʊlən]
to send off	**vom Platz verweisen**	[fɔm plats fɛɐ'vaɪzən]
yellow card	**gelbe Karte** (f)	['gɛlbə 'kaʁtə]

red card	rote Karte (f)	['ʀoːtə 'kaʁtə]
disqualification	Disqualifizierung (f)	[dɪskvalifi'tsiːʀʊŋ]
to disqualify (vt)	disqualifizieren (vt)	[dɪskvalifi'tsiːʀən]

penalty kick	Elfmeter (m)	[ɛlf'meːtɐ]
wall	Mauer (f)	['maʊɐ]
to score (vi, vt)	ein Tor schießen	[aɪn 'toːɐ 'ʃiːsən]
goal (score)	Tor (n)	[toːɐ]
to score a goal	ein Tor schießen	[aɪn 'toːɐ 'ʃiːsən]

substitution	Wechsel (m)	['vɛksəl]
to replace (a player)	ersetzen (vt)	[ɛɐ'zɛtsən]
rules	Regeln (pl)	['ʀeːgəln]
tactics	Taktik (f)	['taktɪk]

stadium	Stadion (n)	['ʃtaːdjɔn]
stand (bleachers)	Tribüne (f)	[tʀi'byːnə]
fan, supporter	Anhänger (m)	['anˌhɛŋɐ]
to shout (vi)	schreien (vi)	['ʃʀaɪən]

| scoreboard | Anzeigetafel (f) | ['antsaɪgəˌtaːfəl] |
| score | Ergebnis (n) | [ɛɐ'geːpnɪs] |

| defeat | Niederlage (f) | ['niːdɐˌlaːgə] |
| to lose (not win) | verlieren (vt) | [fɛɐ'liːʀən] |

| tie | Unentschieden (n) | ['ʊn?ɛntˌʃiːdən] |
| to tie (vi) | unentschieden spielen | ['ʊn?ɛntˌʃiːdən 'ʃpiːlən] |

victory	Sieg (m)	[ziːk]
to win (vi, vt)	gewinnen (vt)	[gə'vɪnən]
champion	Meister (m)	['maɪstɐ]
best (adj)	der beste	[deːɐ 'bɛstə]
to congratulate (vt)	gratulieren (vi)	[gʀatu'liːʀən]

commentator	Kommentator (m)	[kɔmən'taːtoːɐ]
to commentate (vt)	kommentieren (vt)	[kɔmɛn'tiːʀən]
broadcast	Übertragung (f)	[ˌyːbɐ'tʀaːgʊŋ]

137. Alpine skiing

| skis | Ski (pl) | [ʃiː] |
| to ski (vi) | Ski laufen | ['ʃiː 'laʊfən] |

| mountain-ski resort | Skiort (m) | ['ʃiːˌ?ɔʁt] |
| ski lift | Skilift (m) | ['ʃiːˌlɪft] |

ski poles	Skistöcke (pl)	['ʃiːˌʃtœkə]
slope	Abhang (m)	['apˌhaŋ]
slalom	Slalom (m)	['slaːlɔm]

138. Tennis. Golf

golf	**Golf** (n)	[gɔlf]
golf club	**Golfklub** (m)	[ˈgɔlfˌklʊp]
golfer	**Golfspieler** (m)	[ˈgɔlfˌʃpiːlɐ]
hole	**Loch** (n)	[lɔx]
club	**Schläger** (m)	[ˈʃlɛːgɐ]
golf trolley	**Golfwagen** (m)	[ˈgɔlfˌvaːgən]
tennis	**Tennis** (n)	[ˈtɛnɪs]
tennis court	**Tennisplatz** (m)	[ˈtɛnɪsˌplats]
serve	**Aufschlag** (m)	[ˈaʊfˌʃlaːk]
to serve (vt)	**angeben** (vt)	[ˈanˌgeːbən]
racket	**Tennisschläger** (m)	[ˈtɛnɪsˌʃlɛːgɐ]
net	**Netz** (n)	[nɛts]
ball	**Ball** (m)	[bal]

139. Chess

chess	**Schach** (n)	[ʃax]
chessmen	**Schachfiguren** (pl)	[ˈʃaxfiˌguːʀən]
chess player	**Schachspieler** (m)	[ˈʃaxˌʃpiːlɐ]
chessboard	**Schachbrett** (n)	[ˈʃaxˌbʀɛt]
chessman	**Figur** (f)	[fiˈguːɐ]
White (white pieces)	**Weißen** (pl)	[ˈvaɪsən]
Black (black pieces)	**Schwarze** (pl)	[ˈʃvaʁtsə]
pawn	**Bauer** (m)	[ˈbaʊɐ]
bishop	**Läufer** (m)	[ˈlɔɪfɐ]
knight	**Springer** (m)	[ˈʃpʀɪŋɐ]
rook	**Turm** (m)	[tʊʁm]
queen	**Königin** (f)	[ˈkøːnɪgɪn]
king	**König** (m)	[ˈkøːnɪç]
move	**Zug** (m)	[tsuːk]
to move (vi, vt)	**einen Zug machen**	[ˈaɪnən tsuːk ˈmaxən]
to sacrifice (vt)	**opfern** (vt)	[ˈɔpfɐn]
castling	**Rochade** (f)	[ʀɔˈxaːdə]
check	**Schach** (n)	[ʃax]
checkmate	**Matt** (n)	[mat]
chess tournament	**Schachturnier** (n)	[ˈʃaxtʊʁˌniːɐ]
Grand Master	**Großmeister** (m)	[ˈgʀoːsˌmaɪstɐ]
combination	**Kombination** (f)	[kɔmbinaˈtsjoːn]
game (in chess)	**Partie** (f)	[paʁˈtiː]
checkers	**Damespiel** (n)	[ˈdaːməˌʃpiːl]

140. Boxing

boxing	**Boxen** (n)	['bɔksən]
fight (bout)	**Boxkampf** (m)	['bɔks͵kampf]
boxing match	**Zweikampf** (m)	['tsvaɪ͵kampf]
round (in boxing)	**Runde** (f)	['ʀʊndə]
ring	**Ring** (m)	[ʀɪŋ]
gong	**Gong** (m, n)	[gɔŋ]
punch	**Schlag** (m)	[ʃlaːk]
knockdown	**Knockdown** (m)	[nɔk'daʊn]
knockout	**Knockout** (m)	[nɔk'ʔaʊt]
to knock out	**k.o. schlagen** (vt)	[kaːˈʔoː 'ʃlaːgən]
boxing glove	**Boxhandschuh** (m)	['bɔks·hantʃuː]
referee	**Schiedsrichter** (m)	['ʃiːts͵ʀɪçtɐ]
lightweight	**Leichtgewicht** (n)	['laɪçt·gə͵vɪçt]
middleweight	**Mittelgewicht** (n)	['mɪtəl·gə͵vɪçt]
heavyweight	**Schwergewicht** (n)	['ʃveːɐ·gə͵vɪçt]

141. Sports. Miscellaneous

Olympic Games	**Olympische Spiele** (pl)	[oˈlʏmpɪʃə 'ʃpiːlə]
winner	**Sieger** (m)	['ziːgɐ]
to be winning	**siegen** (vi)	['ziːgən]
to win (vi)	**gewinnen** (vt)	[gəˈvɪnən]
leader	**Tabellenführer** (m)	[taˈbɛlən͵fyːʀɐ]
to lead (vi)	**führen** (vi)	['fyːʀən]
first place	**der erste Platz**	[deːɐ 'ɛʀstə plats]
second place	**der zweite Platz**	[deːɐ 'tsvaɪtə plats]
third place	**der dritte Platz**	[deːɐ 'dʀɪtə plats]
medal	**Medaille** (f)	[meˈdaljə]
trophy	**Trophäe** (f)	[tʀoˈfɛːə]
prize cup (trophy)	**Pokal** (m)	[pɔˈkaːl]
prize (in game)	**Preis** (m)	[pʀaɪs]
main prize	**Hauptpreis** (m)	['haʊpt͵pʀaɪs]
record	**Rekord** (m)	[ʀeˈkɔʁt]
to set a record	**einen Rekord aufstellen**	['aɪnən ʀeˈkɔʁt 'aʊfʃtɛlən]
final	**Finale** (n)	[fiˈnaːlə]
final (adj)	**Final-**	[fiˈnaːl]
champion	**Meister** (m)	['maɪstɐ]
championship	**Meisterschaft** (f)	['maɪstɐʃaft]

stadium	**Stadion** (n)	[ˈʃtaːdjɔn]
stand (bleachers)	**Tribüne** (f)	[tʁiˈbyːnə]
fan, supporter	**Fan** (m)	[fɛn]
opponent, rival	**Gegner** (m)	[ˈgeːgnɐ]
start (start line)	**Start** (m)	[ʃtaʁt]
finish line	**Ziel** (n), **Finish** (n)	[tsiːl], [ˈfɪnɪʃ]
defeat	**Niederlage** (f)	[ˈniːdɐˌlaːgə]
to lose (not win)	**verlieren** (vt)	[fɛɐˈliːʁən]
referee	**Schiedsrichter** (m)	[ˈʃiːtsˌʁɪçtɐ]
jury (judges)	**Jury** (f)	[ˈʒyːʁi]
score	**Ergebnis** (n)	[ɛɐˈgeːpnɪs]
tie	**Unentschieden** (n)	[ˈʊnʔɛntʃiːdən]
to tie (vi)	**unentschieden spielen**	[ˈʊnʔɛntʃiːdən ˈʃpiːlən]
point	**Punkt** (m)	[pʊŋkt]
result (final score)	**Ergebnis** (n)	[ɛɐˈgeːpnɪs]
period	**Spielabschnitt** (m)	[ˈʃpiːlˌʔapʃnɪt]
half-time	**Halbzeit** (f), **Pause** (f)	[ˈhalpˌtsaɪt], [ˈpaʊzə]
doping	**Doping** (n)	[ˈdoːpɪŋ]
to penalize (vt)	**bestrafen** (vt)	[bəˈʃtʁaːfən]
to disqualify (vt)	**disqualifizieren** (vt)	[dɪskvalifiˈtsiːʁən]
apparatus	**Sportgerät** (n)	[ˈʃpɔʁtˑgəˌʁɛːt]
javelin	**Speer** (m)	[ʃpeːɐ]
shot (metal ball)	**Kugel** (f)	[ˈkuːgəl]
ball (snooker, etc.)	**Kugel** (f)	[ˈkuːgəl]
aim (target)	**Ziel** (n)	[tsiːl]
target	**Zielscheibe** (f)	[ˈtsiːlʃaɪbə]
to shoot (vi)	**schießen** (vi)	[ˈʃiːsən]
accurate (~ shot)	**genau**	[gəˈnaʊ]
trainer, coach	**Trainer** (m)	[ˈtʁɛːnɐ]
to train (sb)	**trainieren** (vt)	[tʁɛˈniːʁən]
to train (vi)	**trainieren** (vi)	[tʁɛˈniːʁən]
training	**Training** (n)	[ˈtʁɛːnɪŋ]
gym	**Turnhalle** (f)	[ˈtʊʁnˌhalə]
exercise (physical)	**Übung** (f)	[ˈyːbʊŋ]
warm-up (athlete ~)	**Aufwärmen** (n)	[ˈaʊfˌvɛʁmən]

Education

142. School

school	Schule (f)	['ʃuːlə]
principal (headmaster)	Schulleiter (m)	['ʃuːlˌlaɪtɐ]
pupil (boy)	Schüler (m)	['ʃyːlɐ]
pupil (girl)	Schülerin (f)	['ʃyːləʀɪn]
schoolboy	Schuljunge (m)	['ʃuːlˌjʊŋə]
schoolgirl	Schulmädchen (f)	['ʃuːlˌmɛːtçən]
to teach (sb)	lehren (vt)	['leːʀən]
to learn (language, etc.)	lernen (vt)	['lɛʀnən]
to learn by heart	auswendig lernen	['aʊsˌvɛndɪç 'lɛʀnən]
to learn (~ to count, etc.)	lernen (vi)	['lɛʀnən]
to be in school	in der Schule sein	[ɪn deːɐ 'ʃuːlə zaɪn]
to go to school	die Schule besuchen	[di 'ʃuːlə bə'zuːχən]
alphabet	Alphabet (n)	[alfa'beːt]
subject (at school)	Fach (n)	[faχ]
classroom	Klassenraum (m)	['klasənˌʀaʊm]
lesson	Stunde (f)	['ʃtʊndə]
recess	Pause (f)	['paʊzə]
school bell	Schulglocke (f)	['ʃuːlˌglɔkə]
school desk	Schulbank (f)	['ʃuːlˌbaŋk]
chalkboard	Tafel (f)	['taːfəl]
grade	Note (f)	['noːtə]
good grade	gute Note (f)	['guːtə 'noːtə]
bad grade	schlechte Note (f)	['ʃlɛçtə 'noːtə]
to give a grade	eine Note geben	['aɪnə 'noːtə 'geːbən]
mistake, error	Fehler (m)	['feːlɐ]
to make mistakes	Fehler machen	['feːlɐ 'maχən]
to correct (an error)	korrigieren (vt)	[kɔʀi'giːʀən]
cheat sheet	Spickzettel (m)	['ʃpɪkˌtsɛtəl]
homework	Hausaufgabe (f)	['haʊsʔaʊfˌgaːbə]
exercise (in education)	Übung (f)	['yːbʊŋ]
to be present	anwesend sein	['anˌveːzənt zaɪn]
to be absent	fehlen (vi)	['feːlən]
to miss school	versäumen (vt)	[fɛɐ'zɔɪmən]

to punish (vt)	**bestrafen** (vt)	[bəˈʃtʀaːfən]
punishment	**Strafe** (f)	[ˈʃtʀaːfə]
conduct (behavior)	**Benehmen** (n)	[bəˈneːmən]
report card	**Zeugnis** (n)	[ˈtsɔɪknɪs]
pencil	**Bleistift** (m)	[ˈblaɪˌʃtɪft]
eraser	**Radiergummi** (m)	[ʀaˈdiːɐˌgʊmi]
chalk	**Kreide** (f)	[ˈkʀaɪdə]
pencil case	**Federkasten** (m)	[ˈfeːdɐˌkastən]
schoolbag	**Schulranzen** (m)	[ˈʃuːlˌʀantsən]
pen	**Kugelschreiber, Stift** (m)	[ˈkuːgəlˌʃʀaɪbɐ], [ʃtɪft]
school notebook	**Heft** (n)	[hɛft]
textbook	**Lehrbuch** (n)	[ˈleːɐˌbuːx]
drafting compass	**Zirkel** (m)	[ˈtsɪʀkəl]
to make technical drawings	**zeichnen** (vt)	[ˈtsaɪçnən]
technical drawing	**Zeichnung** (f)	[ˈtsaɪçnʊŋ]
poem	**Gedicht** (n)	[gəˈdɪçt]
by heart (adv)	**auswendig**	[ˈaʊsˌvɛndɪç]
to learn by heart	**auswendig lernen**	[ˈaʊsˌvɛndɪç ˈlɛʀnən]
school vacation	**Ferien** (pl)	[ˈfeːʀɪən]
to be on vacation	**in den Ferien sein**	[ɪn den ˈfeːʀɪən zaɪn]
to spend one's vacation	**Ferien verbringen**	[ˈfeːʀɪən fɛɐˈbʀɪŋən]
test (written math ~)	**Test** (m), **Prüfung** (f)	[tɛst], [ˈpʀyːfʊŋ]
essay (composition)	**Aufsatz** (m)	[ˈaʊfˌzats]
dictation	**Diktat** (n)	[dɪkˈtaːt]
exam (examination)	**Prüfung** (f)	[ˈpʀyːfʊŋ]
to take an exam	**Prüfungen ablegen**	[ˈpʀyːfʊŋən ˈapˌleːgən]
experiment (e.g., chemistry ~)	**Experiment** (n)	[ɛkspeʀiˈmɛnt]

143. College. University

academy	**Akademie** (f)	[akadeˈmiː]
university	**Universität** (f)	[univɛʀziˈtɛːt]
faculty (e.g., ~ of Medicine)	**Fakultät** (f)	[fakʊlˈtɛːt]
student (masc.)	**Student** (m)	[ʃtuˈdɛnt]
student (fem.)	**Studentin** (f)	[ʃtuˈdɛntɪn]
lecturer (teacher)	**Lehrer** (m)	[ˈleːʀɐ]
lecture hall, room	**Hörsaal** (m)	[ˈhøːɐˌzaːl]
graduate	**Hochschulabsolvent** (m)	[ˈhoːxʃuːlʔapzɔlˌvɛnt]
diploma	**Diplom** (n)	[diˈploːm]

dissertation	**Dissertation** (f)	[dɪsɛʁtaˈtsjoːn]
study (report)	**Forschung** (f)	[ˈfɔʁʃʊŋ]
laboratory	**Labor** (n)	[laˈboːɐ̯]

lecture	**Vorlesung** (f)	[ˈfoːɐ̯ˌleːzʊŋ]
coursemate	**Kommilitone** (m)	[ˌkɔmiliˈtoːnə]
scholarship	**Stipendium** (n)	[ʃtiˈpɛndɪʊm]
academic degree	**akademischer Grad** (m)	[akaˈdeːmɪʃɐ ɡʁaːt]

144. Sciences. Disciplines

mathematics	**Mathematik** (f)	[matemaˈtiːk]
algebra	**Algebra** (f)	[ˈalɡebʁa]
geometry	**Geometrie** (f)	[ˌɡeomeˈtʁiː]

astronomy	**Astronomie** (f)	[astʁonoˈmiː]
biology	**Biologie** (f)	[ˌbioloˈɡiː]
geography	**Erdkunde** (f)	[ˈeːɐ̯tˌkʊndə]
geology	**Geologie** (f)	[ˌɡeoloˈɡiː]
history	**Geschichte** (f)	[ɡəˈʃɪçtə]

medicine	**Medizin** (f)	[mediˈtsiːn]
pedagogy	**Pädagogik** (f)	[pɛdaˈɡoːɡɪk]
law	**Recht** (n)	[ʁɛçt]

physics	**Physik** (f)	[fyˈziːk]
chemistry	**Chemie** (f)	[çeˈmiː]
philosophy	**Philosophie** (f)	[filozoˈfiː]
psychology	**Psychologie** (f)	[psyçoloˈɡiː]

145. Writing system. Orthography

grammar	**Grammatik** (f)	[ɡʁaˈmatɪk]
vocabulary	**Lexik** (f)	[ˈlɛksɪk]
phonetics	**Phonetik** (f)	[foːˈneːtɪk]

noun	**Substantiv** (n)	[ˈzʊpstantiːf]
adjective	**Adjektiv** (n)	[ˈatjɛktiːf]
verb	**Verb** (n)	[vɛʁp]
adverb	**Adverb** (n)	[atˈvɛʁp]

pronoun	**Pronomen** (n)	[pʁoˈnoːmən]
interjection	**Interjektion** (f)	[ˌɪntɐjɛkˈtsjoːn]
preposition	**Präposition** (f)	[pʁɛpoziˈtsjoːn]

root	**Wurzel** (f)	[ˈvʊʁtsəl]
ending	**Endung** (f)	[ˈɛndʊŋ]
prefix	**Vorsilbe** (f)	[ˈfoːɐ̯ˌzɪlbə]

syllable	**Silbe** (f)	['zɪlbə]
suffix	**Suffix** (n), **Nachsilbe** (f)	['zʊfɪks], ['naːχˌzɪlbə]
stress mark	**Betonung** (f)	[bə'toːnʊŋ]
apostrophe	**Apostroph** (m)	[apo'stʀoːf]
period, dot	**Punkt** (m)	[pʊŋkt]
comma	**Komma** (n)	['kɔma]
semicolon	**Semikolon** (n)	[zemi'koːlɔn]
colon	**Doppelpunkt** (m)	['dɔpəlˌpʊŋkt]
ellipsis	**Auslassungspunkte** (pl)	['aʊslasʊŋsˌpʊŋktə]
question mark	**Fragezeichen** (n)	['fʀaːgəˌtsaɪçən]
exclamation point	**Ausrufezeichen** (n)	['aʊsʀuːfəˌtsaɪçən]
quotation marks	**Anführungszeichen** (pl)	['anfyːʀʊŋsˌtsaɪçən]
in quotation marks	**in Anführungszeichen**	[ɪn 'anfyːʀʊŋsˌtsaɪçən]
parenthesis	**runde Klammern** (pl)	['ʀʊndə 'klamɐn]
in parenthesis	**in Klammern**	[ɪn 'klamɐn]
hyphen	**Bindestrich** (m)	['bɪndəˌʃtʀɪç]
dash	**Gedankenstrich** (m)	[gə'daŋkənˌʃtʀɪç]
space (between words)	**Leerzeichen** (n)	['leːɐˌtsaɪçən]
letter	**Buchstabe** (m)	['buːχˌʃtaːbə]
capital letter	**Großbuchstabe** (m)	['gʀoːsbuːχˌʃtaːbə]
vowel (n)	**Vokal** (m)	[vo'kaːl]
consonant (n)	**Konsonant** (m)	[ˌkɔnzo'nant]
sentence	**Satz** (m)	[zats]
subject	**Subjekt** (n)	['zʊpjɛkt]
predicate	**Prädikat** (n)	[pʀɛdi'kaːt]
line	**Zeile** (f)	['tsaɪlə]
on a new line	**in einer neuen Zeile**	[ɪn 'aɪnɐ 'nɔɪən 'tsaɪlə]
paragraph	**Absatz** (m)	['apˌzats]
word	**Wort** (n)	[vɔʁt]
group of words	**Wortverbindung** (f)	['vɔʁtfɛɐˌbɪndʊŋ]
expression	**Redensart** (f)	['ʀeːdənsˌʔaːɐt]
synonym	**Synonym** (n)	[zyno'nyːm]
antonym	**Antonym** (n)	[anto'nyːm]
rule	**Regel** (f)	['ʀeːgəl]
exception	**Ausnahme** (f)	['aʊsˌnaːmə]
correct (adj)	**richtig**	['ʀɪçtɪç]
conjugation	**Konjugation** (f)	[ˌkɔnjuga'tsjoːn]
declension	**Deklination** (f)	[ˌdeklina'tsjoːn]
nominal case	**Kasus** (m)	['kaːzʊs]
question	**Frage** (f)	['fʀaːgə]

| to underline (vt) | unterstreichen (vt) | [ˌʊntɐˈʃtʀaɪçən] |
| dotted line | punktierte Linie (f) | [pʊŋkˈtiːɐtə ˈliːnɪə] |

146. Foreign languages

language	Sprache (f)	[ˈʃpʀaːχə]
foreign (adj)	Fremd-	[ˈfʀɛmt]
foreign language	Fremdsprache (f)	[ˈfʀɛmtˌʃpʀaːχə]
to study (vt)	studieren (vt)	[ʃtuˈdiːʀən]
to learn (language, etc.)	lernen (vt)	[ˈlɛʁnən]

to read (vi, vt)	lesen (vi, vt)	[ˈleːzən]
to speak (vi, vt)	sprechen (vi, vt)	[ˈʃpʀɛçən]
to understand (vt)	verstehen (vt)	[fɛɐˈʃteːən]
to write (vt)	schreiben (vi, vt)	[ˈʃʀaɪbən]

fast (adv)	schnell	[ʃnɛl]
slowly (adv)	langsam	[ˈlaŋzaːm]
fluently (adv)	fließend	[ˈfliːsənt]

rules	Regeln (pl)	[ˈʀeːgəln]
grammar	Grammatik (f)	[gʀaˈmatɪk]
vocabulary	Vokabular (n)	[vokabuˈlaːɐ]
phonetics	Phonetik (f)	[foːˈneːtɪk]

textbook	Lehrbuch (n)	[ˈleːɐˌbuːχ]
dictionary	Wörterbuch (n)	[ˈvœʁtɐˌbuːχ]
teach-yourself book	Selbstlernbuch (n)	[ˈzɛlpstˌlɛʁnbuːχ]
phrasebook	Sprachführer (m)	[ˈʃpʀaːχˌfyːʀɐ]

cassette, tape	Kassette (f)	[kaˈsɛtə]
videotape	Videokassette (f)	[ˈviːdeoˑkaˈsɛtə]
CD, compact disc	CD (f)	[tseːˈdeː]
DVD	DVD (f)	[defaʊˈdeː]

alphabet	Alphabet (n)	[alfaˈbeːt]
to spell (vt)	buchstabieren (vt)	[ˌbuːχʃtaˈbiːʀən]
pronunciation	Aussprache (f)	[ˈaʊsʃpʀaːχə]

accent	Akzent (m)	[akˈtsɛnt]
with an accent	mit Akzent	[mɪt akˈtsɛnt]
without an accent	ohne Akzent	[ˈoːnə akˈtsɛnt]

| word | Wort (n) | [vɔʁt] |
| meaning | Bedeutung (f) | [bəˈdɔɪtʊŋ] |

course (e.g., a French ~)	Kurse (pl)	[ˈkʊʁzə]
to sign up	sich einschreiben	[zɪç ˈaɪnʃʀaɪbən]
teacher	Lehrer (m)	[ˈleːʀɐ]
translation (process)	Übertragung (f)	[ˌyːbɐˈtʀaːgʊŋ]

translation (text, etc.)	Übersetzung (f)	[ˌyːbɛˈzɛtsʊŋ]
translator	Übersetzer (m)	[ˌyːbɛˈzɛtsɐ]
interpreter	Dolmetscher (m)	[ˈdɔlmɛtʃɐ]
polyglot	Polyglott (m, f)	[polyˈglɔt]
memory	Gedächtnis (n)	[gəˈdɛçtnɪs]

147. Fairy tale characters

Santa Claus	Weihnachtsmann (m)	[ˈvaɪnaxtsˌman]
Cinderella	Aschenputtel (n)	[ˈaʃənpʊtəl]
mermaid	Nixe (f)	[ˈnɪksə]
Neptune	Neptun (m)	[nɛpˈtuːn]
magician, wizard	Zauberer (m)	[ˈtsaʊbəʀɐ]
fairy	Zauberin (f)	[ˈtsaʊbəʀɪn]
magic (adj)	magisch, Zauber-	[ˈmaːgɪʃ], [ˈtsaʊbɐ]
magic wand	Zauberstab (m)	[ˈtsaʊbɐʃtaːp]
fairy tale	Märchen (n)	[ˈmɛːɐçən]
miracle	Wunder (n)	[ˈvʊndɐ]
dwarf	Zwerg (m)	[tsvɛʀk]
to turn into ...	sich verwandeln in ...	[zɪç fɛɐˈvandəln ɪn]
ghost	Geist (m)	[gaɪst]
phantom	Gespenst (n)	[gəˈʃpɛnst]
monster	Ungeheuer (n)	[ˈʊngəˌhɔɪɐ]
dragon	Drache (m)	[ˈdʀaxə]
giant	Riese (m)	[ˈʀiːzə]

148. Zodiac Signs

Aries	Widder (m)	[ˈvɪdɐ]
Taurus	Stier (m)	[ʃtiːɐ]
Gemini	Zwillinge (pl)	[ˈtsvɪlɪŋə]
Cancer	Krebs (m)	[kʀeːps]
Leo	Löwe (m)	[ˈløːvə]
Virgo	Jungfrau (f)	[ˈjʊŋfʀaʊ]
Libra	Waage (f)	[ˈvaːgə]
Scorpio	Skorpion (m)	[skɔʁˈpjoːn]
Sagittarius	Schütze (m)	[ˈʃʏtsə]
Capricorn	Steinbock (m)	[ˈʃtaɪnˌbɔk]
Aquarius	Wassermann (m)	[ˈvasɐˌman]
Pisces	Fische (pl)	[ˈfɪʃə]
character	Charakter (m)	[kaˈʀaktɐ]
character traits	Charakterzüge (pl)	[kaˈʀaktɐˌtsyːgə]

behavior	**Benehmen** (n)	[bə'ne:mən]
to tell fortunes	**wahrsagen** (vt)	['va:ɐˌza:gən]
fortune-teller	**Wahrsagerin** (f)	['va:ɐˌza:gəʀɪn]
horoscope	**Horoskop** (n)	[hoʀo'sko:p]

Arts

149. Theater

theater	**Theater** (n)	[teˈaːtɐ]
opera	**Oper** (f)	[ˈoːpɐ]
operetta	**Operette** (f)	[opəˈrɛtə]
ballet	**Ballett** (n)	[baˈlɛt]
theater poster	**Theaterplakat** (n)	[teˈaːtɐ·plaˈkaːt]
troupe (theatrical company)	**Truppe** (f)	[ˈtrʊpə]
tour	**Tournee** (f)	[tʊʁˈneː]
to be on tour	**auf Tournee sein**	[aʊf tʊʁˈneː zaɪn]
to rehearse (vi, vt)	**proben** (vt)	[ˈpʀoːbən]
rehearsal	**Probe** (f)	[ˈpʀoːbə]
repertoire	**Spielplan** (m)	[ˈʃpiːlˌplaːn]
performance	**Aufführung** (f)	[ˈaʊffyːʀʊŋ]
theatrical show	**Vorstellung** (f)	[ˈfoːɐʃtɛlʊŋ]
play	**Theaterstück** (n)	[teˈaːtɐʃtʏk]
ticket	**Karte** (f)	[ˈkaʁtə]
box office (ticket booth)	**Theaterkasse** (f)	[teˈaːtɐˌkasə]
lobby, foyer	**Halle** (f)	[ˈhalə]
coat check (cloakroom)	**Garderobe** (f)	[gaʁdəˈʀoːbə]
coat check tag	**Garderobennummer** (f)	[gaʁdəˈʀobənˌnumɐ]
binoculars	**Opernglas** (n)	[ˈoːpɐnˌglaːs]
usher	**Platzanweiser** (m)	[ˈplatsʔanˌvaɪzɐ]
orchestra seats	**Parkett** (n)	[paʁˈkɛt]
balcony	**Balkon** (m)	[balˈkoːn]
dress circle	**der erste Rang**	[deːɐ ˈɛʁstə ʀaŋ]
box	**Loge** (f)	[ˈloːʒə]
row	**Reihe** (f)	[ˈʀaɪə]
seat	**Platz** (m)	[plats]
audience	**Publikum** (n)	[ˈpuːblikʊm]
spectator	**Zuschauer** (m)	[ˈtsuːʃaʊɐ]
to clap (vi, vt)	**klatschen** (vi)	[ˈklatʃən]
applause	**Applaus** (m)	[aˈplaʊs]
ovation	**Ovation** (f)	[ovaˈtsjoːn]
stage	**Bühne** (f)	[ˈbyːnə]
curtain	**Vorhang** (m)	[ˈfoːɐˌhaŋ]
scenery	**Dekoration** (f)	[dekoʀaˈtsjoːn]

backstage	Kulissen (pl)	[kuˈlɪsən]
scene (e.g., the last ~)	Szene (f)	[ˈstseːnə]
act	Akt (m)	[akt]
intermission	Pause (f)	[ˈpauzə]

150. Cinema

| actor | Schauspieler (m) | [ˈʃauʃpiːlɐ] |
| actress | Schauspielerin (f) | [ˈʃauʃpiːlərɪn] |

movies (industry)	Kino (n)	[ˈkiːno]
movie	Film (m)	[fɪlm]
episode	Folge (f)	[ˈfɔlgə]

detective movie	Krimi (m)	[ˈkʀɪmi]
action movie	Actionfilm (m)	[ˈɛkʃənˌfɪlm]
adventure movie	Abenteuerfilm (m)	[ˈaːbəntɔɪɐˌfɪlm]
sci-fi movie	Science-Fiction-Film (m)	[ˌsaɪənsˈfɪkʃənˌfɪlm]
horror movie	Horrorfilm (m)	[ˈhɔʀoːɐˌfɪlm]

comedy movie	Komödie (f)	[koˈmøːdɪə]
melodrama	Melodrama (n)	[meloˈdʀaːma]
drama	Drama (n)	[ˈdʀaːma]

fictional movie	Spielfilm (m)	[ˈʃpiːlˌfɪlm]
documentary	Dokumentarfilm (m)	[dokumɛnˈtaːɐˌfɪlm]
cartoon	Zeichentrickfilm (m)	[ˈtsaɪçənˌtʀɪkˌfɪlm]
silent movies	Stummfilm (m)	[ˈʃtʊmˌfɪlm]

role (part)	Rolle (f)	[ˈʀɔlə]
leading role	Hauptrolle (f)	[ˈhauptˌʀɔlə]
to play (vi, vt)	spielen (vi)	[ˈʃpiːlən]

movie star	Filmstar (m)	[ˈfɪlmˌʃtaːɐ]
well-known (adj)	bekannt	[bəˈkant]
famous (adj)	berühmt	[bəˈʀyːmt]
popular (adj)	populär	[popuˈlɛːɐ]

script (screenplay)	Drehbuch (n)	[ˈdʀeːˌbuːx]
scriptwriter	Drehbuchautor (m)	[ˈdʀeːbuːxˌʔautoːɐ]
movie director	Regisseur (m)	[ʀeʒɪˈsøːɐ]
producer	Produzent (m)	[pʀoduˈtsɛnt]
assistant	Assistent (m)	[asɪsˈtɛnt]
cameraman	Kameramann (m)	[ˈkaməʀaˌman]
stuntman	Stuntman (m)	[ˈstantmɛn]
double (stand-in)	Double (n)	[ˈduːbəl]

to shoot a movie	einen Film drehen	[ˈaɪnən fɪlm ˈdʀeːən]
audition, screen test	Probe (f)	[ˈpʀoːbə]
shooting	Dreharbeiten (pl)	[ˈdʀeːʔaʁˌbaɪtən]

movie crew	**Filmteam** (n)	['fɪlmˌtiːm]
movie set	**Filmset** (m)	['fɪlmsɛt]
camera	**Filmkamera** (f)	['fɪlmˌkaməʀa]
movie theater	**Kino** (n)	['kiːno]
screen (e.g., big ~)	**Leinwand** (f)	['laɪnˌvant]
to show a movie	**einen Film zeigen**	['aɪnən fɪlm 'tsaɪgən]
soundtrack	**Tonspur** (f)	['toːnˌʃpuːɐ]
special effects	**Spezialeffekte** (pl)	[ʃpe'tsɪaːl·ɛ'fɛktə]
subtitles	**Untertitel** (pl)	['ʊnteˌtiːtəl]
credits	**Abspann** (m)	['apˌʃpan]
translation	**Übersetzung** (f)	[ˌyːbe'zɛtsʊŋ]

151. Painting

art	**Kunst** (f)	[kʊnst]
fine arts	**schönen Künste** (pl)	['ʃøːnən 'kʏnstə]
art gallery	**Kunstgalerie** (f)	['kʊnstˌgaləʀiː]
art exhibition	**Kunstausstellung** (f)	['kʊnst·'aʊsʃtɛlʊŋ]
painting (art)	**Malerei** (f)	[ˌmaːlə'ʀaɪ]
graphic art	**Graphik** (f)	['gʀaːfɪk]
abstract art	**abstrakte Kunst** (f)	[ap'stʀaktə kʊnst]
impressionism	**Impressionismus** (m)	[ɪmpʀɛsjoˈnɪsmʊs]
picture (painting)	**Bild** (n)	[bɪlt]
drawing	**Zeichnung** (f)	['tsaɪçnʊŋ]
poster	**Plakat** (n)	[pla'kaːt]
illustration (picture)	**Illustration** (f)	[ɪlʊstʀa'tsjoːn]
miniature	**Miniatur** (f)	[minɪa'tuːɐ]
copy (of painting, etc.)	**Kopie** (f)	[ko'piː]
reproduction	**Reproduktion** (f)	[ʀepʀodʊk'tsjoːn]
mosaic	**Mosaik** (n)	[moza'iːk]
stained glass window	**Glasmalerei** (f)	[glaːsˌmaːlə'ʀaɪ]
fresco	**Fresko** (n)	['fʀɛsko]
engraving	**Gravüre** (f)	[gʀa'vyːʀə]
bust (sculpture)	**Büste** (f)	['byːstə]
sculpture	**Skulptur** (f)	[skʊlp'tuːɐ]
statue	**Statue** (f)	['ʃtaːtuə]
plaster of Paris	**Gips** (m)	[gɪps]
plaster (as adj)	**aus Gips**	[ˌaʊs 'gɪps]
portrait	**Porträt** (n)	[pɔʁ'tʀɛː]
self-portrait	**Selbstporträt** (n)	['zɛlpst·pɔʁˌtʀɛː]
landscape painting	**Landschaftsbild** (n)	['lantʃaftsˌbɪlt]
still life	**Stillleben** (n)	['ʃtɪlˌleːbən]

caricature	**Karikatur** (f)	[kaʀika'tuːɐ]
sketch	**Entwurf** (m)	[ɛnt'vʊʀf]
paint	**Farbe** (f)	['faʀbə]
watercolor paint	**Aquarellfarbe** (f)	[akva'ʀɛl ˌfaʀbə]
oil (paint)	**Öl** (n)	[øːl]
pencil	**Bleistift** (m)	['blaɪˌʃtɪft]
India ink	**Tusche** (f)	['tʊʃə]
charcoal	**Kohle** (f)	['koːlə]
to draw (vi, vt)	**zeichnen** (vt)	['tsaɪçnən]
to paint (vi, vt)	**malen** (vi, vt)	['maːlən]
to pose (vi)	**Modell stehen**	[mo'dɛl 'ʃteːən]
artist's model (masc.)	**Modell** (n)	[mo'dɛl]
artist's model (fem.)	**Modell** (n)	[mo'dɛl]
artist (painter)	**Maler** (m)	['maːlɐ]
work of art	**Kunstwerk** (n)	['kʊnstˌvɛʀk]
masterpiece	**Meisterwerk** (n)	['maɪstɐˌvɛʀk]
studio (artist's workroom)	**Atelier** (n), **Werkstatt** (f)	[ate'lieː], ['vɛʀkˌʃtat]
canvas (cloth)	**Leinwand** (f)	['laɪnˌvant]
easel	**Staffelei** (f)	[ʃtafə'laɪ]
palette	**Palette** (f)	[pa'lɛtə]
frame (picture ~, etc.)	**Rahmen** (m)	['ʀaːmən]
restoration	**Restauration** (f)	[ʀɛstaʊʀa'tsjoːn]
to restore (vt)	**restaurieren** (vt)	[ʀɛstaʊ'ʀiːʀən]

152. Literature & Poetry

literature	**Literatur** (f)	[lɪtəʀa'tuːɐ]
author (writer)	**Autor** (m)	['aʊtoːɐ]
pseudonym	**Pseudonym** (n)	[psɔɪdo'nyːm]
book	**Buch** (n)	[buːx]
volume	**Band** (m)	[bant]
table of contents	**Inhaltsverzeichnis** (n)	['ɪnhalts·fɛɐˌtsaɪçnɪs]
page	**Seite** (f)	['zaɪtə]
main character	**Hauptperson** (f)	['haʊptˌpɛʀ'zoːn]
autograph	**Autogramm** (n)	[aʊto'gʀam]
short story	**Kurzgeschichte** (f)	['kʊʀts·gəˌʃɪçtə]
story (novella)	**Erzählung** (f)	[ɛɐ'tsɛːlʊŋ]
novel	**Roman** (m)	[ʀo'maːn]
work (writing)	**Werk** (n)	[vɛʀk]
fable	**Fabel** (f)	['faːbəl]
detective novel	**Krimi** (m)	['kʀɪmi]
poem (verse)	**Gedicht** (n)	[gə'dɪçt]

poetry	**Dichtung** (f), **Poesie** (f)	['dɪçtʊŋ], [ˌpoe'zi:]
poem (epic, ballad)	**Gedicht** (n)	[gə'dɪçt]
poet	**Dichter** (m)	['dɪçtɐ]

fiction	**schöne Literatur** (f)	['ʃø:nə lɪtəʀa'tu:ɐ]
science fiction	**Science-Fiction** (f)	[ˌsaɪəns'fɪkʃən]
adventures	**Abenteuer** (n)	['a:bəntɔɪɐ]
educational literature	**Schülerliteratur** (pl)	['ʃy:lɐ·lɪtəʀaˌtu:ɐ]
children's literature	**Kinderliteratur** (f)	['kɪndɐ·lɪtəʀaˌtu:ɐ]

153. Circus

circus	**Zirkus** (m)	['tsɪʁkʊs]
traveling circus	**Wanderzirkus** (m)	['vandɐˌtsɪʁkʊs]
program	**Programm** (n)	[pʀo'gʀam]
performance	**Vorstellung** (f)	['fo:ɐˌʃtɛlʊŋ]

| act (circus ~) | **Nummer** (f) | ['nʊmɐ] |
| circus ring | **Manege** (f) | [ma'ne:ʒə] |

| pantomime (act) | **Pantomime** (f) | [ˌpanto'mi:mə] |
| clown | **Clown** (m) | [klaʊn] |

acrobat	**Akrobat** (m)	[akʀo'ba:t]
acrobatics	**Akrobatik** (f)	[akʀo'ba:tɪk]
gymnast	**Turner** (m)	['tʊʁnɐ]
acrobatic gymnastics	**Turnen** (n)	['tʊʁnən]
somersault	**Salto** (m)	['zalto]

athlete (strongman)	**Kraftmensch** (m)	['kʀaftˌmɛnʃ]
tamer (e.g., lion ~)	**Bändiger, Dompteur** (m)	['bɛndɪgɐ], [dɔmp'tø:ɐ]
rider (circus horse ~)	**Reiter** (m)	['ʀaɪtɐ]
assistant	**Assistent** (m)	[asɪs'tɛnt]

stunt	**Trick** (m)	[tʀɪk]
magic trick	**Zaubertrick** (m)	['tsaʊbɐˌtʀɪk]
conjurer, magician	**Zauberkünstler** (m)	['tsaʊbɐˌkʏnstlɐ]

juggler	**Jongleur** (m)	[ʒɔŋ'glø:ɐ]
to juggle (vi, vt)	**jonglieren** (vi)	[ʒɔŋ'gli:ʀən]
animal trainer	**Dresseur** (m)	[dʀɛ'sø:ɐ]
animal training	**Dressur** (f)	[dʀɛ'su:ɐ]
to train (animals)	**dressieren** (vt)	[dʀɛ'si:ʀən]

154. Music. Pop music

| music | **Musik** (f) | [mu'zi:k] |
| musician | **Musiker** (m) | ['mu:zikɐ] |

| musical instrument | **Musikinstrument** (n) | [muˈziːkʔɪnstʀuˌmɛnt] |
| to play ... | **spielen** (vt) | [ˈʃpiːlən] |

guitar	**Gitarre** (f)	[ˌgiˈʀafə]
violin	**Geige** (f)	[ˈgaɪgə]
cello	**Cello** (n)	[ˈtʃɛlo]
double bass	**Kontrabass** (m)	[ˈkɔntʀaˌbas]
harp	**Harfe** (f)	[ˈhaʁfə]

piano	**Klavier** (n)	[klaˈviːɐ]
grand piano	**Flügel** (m)	[ˈflyːgəl]
organ	**Orgel** (f)	[ˈɔʁgəl]

wind instruments	**Blasinstrumente** (pl)	[ˈblaːsʔɪnstʀuˌmɛntə]
oboe	**Oboe** (f)	[oˈboːe]
saxophone	**Saxophon** (n)	[ˌzaksoˈfoːn]
clarinet	**Klarinette** (f)	[klaʀiˈnɛtə]
flute	**Flöte** (f)	[ˈfløːtə]
trumpet	**Trompete** (f)	[tʀɔmˈpeːtə]

accordion	**Akkordeon** (n)	[aˈkɔʁdeˌɔn]
drum	**Trommel** (f)	[ˈtʀɔməl]
duo	**Duo** (n)	[ˈduːo]
trio	**Trio** (n)	[ˈtʀiːo]
quartet	**Quartett** (n)	[kvaʁˈtɛt]
choir	**Chor** (m)	[koːɐ]
orchestra	**Orchester** (n)	[ɔʁˈkɛstɐ]

pop music	**Popmusik** (f)	[ˈpɔpˑmuˌziːk]
rock music	**Rockmusik** (f)	[ˈʀɔkˑmuˌziːk]
rock group	**Rockgruppe** (f)	[ˈʀɔkˌgʀʊpə]
jazz	**Jazz** (m)	[dʒɛs]

| idol | **Idol** (n) | [iˈdoːl] |
| admirer, fan | **Verehrer** (m) | [fɛɐˈʔeːʀɐ] |

concert	**Konzert** (n)	[kɔnˈtsɛʁt]
symphony	**Sinfonie** (f)	[zɪnfoˈniː]
composition	**Komposition** (f)	[kɔmpoziˈtsjoːn]
to compose (write)	**komponieren** (vt)	[kɔmpoˈniːʀən]

singing (n)	**Gesang** (m)	[gəˈzaŋ]
song	**Lied** (n)	[liːt]
tune (melody)	**Melodie** (f)	[meloˈdiː]
rhythm	**Rhythmus** (m)	[ˈʀʏtmʊs]
blues	**Blues** (m)	[bluːs]

sheet music	**Noten** (pl)	[ˈnoːtən]
baton	**Taktstock** (m)	[ˈtaktˌʃtɔk]
bow	**Bogen** (m)	[ˈboːgən]
string	**Saite** (f)	[ˈzaɪtə]
case (e.g., guitar ~)	**Koffer** (m)	[ˈkɔfɐ]

Rest. Entertainment. Travel

155. Trip. Travel

tourism, travel	**Tourismus** (m)	[tuˈʀɪsmʊs]
tourist	**Tourist** (m)	[tuˈʀɪst]
trip, voyage	**Reise** (f)	[ˈʀaɪzə]
adventure	**Abenteuer** (n)	[ˈaːbəntɔɪɐ]
trip, journey	**Fahrt** (f)	[faːɐt]
vacation	**Urlaub** (m)	[ˈuːɐˌlaʊp]
to be on vacation	**auf Urlaub sein**	[aʊf ˈuːɐˌlaʊp zaɪn]
rest	**Erholung** (f)	[ɛɐˈhoːlʊŋ]
train	**Zug** (m)	[tsuːk]
by train	**mit dem Zug**	[mɪt dem tsuːk]
airplane	**Flugzeug** (n)	[ˈfluːkˌtsɔɪk]
by airplane	**mit dem Flugzeug**	[mɪt dem ˈfluːkˌtsɔɪk]
by car	**mit dem Auto**	[mɪt dem ˈaʊto]
by ship	**mit dem Schiff**	[mɪt dem ʃɪf]
luggage	**Gepäck** (n)	[ɡəˈpɛk]
suitcase	**Koffer** (m)	[ˈkɔfɐ]
luggage cart	**Gepäckwagen** (m)	[ɡəˈpɛkˌvaːɡən]
passport	**Pass** (m)	[pas]
visa	**Visum** (n)	[ˈviːzʊm]
ticket	**Fahrkarte** (f)	[ˈfaːɐˌkaʁtə]
air ticket	**Flugticket** (n)	[ˈfluːkˌtɪkət]
guidebook	**Reiseführer** (m)	[ˈʀaɪzəˌfyːʀɐ]
map (tourist ~)	**Landkarte** (f)	[ˈlantˌkaʁtə]
area (rural ~)	**Gegend** (f)	[ˈɡeːɡənt]
place, site	**Ort** (m)	[ɔʁt]
exotica (n)	**Exotika** (pl)	[ɛˈksoːtika]
exotic (adj)	**exotisch**	[ɛˈksoːtɪʃ]
amazing (adj)	**erstaunlich**	[ɛɐˈʃtaʊnlɪç]
group	**Gruppe** (f)	[ˈɡʀʊpə]
excursion, sightseeing tour	**Ausflug** (m)	[ˈaʊsˌfluːk]
guide (person)	**Reiseleiter** (m)	[ˈʀaɪzəˌlaɪtɐ]

156. Hotel

hotel	Hotel (n)	[ho'tɛl]
motel	Motel (n)	[mo'tɛl]
three-star (~ hotel)	drei Sterne	[dʀaɪ 'ʃtɛʁnə]
five-star	fünf Sterne	[fʏnf 'ʃtɛʁnə]
to stay (in a hotel, etc.)	absteigen (vi)	['apˌʃtaɪgən]
room	Hotelzimmer (n)	[ho'tɛlˌtsɪmɐ]
single room	Einzelzimmer (n)	['aɪntsəlˌtsɪmɐ]
double room	Zweibettzimmer (n)	['tsvaɪbɛtˌtsɪmɐ]
to book a room	reservieren (vt)	[ʀezɛʁ'viːʀən]
half board	Halbpension (f)	['halpˌpanˌzjoːn]
full board	Vollpension (f)	['fɔlˌpanˌzjoːn]
with bath	mit Bad	[mɪt 'baːt]
with shower	mit Dusche	[mɪt 'duːʃə]
satellite television	Satellitenfernsehen (n)	[zatɛ'liːtənˌfɛʁnzeːən]
air-conditioner	Klimaanlage (f)	['kliːmaˌʔanlaːgə]
towel	Handtuch (n)	['hantˌtuːx]
key	Schlüssel (m)	['ʃlʏsəl]
administrator	Verwalter (m)	[fɛɐ'valtɐ]
chambermaid	Zimmermädchen (n)	['tsɪmɐˌmɛːtçən]
porter, bellboy	Träger (m)	['tʀɛːgɐ]
doorman	Portier (m)	[pɔʁ'tɪeː]
restaurant	Restaurant (n)	[ʀɛsto'ʀaŋ]
pub, bar	Bar (f)	[baːɐ]
breakfast	Frühstück (n)	['fʀyːʃtʏk]
dinner	Abendessen (n)	['aːbəntˌʔɛsən]
buffet	Buffet (n)	[bʏ'feː]
lobby	Foyer (n)	[foa'jeː]
elevator	Aufzug (m), Fahrstuhl (m)	['aʊfˌtsuːk], ['faːɐˌʃtuːl]
DO NOT DISTURB	BITTE NICHT STÖREN!	['bɪtə nɪçt 'ʃtøːʀən]
NO SMOKING	RAUCHEN VERBOTEN!	['ʀaʊxən fɛɐ'boːtən]

157. Books. Reading

book	Buch (n)	[buːx]
author	Autor (m)	['aʊtoːɐ]
writer	Schriftsteller (m)	['ʃʀɪftˌʃtɛlɐ]
to write (~ a book)	verfassen (vt)	[fɛɐ'fasən]
reader	Leser (m)	['leːzɐ]
to read (vi, vt)	lesen (vi, vt)	['leːzən]

reading (activity)	**Lesen** (n)	['le:zən]
silently (to oneself)	**still**	[ʃtɪl]
aloud (adv)	**laut**	[laʊt]
to publish (vt)	**verlegen** (vt)	[fɛɐ'le:gən]
publishing (process)	**Ausgabe** (f)	['aʊsˌga:bə]
publisher	**Herausgeber** (m)	[hə'raʊsˌge:bɐ]
publishing house	**Verlag** (m)	[fɛɐ'la:k]
to come out (be released)	**erscheinen** (vi)	[ɛɐ'ʃaɪnən]
release (of a book)	**Erscheinen** (n)	[ɛɐ'ʃaɪnən]
print run	**Auflage** (f)	['aʊfˌla:gə]
bookstore	**Buchhandlung** (f)	['bu:xˌhandlʊŋ]
library	**Bibliothek** (f)	[biblio'te:k]
story (novella)	**Erzählung** (f)	[ɛɐ'tsɛ:lʊŋ]
short story	**Kurzgeschichte** (f)	['kʊɐtsˑgəˌʃɪçtə]
novel	**Roman** (m)	[ʀo'ma:n]
detective novel	**Krimi** (m)	['kʀɪmi]
memoirs	**Memoiren** (pl)	[me'moa:ʀən]
legend	**Legende** (f)	[le'gɛndə]
myth	**Mythos** (m)	['my:tɔs]
poetry, poems	**Gedichte** (pl)	[gə'dɪçtə]
autobiography	**Autobiographie** (f)	[aʊtobiogʀa'fi:]
selected works	**ausgewählte Werke** (pl)	['aʊsgəˌvɛ:ltə 'vɛʀkə]
science fiction	**Science-Fiction** (f)	[ˌsaɪəns'fɪkʃən]
title	**Titel** (m)	['ti:təl]
introduction	**Einleitung** (f)	['aɪnlaɪtʊŋ]
title page	**Titelseite** (f)	['ti:təlˌzaɪtə]
chapter	**Kapitel** (n)	[ka'pɪtəl]
extract	**Auszug** (m)	['aʊstsu:k]
episode	**Episode** (f)	[epi'zo:də]
plot (storyline)	**Sujet** (n)	[zy'ʒe:]
contents	**Inhalt** (m)	['ɪnˌhalt]
table of contents	**Inhaltsverzeichnis** (n)	['ɪnhaltsˑfɛɐˌtsaɪçnɪs]
main character	**Hauptperson** (f)	['haʊptˌpɛʀ'zo:n]
volume	**Band** (m)	[bant]
cover	**Buchdecke** (f)	['bu:xˌdɛkə]
binding	**Einband** (m)	['aɪnˌbant]
bookmark	**Lesezeichen** (n)	['le:zəˌtsaɪçən]
page	**Seite** (f)	['zaɪtə]
to page through	**blättern** (vi)	['blɛtən]
margins	**Ränder** (pl)	['ʀɛndɐ]
annotation (marginal note, etc.)	**Notiz** (f)	[no'ti:ts]

footnote	**Anmerkung** (f)	['anmɛʁkʊŋ]
text	**Text** (m)	[tɛkst]
type, font	**Schrift** (f)	[ʃʁɪft]
misprint, typo	**Druckfehler** (m)	['dʁʊkˌfeːlɐ]

translation	**Übersetzung** (f)	[ˌyːbɐ'zɛtsʊŋ]
to translate (vt)	**übersetzen** (vt)	[ˌyːbɐ'zɛtsən]
original (n)	**Original** (n)	[oʁigi'naːl]

famous (adj)	**berühmt**	[bə'ʁyːmt]
unknown (not famous)	**unbekannt**	['ʊnbəkant]
interesting (adj)	**interessant**	[ɪntəʁɛ'sant]
bestseller	**Bestseller** (m)	['bɛstˌzɛlɐ]

dictionary	**Wörterbuch** (n)	['vœʁtɐˌbuːx]
textbook	**Lehrbuch** (n)	['leːɐˌbuːx]
encyclopedia	**Enzyklopädie** (f)	[ˌɛntsyklopɛ'diː]

158. Hunting. Fishing

hunting	**Jagd** (f)	[jaːkt]
to hunt (vi, vt)	**jagen** (vi)	['jaɡən]
hunter	**Jäger** (m)	['jɛːɡɐ]

to shoot (vi)	**schießen** (vi)	['ʃiːsən]
rifle	**Gewehr** (n)	[ɡə'veːɐ]
bullet (shell)	**Patrone** (f)	[pa'tʁoːnə]
shot (lead balls)	**Schrot** (n)	[ʃʁoːt]

steel trap	**Falle** (f)	['falə]
snare (for birds, etc.)	**Schlinge** (f)	['ʃlɪŋə]
to fall into the steel trap	**in die Falle gehen**	[ɪn di 'falə 'ɡeːən]
to lay a steel trap	**eine Falle stellen**	['aɪnə 'falə 'ʃtɛlən]

poacher	**Wilddieb** (m)	['vɪltˌdiːp]
game (in hunting)	**Wild** (n)	[vɪlt]
hound dog	**Jagdhund** (m)	['jaːktˌhʊnt]
safari	**Safari** (f)	[za'faːʁi]
mounted animal	**ausgestopftes Tier** (n)	['aʊsɡəˌʃtɔpftəs 'tiːɐ]

fisherman, angler	**Fischer** (m)	['fɪʃɐ]
fishing (angling)	**Fischen** (n)	['fɪʃən]
to fish (vi)	**angeln, fischen** (vt)	['aŋəln], ['fɪʃən]

fishing rod	**Angel** (f)	['aŋl]
fishing line	**Angelschnur** (f)	['aŋlˌʃnuːɐ]
hook	**Haken** (m)	['haːkən]
float, bobber	**Schwimmer** (m)	['ʃvɪmɐ]
bait	**Köder** (m)	['køːdɐ]
to cast a line	**die Angel auswerfen**	[di 'aŋl 'aʊsˌvɛʁfən]

to bite (ab. fish)	**anbeißen** (vi)	['anbaɪsən]
catch (of fish)	**Fang** (m)	[faŋ]
ice-hole	**Eisloch** (n)	['aɪsˌlɔx]
fishing net	**Netz** (n)	[nɛts]
boat	**Boot** (n)	['boːt]
to net (to fish with a net)	**mit dem Netz fangen**	[mɪt dem 'nɛts 'faŋən]
to cast[throw] the net	**das Netz hineinwerfen**	[das nɛts hɪ'naɪnˌvɛʁfən]
to haul the net in	**das Netz einholen**	[das nɛts 'aɪnˌhoːlən]
to fall into the net	**ins Netz gehen**	[ɪns nɛts 'geːən]
whaler (person)	**Walfänger** (m)	['vaːlˌfɛŋɐ]
whaleboat	**Walfangschiff** (n)	['vaːlfaŋˌʃɪf]
harpoon	**Harpune** (f)	[haʁ'puːnə]

159. Games. Billiards

billiards	**Billard** (n)	['bɪljaʁt]
billiard room, hall	**Billardzimmer** (n)	['bɪljaʁtˌtsɪmɐ]
ball (snooker, etc.)	**Billardkugel** (f)	['bɪljaʁtˌkuːgəl]
to pocket a ball	**eine Kugel einlochen**	['aɪnə 'kuːgəl 'aɪnlɔxən]
cue	**Queue** (n)	[kø:]
pocket	**Tasche** (f), **Loch** (n)	['taʃə], [lɔx]

160. Games. Playing cards

diamonds	**Karo** (n)	['kaːʁo]
spades	**Pik** (n)	[piːk]
hearts	**Herz** (n)	[hɛʁts]
clubs	**Kreuz** (n)	[krɔɪts]
ace	**As** (n)	[as]
king	**König** (m)	['køːnɪç]
queen	**Dame** (f)	['daːmə]
jack, knave	**Bube** (m)	['buːbə]
playing card	**Spielkarte** (f)	['ʃpiːlˌkaʁtə]
cards	**Karten** (pl)	['kaʁtən]
trump	**Trumpf** (m)	[trʊmpf]
deck of cards	**Kartenspiel** (n)	['kaʁtənʃpiːl]
point	**Punkt** (m)	[pʊŋkt]
to deal (vi, vt)	**ausgeben** (vt)	['aʊsˌgeːbən]
to shuffle (cards)	**mischen** (vt)	['mɪʃən]
lead, turn (n)	**Zug** (m)	[tsuːk]
cardsharp	**Falschspieler** (m)	['falʃʃpiːlɐ]

161. Casino. Roulette

English	German	IPA
casino	**Kasino** (n)	[ka'ziːno]
roulette (game)	**Roulette** (n)	[ʀu'lɛt]
bet	**Einsatz** (m)	['aɪnˌzats]
to place bets	**setzen** (vt)	['zɛtsən]
red	**Rot** (n)	[ʀoːt]
black	**Schwarz** (n)	['ʃvaʁts]
to bet on red	**auf Rot setzen**	[aʊf ʀoːt 'zɛtsən]
to bet on black	**auf Schwarz setzen**	[aʊf ʃvaʁts 'zɛtsən]
croupier (dealer)	**Croupier** (m)	[kʀu'pɪeː]
to spin the wheel	**das Rad drehen**	[das ʀaːt 'dʀeːən]
rules (of game)	**Spielregeln** (pl)	['ʃpiːlˌʀeːgəln]
chip	**Spielmarke** (f)	['ʃpiːlˌmaʁkə]
to win (vi, vt)	**gewinnen** (vt)	[gə'vɪnən]
win (winnings)	**Gewinn** (m)	[gə'vɪn]
to lose (~ 100 dollars)	**verlieren** (vt)	[fɛɐ'liːʀən]
loss (losses)	**Verlust** (m)	[fɛɐ'lʊst]
player	**Spieler** (m)	['ʃpiːlɐ]
blackjack (card game)	**Blackjack** (n)	['blɛkˌdʒɛk]
craps (dice game)	**Würfelspiel** (n)	['vYʁfəlˌʃpiːl]
dice (a pair of ~)	**Würfeln** (pl)	['vYʁfəln]
slot machine	**Spielautomat** (m)	['ʃpiːlʔaʊtoˌmaːt]

162. Rest. Games. Miscellaneous

English	German	IPA
to stroll (vi, vt)	**spazieren gehen** (vi)	[ʃpa'tsiːʀən 'geːən]
stroll (leisurely walk)	**Spaziergang** (m)	[ʃpa'tsiːɐˌgaŋ]
car ride	**Fahrt** (f)	[faːɐt]
adventure	**Abenteuer** (n)	['aːbəntɔɪɐ]
picnic	**Picknick** (n)	['pɪkˌnɪk]
game (chess, etc.)	**Spiel** (n)	[ʃpiːl]
player	**Spieler** (m)	['ʃpiːlɐ]
game (one ~ of chess)	**Partie** (f)	[paʁ'tiː]
collector (e.g., philatelist)	**Sammler** (m)	['zamlɐ]
to collect (stamps, etc.)	**sammeln** (vt)	['zaməln]
collection	**Sammlung** (f)	['zamlʊŋ]
crossword puzzle	**Kreuzworträtsel** (n)	['kʀɔɪtsvɔʁtˌʀɛːtsəl]
racetrack (horse racing venue)	**Rennbahn** (f)	['ʀɛnˌbaːn]
disco (discotheque)	**Diskothek** (f)	[dɪsko'teːk]

| sauna | **Sauna** (f) | ['zaʊna] |
| lottery | **Lotterie** (f) | [lɔtə'ʀiː] |

camping trip	**Wanderung** (f)	['vandəʀʊŋ]
camp	**Lager** (n)	['laːgɐ]
tent (for camping)	**Zelt** (n)	[tsɛlt]
compass	**Kompass** (m)	['kɔmpas]
camper	**Tourist** (m)	[tu'ʀɪst]

to watch (movie, etc.)	**fernsehen** (vi)	['fɛʀn̩ˌzeːən]
viewer	**Fernsehzuschauer** (m)	['fɛʀnzeːˌtsuːʃaʊɐ]
TV show (TV program)	**Fernsehsendung** (f)	['fɛʀnzeːˌzɛndʊŋ]

163. Photography

| camera (photo) | **Kamera** (f) | ['kaməʀa] |
| photo, picture | **Foto** (n) | ['foːto] |

photographer	**Fotograf** (m)	[foto'gʀaːf]
photo studio	**Fotostudio** (n)	['fotoˌʃtuːdɪo]
photo album	**Fotoalbum** (n)	['fotoˌʔalbʊm]

camera lens	**Objektiv** (n)	[ɔpjɛk'tiːf]
telephoto lens	**Teleobjektiv** (n)	['teleʔɔpjɛkˌtiːf]
filter	**Filter** (n)	['fɪltɐ]
lens	**Linse** (f)	['lɪnzə]

optics (high-quality ~)	**Optik** (f)	['ɔptɪk]
diaphragm (aperture)	**Blende** (f)	['blɛndə]
exposure time (shutter speed)	**Belichtungszeit** (f)	[bə'lɪçtʊŋsˌtsaɪt]
viewfinder	**Sucher** (m)	['zuːχɐ]

digital camera	**Digitalkamera** (f)	[digi'taːlˌkaməʀa]
tripod	**Stativ** (n)	[ʃta'tiːf]
flash	**Blitzgerät** (n)	['blɪts·gəˌʀɛːt]

to photograph (vt)	**fotografieren** (vt)	[fotogʀa'fiːʀən]
to take pictures	**aufnehmen** (vt)	['aʊfˌneːmən]
to have one's picture taken	**sich fotografieren lassen**	[zɪç fotogʀa'fiːʀən 'lasən]

focus	**Fokus** (m)	['foːkʊs]
to focus	**den Fokus einstellen**	[den 'foːkʊs 'aɪnˌʃtɛlən]
sharp, in focus (adj)	**scharf**	[ʃaʁf]
sharpness	**Schärfe** (f)	['ʃɛʁfə]

contrast	**Kontrast** (m)	[kɔn'tʀast]
contrast (as adj)	**kontrastreich**	[kɔn'tʀastˌʀaɪç]
picture (photo)	**Aufnahme** (f)	['aʊfˌnaːmə]
negative (n)	**Negativ** (n)	['neːgatiːf]

film (a roll of ~)	**Film** (m)	[fɪlm]
frame (still)	**Einzelbild** (n)	['aintsəl·bilt]
to print (photos)	**drucken** (vt)	['dʀʊkən]

164. Beach. Swimming

beach	**Strand** (m)	[ʃtʀant]
sand	**Sand** (m)	[zant]
deserted (beach)	**menschenleer**	['mɛnʃənˌleːɐ]
suntan	**Bräune** (f)	['bʀɔɪnə]
to get a tan	**sich bräunen**	[zɪç 'bʀɔɪnən]
tan (adj)	**gebräunt**	[gə'bʀɔɪnt]
sunscreen	**Sonnencreme** (f)	['zɔnənˌkʀɛːm]
bikini	**Bikini** (m)	[bi'kiːni]
bathing suit	**Badeanzug** (m)	['baːdəˌʔantsuːk]
swim trunks	**Badehose** (f)	['baːdəˌhoːzə]
swimming pool	**Schwimmbad** (n)	['ʃvɪmbaːt]
to swim (vi)	**schwimmen** (vi)	['ʃvɪmən]
shower	**Dusche** (f)	['duːʃə]
to change (one's clothes)	**sich umkleiden**	[zɪç 'ʊmklaɪdən]
towel	**Handtuch** (n)	['hantˌtuːx]
boat	**Boot** (n)	['boːt]
motorboat	**Motorboot** (n)	['moːtoːɐˌboːt]
water ski	**Wasserski** (m)	['vasɐˌʃiː]
paddle boat	**Tretboot** (n)	['tʀɛːtˌboːt]
surfing	**Surfen** (n)	['sœːɐfən]
surfer	**Surfer** (m)	['sœʀfɐ]
scuba set	**Tauchgerät** (n)	['taʊx·gə'ʀɛːt]
flippers (swim fins)	**Schwimmflossen** (pl)	['ʃvɪmˌflɔsən]
mask (diving ~)	**Maske** (f)	['maskə]
diver	**Taucher** (m)	['taʊxɐ]
to dive (vi)	**tauchen** (vi)	['taʊxən]
underwater (adv)	**unter Wasser**	['ʊntɐ 'vasɐ]
beach umbrella	**Sonnenschirm** (m)	['zɔnənʃɪʀm]
sunbed (lounger)	**Liege** (f)	['liːgə]
sunglasses	**Sonnenbrille** (f)	['zɔnənˌbʀɪlə]
air mattress	**Schwimmmatratze** (f)	['ʃvɪm·ma'tʀatsə]
to play (amuse oneself)	**spielen** (vi, vt)	['ʃpiːlən]
to go for a swim	**schwimmen gehen**	['ʃvɪmən 'geːən]
beach ball	**Ball** (m)	[bal]
to inflate (vt)	**aufblasen** (vt)	['aʊfˌblaːzən]

inflatable, air (adj)	**aufblasbar**	['aʊfˌblasbaːɐ]
wave	**Welle** (f)	['vɛlə]
buoy (line of ~s)	**Boje** (f)	['boːjə]
to drown (ab. person)	**ertrinken** (vi)	[ɛɐ'tʀɪŋkən]
to save, to rescue	**retten** (vt)	['ʀɛtən]
life vest	**Schwimmweste** (f)	['ʃvɪmˌvɛstə]
to observe, to watch	**beobachten** (vt)	[bə'ʔoːbaχtən]
lifeguard	**Bademeister** (m)	['baːdəˌmaɪstə]

TECHNICAL EQUIPMENT. TRANSPORTATION

Technical equipment

165. Computer

computer	Computer (m)	[kɔm'pju:tɐ]
notebook, laptop	Laptop (m), Notebook (n)	['lɛptɔp], ['nɔutbʊk]
to turn on	einschalten (vt)	['aɪnˌʃaltən]
to turn off	abstellen (vt)	['apʃtɛlən]
keyboard	Tastatur (f)	[tasta'tu:ɐ]
key	Taste (f)	['tastə]
mouse	Maus (f)	[maʊs]
mouse pad	Mousepad (n)	['maʊspɛt]
button	Knopf (m)	[knɔpf]
cursor	Cursor (m)	['kø:ɐzɐ]
monitor	Monitor (m)	['mo:nito:ɐ]
screen	Schirm (m)	[ʃɪʁm]
hard disk	Festplatte (f)	['fɛstplatə]
hard disk capacity	Festplattengröße (f)	['fɛstplatənˌɡʁø:sə]
memory	Speicher (m)	['ʃpaɪçɐ]
random access memory	Arbeitsspeicher (m)	['aʁbaɪtsˌʃpaɪçɐ]
file	Datei (f)	[da'taɪ]
folder	Ordner (m)	['ɔʁdnɐ]
to open (vt)	öffnen (vt)	['œfnən]
to close (vt)	schließen (vt)	['ʃli:sən]
to save (vt)	speichern (vt)	['ʃpaɪçɐn]
to delete (vt)	löschen (vt)	['lœʃən]
to copy (vt)	kopieren (vt)	[ko'pi:ʁən]
to sort (vt)	sortieren (vt)	[zɔʁ'ti:ʁən]
to transfer (copy)	transferieren (vt)	[tʁansfə'ʁi:ʁən]
program	Programm (n)	[pʁo'ɡʁam]
software	Software (f)	['sɔftwɛ:ɐ]
programmer	Programmierer (m)	[pʁoɡʁa'mi:ʁɐ]
to program (vt)	programmieren (vt)	[pʁoɡʁa'mi:ʁən]
hacker	Hacker (m)	['hɛkɐ]
password	Kennwort (n)	['kɛnˌvɔʁt]

virus	**Virus** (m, n)	[ˈviːʀʊs]
to find, to detect	**entdecken** (vt)	[ɛntˈdɛkən]
byte	**Byte** (n)	[baɪt]
megabyte	**Megabyte** (n)	[ˈmeːgaˌbaɪt]
data	**Daten** (pl)	[ˈdaːtən]
database	**Datenbank** (f)	[ˈdaːtənˌbaŋk]
cable (USB, etc.)	**Kabel** (n)	[ˈkaːbəl]
to disconnect (vt)	**trennen** (vt)	[ˈtʀɛnən]
to connect (sth to sth)	**anschließen** (vt)	[ˈanʃliːsən]

166. Internet. E-mail

Internet	**Internet** (n)	[ˈɪntɛnɛt]
browser	**Browser** (m)	[ˈbʀaʊzɐ]
search engine	**Suchmaschine** (f)	[ˈzuːχ·maˌʃiːnə]
provider	**Provider** (m)	[ˌpʀoˈvaɪdɐ]
webmaster	**Webmaster** (m)	[ˈvɛpˌmaːstɐ]
website	**Website** (f)	[ˈvɛpˌsaɪt]
webpage	**Webseite** (f)	[ˈvɛpˌzaɪtə]
address (e-mail ~)	**Adresse** (f)	[aˈdʀɛsə]
address book	**Adressbuch** (n)	[aˈdʀɛsˌbuːχ]
mailbox	**Mailbox** (f)	[ˈmɛjlˌbɔks]
mail	**Post** (f)	[pɔst]
full (adj)	**überfüllt**	[yːbɐˈfʏlt]
message	**Mitteilung** (f)	[ˈmɪtˌtaɪlʊŋ]
incoming messages	**eingehenden Nachrichten**	[ˈaɪnˌgeːəndən ˈnaːχʀɪçtən]
outgoing messages	**ausgehenden Nachrichten**	[ˈaʊsˌgeːəndən ˈnaːχʀɪçtən]
sender	**Absender** (m)	[ˈapˌzɛndɐ]
to send (vt)	**senden** (vt)	[ˈzɛndən]
sending (of mail)	**Absendung** (f)	[ˈapˌzɛndʊŋ]
receiver	**Empfänger** (m)	[ɛmˈpfɛŋɐ]
to receive (vt)	**empfangen** (vt)	[ɛmˈpfaŋən]
correspondence	**Briefwechsel** (m)	[ˈbʀiːfˌvɛksəl]
to correspond (vi)	**im Briefwechsel stehen**	[ɪm ˈbʀiːfˌvɛksəl ˈʃteːən]
file	**Datei** (f)	[daˈtaɪ]
to download (vt)	**herunterladen** (vt)	[hɛˈʀʊntɐˌlaːdən]
to create (vt)	**schaffen** (vt)	[ˈʃafən]

to delete (vt)	löschen (vt)	['lœʃən]
deleted (adj)	gelöscht	[gə'lœʃt]
connection (ADSL, etc.)	Verbindung (f)	[fɛɐ'bɪndʊŋ]
speed	Geschwindigkeit (f)	[gə'ʃvɪndɪç·kaɪt]
modem	Modem (m, n)	['moːdɛm]
access	Zugang (m)	['tsuːgaŋ]
port (e.g., input ~)	Port (m)	[pɔʁt]
connection (make a ~)	Anschluss (m)	['anʃlʊs]
to connect to ... (vi)	sich anschließen	[zɪç 'anˌʃliːsən]
to select (vt)	auswählen (vt)	['aʊsˌvɛːlən]
to search (for ...)	suchen (vt)	['zuːχən]

167. Electricity

electricity	Elektrizität (f)	[elɛktʁitsi'tɛːt]
electric, electrical (adj)	elektrisch	[e'lɛktʁɪʃ]
electric power plant	Elektrizitätswerk (n)	[elɛktʁitsi'tɛːtsˌvɛʁk]
energy	Energie (f)	[enɛʁ'giː]
electric power	Strom (m)	[ʃtroːm]
light bulb	Glühbirne (f)	['glyːˌbɪʁnə]
flashlight	Taschenlampe (f)	['taʃənˌlampə]
street light	Straßenlaterne (f)	['ʃtʁaːsən·laˌtɛʁnə]
light	Licht (n)	[lɪçt]
to turn on	einschalten (vt)	['aɪnˌʃaltən]
to turn off	ausschalten (vt)	['aʊsˌʃaltən]
to turn off the light	das Licht ausschalten	[das lɪçt 'aʊsˌʃaltən]
to burn out (vi)	durchbrennen (vi)	['dʊʁçˌbʁɛnən]
short circuit	Kurzschluss (m)	['kʊʁtsˌʃlʊs]
broken wire	Riß (m)	[ʁɪs]
contact (electrical ~)	Kontakt (m)	[kɔn'takt]
light switch	Schalter (m)	['ʃaltɐ]
wall socket	Steckdose (f)	['ʃtɛkˌdoːzə]
plug	Stecker (m)	['ʃtɛkɐ]
extension cord	Verlängerung (f)	[fɛɐ'lɛŋəʁʊŋ]
fuse	Sicherung (f)	['zɪçəʁʊŋ]
cable, wire	Draht (m)	[dʁaːt]
wiring	Verdrahtung (f)	[fɛɐ'dʁaːtʊŋ]
ampere	Ampere (n)	[am'peːɐ]
amperage	Stromstärke (f)	['ʃtroːmˌʃtɛʁkə]
volt	Volt (n)	[vɔlt]
voltage	Voltspannung (f)	['vɔltˌʃpanʊŋ]

| electrical device | **Elektrogerät** (n) | [e'lɛktʀo·gəˌʀɛːt] |
| indicator | **Indikator** (m) | [ɪndi'kaːtoːɐ] |

electrician	**Elektriker** (m)	[ˌe'lɛktʀikɐ]
to solder (vt)	**löten** (vt)	['løːtən]
soldering iron	**Lötkolben** (m)	['løːtˌkɔlbən]
electric current	**Strom** (m)	[ʃtʀoːm]

168. Tools

tool, instrument	**Werkzeug** (n)	['vɛʁkˌtsɔɪk]
tools	**Werkzeuge** (pl)	['vɛʁkˌtsɔɪɡə]
equipment (factory ~)	**Ausrüstung** (f)	['aʊsˌʀʏstʊŋ]

hammer	**Hammer** (m)	['hamɐ]
screwdriver	**Schraubenzieher** (m)	['ʃʀaʊbəntsiːɐ]
ax	**Axt** (f)	[akst]

saw	**Säge** (f)	['zɛːɡə]
to saw (vt)	**sägen** (vt)	['zɛːɡən]
plane (tool)	**Hobel** (m)	['hoːbl̩]
to plane (vt)	**hobeln** (vt)	['hoːbəln]
soldering iron	**Lötkolben** (m)	['løːtˌkɔlbən]
to solder (vt)	**löten** (vt)	['løːtən]

file (tool)	**Feile** (f)	['faɪlə]
carpenter pincers	**Kneifzange** (f)	['knaɪfˌtsaŋə]
lineman's pliers	**Flachzange** (f)	['flaxˌtsaŋə]
chisel	**Stemmeisen** (n)	['ʃtɛmˌʔaɪzən]

drill bit	**Bohrer** (m)	['boːʀɐ]
electric drill	**Bohrmaschine** (f)	['boːɐ·maʃiːnə]
to drill (vi, vt)	**bohren** (vt)	['boːʀən]

| knife | **Messer** (n) | ['mɛsɐ] |
| blade | **Klinge** (f) | ['klɪŋə] |

sharp (blade, etc.)	**scharf**	[ʃaʁf]
dull, blunt (adj)	**stumpf**	[ʃtʊmpf]
to get blunt (dull)	**stumpf werden** (vi)	[ʃtʊmpf 'veːɐdən]
to sharpen (vt)	**schärfen** (vt)	['ʃɛʁfən]

bolt	**Bolzen** (m)	['bɔltsən]
nut	**Mutter** (f)	['mʊtɐ]
thread (of a screw)	**Gewinde** (n)	[ɡə'vɪndə]
wood screw	**Holzschraube** (f)	['hɔltsʃʀaʊbə]

nail	**Nagel** (m)	['naːɡəl]
nailhead	**Nagelkopf** (m)	['naːɡəlˌkɔpf]
ruler (for measuring)	**Lineal** (n)	[line'aːl]

English	German	Pronunciation
tape measure	**Metermaß** (n)	['meːtɐˌmaːs]
spirit level	**Wasserwaage** (f)	['vasɐˌvaːgə]
magnifying glass	**Lupe** (f)	['luːpə]
measuring instrument	**Messinstrument** (n)	['mɛsʔɪnstʀuˌmɛnt]
to measure (vt)	**messen** (vt)	['mɛsən]
scale (of thermometer, etc.)	**Skala** (f)	['skaːla]
readings	**Ablesung** (f)	['apleːzʊŋ]
compressor	**Kompressor** (m)	[kɔm'pʀɛsoːɐ]
microscope	**Mikroskop** (n)	[mikʀo'skoːp]
pump (e.g., water ~)	**Pumpe** (f)	['pʊmpə]
robot	**Roboter** (m)	['ʀɔbɔtɐ]
laser	**Laser** (m)	['leːzɐ]
wrench	**Schraubenschlüssel** (m)	['ʃʀaʊbənˌʃlʏsəl]
adhesive tape	**Klebeband** (n)	['kleːbəˌbant]
glue	**Klebstoff** (m)	['kleːpˌʃtɔf]
sandpaper	**Sandpapier** (n)	['zantˑpaˌpiːɐ]
spring	**Sprungfeder** (f)	['ʃpʀʊŋˌfeːdɐ]
magnet	**Magnet** (m)	[ma'gneːt]
gloves	**Handschuhe** (pl)	['hantˌʃuːə]
rope	**Leine** (f)	['laɪnə]
cord	**Schnur** (f)	[ʃnuːɐ]
wire (e.g., telephone ~)	**Draht** (m)	[dʀaːt]
cable	**Kabel** (n)	['kaːbəl]
sledgehammer	**schwerer Hammer** (m)	['ʃveːʀɐ 'hamɐ]
prybar	**Brecheisen** (n)	['bʀɛçˌʔaɪzən]
ladder	**Leiter** (f)	['laɪtɐ]
stepladder	**Trittleiter** (f)	['tʀɪtˌlaɪtɐ]
to screw (tighten)	**zudrehen** (vt)	[tsuː'dʀeːən]
to unscrew (lid, filter, etc.)	**abdrehen** (vt)	['apˌdʀeːən]
to tighten (e.g., with a clamp)	**zusammendrücken** (vt)	[tsu'zamənˌdʀʏkən]
to glue, to stick	**ankleben** (vt)	['anˌkleːbən]
to cut (vt)	**schneiden** (vt)	['ʃnaɪdən]
malfunction (fault)	**Störung** (f)	['ʃtøːʀʊŋ]
repair (mending)	**Reparatur** (f)	[ʀepaʀa'tuːɐ]
to repair, to fix (vt)	**reparieren** (vt)	[ʀepa'ʀiːʀən]
to adjust (machine, etc.)	**einstellen** (vt)	['aɪnˌʃtɛlən]
to check (to examine)	**prüfen** (vt)	['pʀyːfən]
checking	**Prüfung** (f)	['pʀyːfʊŋ]
readings	**Ablesung** (f)	['apleːzʊŋ]
reliable, solid (machine)	**sicher**	['zɪçɐ]

complex (adj)	**kompliziert**	[kɔmpli'tsiːɐt]
to rust (get rusted)	**verrosten** (vi)	[fɛɐ'rɔstən]
rusty, rusted (adj)	**rostig**	['rɔstɪç]
rust	**Rost** (m)	[rɔst]

Transportation

169. Airplane

airplane	Flugzeug (n)	['flu:k̲tsɔɪk]
air ticket	Flugticket (n)	['flu:k̲tɪkət]
airline	Fluggesellschaft (f)	['flu:kgə̲zɛlʃaft]
airport	Flughafen (m)	['flu:k̲ha:fən]
supersonic (adj)	Überschall-	['y:bɐ̲ʃal]
captain	Flugkapitän (m)	['flu:k·kapi̲tɛ:n]
crew	Besatzung (f)	[bə'zatsʊŋ]
pilot	Pilot (m)	[pi'lo:t]
flight attendant (fem.)	Flugbegleiterin (f)	['flu:k·bə̲glaɪtəʀɪn]
navigator	Steuermann (m)	['ʃtɔɪɐ̲man]
wings	Flügel (pl)	['fly:gəl]
tail	Schwanz (m)	[ʃvants]
cockpit	Kabine (f)	[ka'bi:nə]
engine	Motor (m)	['mo:to:ɐ]
undercarriage (landing gear)	Fahrgestell (n)	['fa:ɐ·gəʃtɛl]
turbine	Turbine (f)	[tʊʀ'bi:nə]
propeller	Propeller (m)	[pʀo'pɛlɐ]
black box	Flugschreiber (m)	['flu:kʃʀaɪbɐ]
yoke (control column)	Steuerrad (n)	['ʃtɔɪɐ̲ʀa:t]
fuel	Treibstoff (m)	['tʀaɪpʃtɔf]
safety card	Sicherheitskarte (f)	['zɪçehaɪts̲kaʀtə]
oxygen mask	Sauerstoffmaske (f)	['zaʊɐʃtɔf̲maskə]
uniform	Uniform (f)	['ʊni̲fɔʀm]
life vest	Rettungsweste (f)	['ʀɛtʊŋs̲vɛstə]
parachute	Fallschirm (m)	['falʃɪʀm]
takeoff	Abflug, Start (m)	['ap̲flu:k], [ʃtaʀt]
to take off (vi)	starten (vi)	['ʃtaʀtən]
runway	Startbahn (f)	['ʃtaʀtba:n]
visibility	Sicht (f)	[zɪçt]
flight (act of flying)	Flug (m)	[flu:k]
altitude	Höhe (f)	['hø:ə]
air pocket	Luftloch (n)	['lʊft̲lɔx]
seat	Platz (m)	[plats]
headphones	Kopfhörer (m)	['kɔpf̲hø:ʀɐ]

folding tray (tray table)	**Klapptisch** (m)	['klap‚tɪʃ]
airplane window	**Bullauge** (n)	['bʊlˌʔaʊgə]
aisle	**Durchgang** (m)	['dʊʁçˌgaŋ]

170. Train

train	**Zug** (m)	[tsuːk]
commuter train	**elektrischer Zug** (m)	[e'lɛktʀɪʃe tsuːk]
express train	**Schnellzug** (m)	['ʃnɛlˌtsuːk]
diesel locomotive	**Diesellok** (f)	['diːzəlˌlɔk]
steam locomotive	**Dampflok** (f)	['dampfˌlɔk]
passenger car	**Personenwagen** (m)	[pɛʁ'zoːnənˌvaːgən]
dining car	**Speisewagen** (m)	['ʃpaɪzəˌvaːgən]
rails	**Schienen** (pl)	['ʃiːnən]
railroad	**Eisenbahn** (f)	['aɪzən·baːn]
railway tie	**Bahnschwelle** (f)	['baːnˌʃvɛlə]
platform (railway ~)	**Bahnsteig** (m)	['baːnˌʃtaɪk]
track (~ 1, 2, etc.)	**Gleis** (n)	['glaɪs]
semaphore	**Eisenbahnsignal** (n)	['aɪzənbaːn·zɪ'gnaːl]
station	**Station** (f)	[ʃta'tsjoːn]
engineer (train driver)	**Lokführer** (m)	['lɔkˌfyːʀɐ]
porter (of luggage)	**Träger** (m)	['tʀɛːgɐ]
car attendant	**Schaffner** (m)	['ʃafnɐ]
passenger	**Fahrgast** (m)	['faːɐ̯ˌgast]
conductor (ticket inspector)	**Kontrolleur** (m)	[kɔntʀɔ'løːɐ]
corridor (in train)	**Flur** (m)	[fluːɐ]
emergency brake	**Notbremse** (f)	['noːtˌbʀɛmzə]
compartment	**Abteil** (n)	[ap'taɪl]
berth	**Liegeplatz** (m), **Schlafkoje** (f)	['liːgəˌplats], ['ʃlaːfˌkoːjə]
upper berth	**oberer Liegeplatz** (m)	['oːbəʀɐ 'liːgəˌplats]
lower berth	**unterer Liegeplatz** (m)	['ʊntəʀɐ 'liːgəˌplats]
bed linen, bedding	**Bettwäsche** (f)	['bɛtˌvɛʃə]
ticket	**Fahrkarte** (f)	['faːɐ̯ˌkaʁtə]
schedule	**Fahrplan** (m)	['faːɐ̯ˌplaːn]
information display	**Anzeigetafel** (f)	['antsaɪgəˌtaːfəl]
to leave, to depart	**abfahren** (vi)	['apˌfaːʀən]
departure (of train)	**Abfahrt** (f)	['apˌfaːɐ̯t]
to arrive (ab. train)	**ankommen** (vi)	['anˌkɔmən]
arrival	**Ankunft** (f)	['ankʊnft]
to arrive by train	**mit dem Zug kommen**	[mɪt dem tsuːk 'kɔmən]

| to get on the train | in den Zug einsteigen | [ɪn den tsuːk 'aɪnʃtaɪgən] |
| to get off the train | aus dem Zug aussteigen | ['aʊs dem tsuːk 'aʊsˌʃtaɪgən] |

| train wreck | Zugunglück (n) | ['tsuːkʔʊnˌglʏk] |
| to derail (vi) | entgleisen (vi) | [ɛnt'glaɪzən] |

steam locomotive	Dampflok (f)	['dampfˌlɔk]
stoker, fireman	Heizer (m)	['haɪtsɐ]
firebox	Feuerbuchse (f)	['fɔɪɐˌbʊksə]
coal	Kohle (f)	['koːlə]

171. Ship

| ship | Schiff (n) | [ʃɪf] |
| vessel | Fahrzeug (n) | ['faːɐˌtsɔɪk] |

steamship	Dampfer (m)	['dampfɐ]
riverboat	Motorschiff (n)	['moːtoːɐˌʃɪf]
cruise ship	Kreuzfahrtschiff (n)	['krɔɪtsfaːɐtˌʃɪf]
cruiser	Kreuzer (m)	['krɔɪtsɐ]

yacht	Jacht (f)	[jaχt]
tugboat	Schlepper (m)	['ʃlɛpɐ]
barge	Lastkahn (m)	[lastˌkaːn]
ferry	Fähre (f)	['fɛːʀə]

| sailing ship | Segelschiff (n) | ['zeːgəlˌʃɪf] |
| brigantine | Brigantine (f) | [bʀigan'tiːnə] |

| ice breaker | Eisbrecher (m) | ['aɪsˌbʀɛçɐ] |
| submarine | U-Boot (n) | ['uːboːt] |

boat (flat-bottomed ~)	Boot (n)	['boːt]
dinghy	Dingi (n)	['dɪŋgi]
lifeboat	Rettungsboot (n)	['ʀɛtʊŋsˌboːt]
motorboat	Motorboot (n)	['moːtoːɐˌboːt]

captain	Kapitän (m)	[kapi'tɛn]
seaman	Matrose (m)	[ma'tʀoːzə]
sailor	Seemann (m)	['zeːman]
crew	Besatzung (f)	[bə'zatsʊŋ]

boatswain	Bootsmann (m)	['boːtsman]
ship's boy	Schiffsjunge (m)	['ʃɪfsˌjʊŋə]
cook	Schiffskoch (m)	['ʃɪfsˌkɔχ]
ship's doctor	Schiffsarzt (m)	['ʃɪfsˌʔaʁtst]

| deck | Deck (n) | [dɛk] |
| mast | Mast (m) | [mast] |

English	German	Pronunciation
sail	Segel (n)	[ze:gəl]
hold	Schiffsraum (m)	['ʃɪfsˌʀaʊm]
bow (prow)	Bug (m)	[bu:k]
stern	Heck (n)	[hɛk]
oar	Ruder (n)	['ʀu:dɐ]
screw propeller	Schraube (f)	['ʃʀaʊbə]
cabin	Kajüte (f)	[ka'jy:tə]
wardroom	Messe (f)	['mɛsə]
engine room	Maschinenraum (m)	[ma'ʃi:nənˌʀaʊm]
bridge	Brücke (f)	['bʀʏkə]
radio room	Funkraum (m)	['fʊŋkˌʀaʊm]
wave (radio)	Radiowelle (f)	['ʀa:dɪoˌvɛlə]
logbook	Schiffstagebuch (n)	['ʃɪfs·ˌta:gəbu:χ]
spyglass	Fernrohr (n)	['fɛʁnˌʀo:ɐ]
bell	Glocke (f)	['glɔkə]
flag	Fahne (f)	['fa:nə]
hawser (mooring ~)	Seil (n)	[zaɪl]
knot (bowline, etc.)	Knoten (m)	['kno:tən]
deckrails	Geländer (n)	[gə'lɛndɐ]
gangway	Treppe (f)	['tʀɛpə]
anchor	Anker (m)	['aŋkɐ]
to weigh anchor	den Anker lichten	[den 'aŋkɐ 'lɪçtən]
to drop anchor	Anker werfen	['aŋkɐ ˌvɛʁfən]
anchor chain	Ankerkette (f)	['aŋkɐˌkɛtə]
port (harbor)	Hafen (m)	['ha:fən]
quay, wharf	Anlegestelle (f)	['anle:gəˌʃtɛlə]
to berth (moor)	anlegen (vi)	['anˌle:gən]
to cast off	abstoßen (vt)	['apˌʃto:sən]
trip, voyage	Reise (f)	['ʀaɪzə]
cruise (sea trip)	Kreuzfahrt (f)	['kʀɔɪtsˌfa:ɐt]
course (route)	Kurs (m)	[kʊʁs]
route (itinerary)	Reiseroute (f)	['ʀaɪzəˌʀu:tə]
fairway (safe water channel)	Fahrwasser (n)	['fa:ɐˌvasɐ]
shallows	Untiefe (f)	['ʊnˌti:fə]
to run aground	stranden (vi)	['ʃtʀandən]
storm	Sturm (m)	[ʃtʊʁm]
signal	Signal (n)	[zɪ'gna:l]
to sink (vi)	untergehen (vi)	['ʊntɐˌge:ən]
Man overboard!	Mann über Bord!	[man 'y:bɐ bɔʁt]
SOS (distress signal)	SOS	[ɛso:'ʔɛs]
ring buoy	Rettungsring (m)	['ʀɛtʊŋsˌʀɪŋ]

172. Airport

airport	**Flughafen** (m)	['flu:k‚ha:fən]
airplane	**Flugzeug** (n)	['flu:k‚tsɔɪk]
airline	**Fluggesellschaft** (f)	['flu:kgə‚zɛlʃaft]
air traffic controller	**Fluglotse** (m)	['flu:k‚lo:tsə]
departure	**Abflug** (m)	['ap‚flu:k]
arrival	**Ankunft** (f)	['ankʊnft]
to arrive (by plane)	**anfliegen** (vi)	['an‚fli:gən]
departure time	**Abflugzeit** (f)	['apflu:k‚tsaɪt]
arrival time	**Ankunftszeit** (f)	['ankʊnfts‚tsaɪt]
to be delayed	**sich verspäten**	[zɪç fɛɐ'ʃpɛ:tən]
flight delay	**Abflugverspätung** (f)	['apflu:k·fɛɐ'ʃpɛ:tʊŋ]
information board	**Anzeigetafel** (f)	['antsaɪgə‚ta:fəl]
information	**Information** (f)	[ɪnfɔʁma'tsjo:n]
to announce (vt)	**ankündigen** (vt)	['ankʏndɪgən]
flight (e.g., next ~)	**Flug** (m)	[flu:k]
customs	**Zollamt** (n)	['tsɔl‚ʔamt]
customs officer	**Zollbeamter** (m)	['tsɔl·bə‚ʔamtɐ]
customs declaration	**Zolldeklaration** (f)	['tsɔl·deklaʁa'tsjo:n]
to fill out (vt)	**ausfüllen** (vt)	['aʊs‚fʏlən]
to fill out the declaration	**die Zollerklärung ausfüllen**	[di 'tsɔl·ɛɐ'klɛ:ʁʊŋ 'aʊs‚fʏlən]
passport control	**Passkontrolle** (f)	['pas·kɔn‚tʁɔlə]
luggage	**Gepäck** (n)	[gə'pɛk]
hand luggage	**Handgepäck** (n)	['hant·gə‚pɛk]
luggage cart	**Kofferkuli** (m)	['kɔfɐ‚ku:li]
landing	**Landung** (f)	['landʊŋ]
landing strip	**Landebahn** (f)	['landə‚ba:n]
to land (vi)	**landen** (vi)	['landən]
airstair (passenger stair)	**Fluggasttreppe** (f)	['flu:kgast‚tʁɛpə]
check-in	**Check-in** (n)	[tʃɛk?in]
check-in counter	**Check-in-Schalter** (m)	[tʃɛk?in 'ʃaltɐ]
to check-in (vi)	**sich registrieren lassen**	[zɪç ʁegɪs'tʁi:ʁən 'lasən]
boarding pass	**Bordkarte** (f)	['bɔʁt‚kaʁtə]
departure gate	**Abfluggate** (n)	['apflu:k‚geɪt]
transit	**Transit** (m)	[tʁan'zi:t]
to wait (vt)	**warten** (vi)	['vaʁtən]
departure lounge	**Wartesaal** (m)	['vaʁtə‚za:l]
to see off	**begleiten** (vt)	[bə'glaɪtən]
to say goodbye	**sich verabschieden**	[zɪç fɛɐ'apʃi:dən]

173. Bicycle. Motorcycle

bicycle	**Fahrrad** (n)	['faːɐˌʀaːt]
scooter	**Motorroller** (m)	['moːtoːɐˌʀɔlɐ]
motorcycle, bike	**Motorrad** (n)	['moːtoːɐˌʀaːt]
to go by bicycle	**Rad fahren**	[ʀaːt 'faːʀən]
handlebars	**Lenkstange** (f)	['lɛŋkˌʃtaŋə]
pedal	**Pedal** (n)	[peˈdaːl]
brakes	**Bremsen** (pl)	['bʀɛmzən]
bicycle seat (saddle)	**Sattel** (m)	['zatəl]
pump	**Pumpe** (f)	['pʊmpə]
luggage rack	**Gepäckträger** (m)	[gəˈpɛkˌtʀɛːgɐ]
front lamp	**Scheinwerfer** (m)	['ʃaɪnˌvɛʀfɐ]
helmet	**Helm** (m)	[hɛlm]
wheel	**Rad** (n)	[ʀaːt]
fender	**Schutzblech** (n)	['ʃʊtsˌblɛç]
rim	**Felge** (f)	['fɛlgə]
spoke	**Speiche** (f)	['ʃpaɪçə]

Cars

174. Types of cars

automobile, car	**Auto** (n)	['aʊto]
sports car	**Sportwagen** (m)	['ʃpɔʁt̩vaːgən]
limousine	**Limousine** (f)	[limu'ziːnə]
off-road vehicle	**Geländewagen** (m)	[gə'lɛndəˌvaːgən]
convertible (n)	**Kabriolett** (n)	[kabʀio'lɛt]
minibus	**Kleinbus** (m)	['klaɪnˌbʊs]
ambulance	**Krankenwagen** (m)	['kʀaŋkənˌvaːgən]
snowplow	**Schneepflug** (m)	['ʃneːˌpfluːk]
truck	**Lastkraftwagen** (m)	['lastkʀaftˌvaːgən]
tanker truck	**Tankwagen** (m)	['taŋkˌvaːgən]
van (small truck)	**Kastenwagen** (m)	['kastənˌvaːgən]
road tractor (trailer truck)	**Sattelzug** (m)	['zatəlˌtsuːk]
trailer	**Anhänger** (m)	['anˌhɛŋɐ]
comfortable (adj)	**komfortabel**	[kɔmfɔʁ'taːbəl]
used (adj)	**gebraucht**	[gə'bʀaʊxt]

175. Cars. Bodywork

hood	**Motorhaube** (f)	['moːtoːɐ̯ˌhaʊbə]
fender	**Kotflügel** (m)	['koːtflyːgəl]
roof	**Dach** (n)	[dax]
windshield	**Windschutzscheibe** (f)	['vɪntʃʊtsˌʃaɪbə]
rear-view mirror	**Rückspiegel** (m)	['ʀʏkˌʃpiːgəl]
windshield washer	**Scheibenwaschanlage** (f)	['ʃaɪbən·'vaʃʔanˌlaːgə]
windshield wipers	**Scheibenwischer** (m)	['ʃaɪbənˌvɪʃɐ]
side window	**Seitenscheibe** (f)	['zaɪtənˌʃaɪbə]
window lift (power window)	**Fensterheber** (m)	['fɛnsteˌheːbɐ]
antenna	**Antenne** (f)	[an'tɛnə]
sunroof	**Schiebedach** (n)	['ʃiːbəˌdax]
bumper	**Stoßstange** (f)	['ʃtoːsˌʃtaŋə]
trunk	**Kofferraum** (m)	['kɔfɐˌʀaʊm]
roof luggage rack	**Dachgepäckträger** (m)	['dax·gəpɛkˌtʀɛːgɐ]
door	**Wagenschlag** (m)	['vaːgənˌʃlaːk]

door handle	**Türgriff** (m)	['ty:ɐˌgʀɪf]
door lock	**Türschloss** (n)	['ty:ɐˌʃlɔs]
license plate	**Nummernschild** (n)	['nʊmɐnˌʃɪlt]
muffler	**Auspufftopf** (m)	['aʊspʊfˌtɔpf]
gas tank	**Benzintank** (m)	[bɛn'tsi:nˌtaŋk]
tailpipe	**Auspuffrohr** (n)	['aʊspʊfˌʀo:ɐ]
gas, accelerator	**Gas** (n)	[ga:s]
pedal	**Pedal** (n)	[pe'da:l]
gas pedal	**Gaspedal** (n)	['gas·pe'da:l]
brake	**Bremse** (f)	['bʀɛmzə]
brake pedal	**Bremspedal** (n)	['bʀɛmz·pe'da:l]
to brake (use the brake)	**bremsen** (vi)	['bʀɛmzən]
parking brake	**Handbremse** (f)	['hantˌbʀɛmzə]
clutch	**Kupplung** (f)	['kʊplʊŋ]
clutch pedal	**Kupplungspedal** (n)	['kʊplʊŋs·pe'da:l]
clutch disc	**Kupplungsscheibe** (f)	['kʊplʊŋsˌʃaɪbə]
shock absorber	**Stoßdämpfer** (m)	['ʃto:s·dɛmpfɐ]
wheel	**Rad** (n)	[ʀa:t]
spare tire	**Reserverad** (n)	[ʀe'zɛʀvəˌʀa:t]
tire	**Reifen** (m)	['ʀaɪfən]
hubcap	**Radkappe** (f)	['ʀa:tˌkapə]
driving wheels	**Triebräder** (pl)	['tʀi:pˌʀɛ:dɐ]
front-wheel drive (as adj)	**mit Vorderantrieb**	[mɪt 'fo:ɐdeːɐˌʔantʀi:p]
rear-wheel drive (as adj)	**mit Hinterradantrieb**	[mɪt 'hɪntɐʀa:tˌʔantʀi:p]
all-wheel drive (as adj)	**mit Allradantrieb**	[mɪt 'alʀa:tˌʔantʀi:p]
gearbox	**Getriebe** (n)	[gə'tʀi:bə]
automatic (adj)	**Automatik-**	[aʊto'ma:tɪk]
mechanical (adj)	**Schalt-**	['ʃalt]
gear shift	**Schalthebel** (m)	['ʃaltˌhe:bəl]
headlight	**Scheinwerfer** (m)	['ʃaɪnˌvɛʀfɐ]
headlights	**Scheinwerfer** (pl)	['ʃaɪnˌvɛʀfɐ]
low beam	**Abblendlicht** (n)	['apblɛntˌlɪçt]
high beam	**Fernlicht** (n)	['fɛʀnˌlɪçt]
brake light	**Stopplicht** (n)	['ʃtɔpˌlɪçt]
parking lights	**Standlicht** (n)	['ʃtantˌlɪçt]
hazard lights	**Warnblinker** (m)	['vaʀnˌblɪŋkɐ]
fog lights	**Nebelscheinwerfer** (pl)	['ne:bəlˌʃaɪnvɛʀfɐ]
turn signal	**Blinker** (m)	['blɪŋkɐ]
back-up light	**Rückfahrscheinwerfer** (m)	['ʀʏkfa:ɐˌʃaɪnvɛʀfɐ]

176. Cars. Passenger compartment

car inside (interior)	**Wageninnere** (n)	['va:gən‚ʔɪnərə]
leather (as adj)	**Leder-**	['le:dɐ]
velour (as adj)	**aus Velours**	[aʊs və'lu:ɐ]
upholstery	**Polster** (n)	['pɔlstɐ]

instrument (gage)	**Instrument** (n)	[ˌɪnstʀu'mɛnt]
dashboard	**Armaturenbrett** (n)	[aʀma'tu:ʀən‚bʀɛt]
speedometer	**Tachometer** (m)	[taxo'me:tɐ]
needle (pointer)	**Nadel** (f)	['na:dəl]

odometer	**Kilometerzähler** (m)	[kilo'me:tɐ‚tsɛ:lɐ]
indicator (sensor)	**Anzeige** (f)	['an‚tsaɪgə]
level	**Pegel** (m)	['pe:gəl]
warning light	**Kontrollleuchte** (f)	[kɔn'tʀɔl‚lɔɪçtə]

steering wheel	**Steuerrad** (n)	['ʃtɔɪɐ‚ʀa:t]
horn	**Hupe** (f)	['hu:pə]
button	**Knopf** (m)	[knɔpf]
switch	**Umschalter** (m)	['ʊmˌʃaltɐ]

seat	**Sitz** (m)	[zɪts]
backrest	**Rückenlehne** (f)	['ʀʏkən‚le:nə]
headrest	**Kopfstütze** (f)	['kɔpfˌʃtʏtsə]
seat belt	**Sicherheitsgurt** (m)	['zɪçɐhaɪts‚gʊʀt]
to fasten the belt	**sich anschnallen**	[zɪç 'anˌʃnalən]
adjustment (of seats)	**Einstellung** (f)	['aɪnˌʃtɛlʊŋ]

| airbag | **Airbag** (m) | ['ɛːɐ·bak] |
| air-conditioner | **Klimaanlage** (f) | ['kli:ma‚ʔanla:gə] |

radio	**Radio** (n)	['ʀa:dɪo]
CD player	**CD-Spieler** (m)	[tseː'de· 'ʃpiːlɐ]
to turn on	**einschalten** (vt)	['aɪnˌʃaltən]
antenna	**Antenne** (f)	[an'tɛnə]
glove box	**Handschuhfach** (n)	['hantʃuː‚fax]
ashtray	**Aschenbecher** (m)	['aʃən·bɛçɐ]

177. Cars. Engine

engine	**Triebwerk** (n)	['tʀiːpˌvɛʀk]
motor	**Motor** (m)	['moːtoːɐ]
diesel (as adj)	**Diesel-**	['diːzəl]
gasoline (as adj)	**Benzin-**	[bɛn'tsiːn]

engine volume	**Hubraum** (m)	['huːp‚ʀaʊm]
power	**Leistung** (f)	['laɪstʊŋ]
horsepower	**Pferdestärke** (f)	['pfeːɐdəˌʃtɛʀkə]

piston	**Kolben** (m)	[ˈkɔlbən]
cylinder	**Zylinder** (m)	[tsyˈlɪndɐ]
valve	**Ventil** (n)	[vɛnˈtiːl]
injector	**Injektor** (m)	[ɪnˈjɛktɔːɐ]
generator (alternator)	**Generator** (m)	[genəˈʀaːtoːɐ]
carburetor	**Vergaser** (m)	[fɛɐˈgaːzɐ]
motor oil	**Motoröl** (n)	[ˈmoːtoːɐˌʔøːl]
radiator	**Kühler** (m)	[ˈkyːlɐ]
coolant	**Kühlflüssigkeit** (f)	[kyːlˈflʏsɪçˌkaɪt]
cooling fan	**Ventilator** (m)	[vɛntiˈlaːtoːɐ]
battery (accumulator)	**Autobatterie** (f)	[ˈaʊtobatəˌʀiː]
starter	**Anlasser** (m)	[ˈanˌlasɐ]
ignition	**Zündung** (f)	[ˈtsʏndʊŋ]
spark plug	**Zündkerze** (f)	[ˈtsʏntˌkɛʁtsə]
terminal (of battery)	**Klemme** (f)	[ˈklɛmə]
positive terminal	**Pluspol** (m)	[ˈplʊsˌpoːl]
negative terminal	**Minuspol** (m)	[ˈmiːnʊsˌpoːl]
fuse	**Sicherung** (f)	[ˈzɪçəʀʊŋ]
air filter	**Luftfilter** (m, n)	[ˈlʊftˌfɪltɐ]
oil filter	**Ölfilter** (m)	[ˈøːlˌfɪltɐ]
fuel filter	**Treibstofffilter** (m)	[ˈtʀaɪpʃtɔfˌfɪltɐ]

178. Cars. Crash. Repair

car crash	**Unfall** (m)	[ˈʊnfal]
traffic accident	**Verkehrsunfall** (m)	[fɛɐˈkeːɐsʔʊnˌfal]
to crash (into the wall, etc.)	**fahren gegen …**	[ˈfaːʀən ˈgeːgən]
to get smashed up	**verunglücken** (vi)	[fɛɐˈʔʊnglʏkən]
damage	**Schaden** (m)	[ˈʃaːdən]
intact (unscathed)	**heil**	[ˈhaɪl]
breakdown	**Panne** (f)	[ˈpanə]
to break down (vi)	**kaputtgehen** (vi)	[kaˈpʊtˌgeːən]
towrope	**Abschleppseil** (n)	[ˈapʃlɛpˌzaɪl]
puncture	**Reifenpanne** (f)	[ˈʀaɪfənˌpanə]
to be flat	**platt sein**	[plat zaɪn]
to pump up	**pumpen** (vt)	[ˈpʊmpən]
pressure	**Druck** (m)	[dʀʊk]
to check (to examine)	**prüfen** (vt)	[ˈpʀyːfən]
repair	**Reparatur** (f)	[ʀepaʀaˈtuːɐ]
auto repair shop	**Reparaturwerkstatt** (f)	[ʀepaʀaˌtuːɐˈvɛʁkˌʃtat]
spare part	**Ersatzteil** (m, n)	[ɛɐˈzatsˌtaɪl]

part	Einzelteil (m, n)	['aɪntsəlˌtaɪl]
bolt (with nut)	Bolzen (m)	['bɔltsən]
screw (fastener)	Schraube (f)	['ʃʀaʊbə]
nut	Mutter (f)	['mʊtɐ]
washer	Scheibe (f)	['ʃaɪbə]
bearing (e.g., ball ~)	Lager (n)	['laːgɐ]

tube	Rohr (n)	[ʀoːɐ̯]
gasket (head ~)	Dichtung (f)	['dɪçtʊŋ]
cable, wire	Draht (m)	[dʀaːt]

jack	Wagenheber (m)	['vaːgənˌheːbɐ]
wrench	Schraubenschlüssel (m)	['ʃʀaʊbənˌʃlʏsəl]
hammer	Hammer (m)	['hamɐ]
pump	Pumpe (f)	['pʊmpə]
screwdriver	Schraubenzieher (m)	['ʃʀaʊbəntsiːɐ]

| fire extinguisher | Feuerlöscher (m) | ['fɔɪɐˌlœʃɐ] |
| warning triangle | Warndreieck (n) | ['vaʁnˌdʀaɪɛk] |

to stall (vi)	abwürgen (vi)	['apˌvʏʁgən]
stall (n)	Anhalten (n)	['anhaltən]
to be broken	kaputt sein	[ka'pʊt zaɪn]

to overheat (vi)	überhitzt werden	[yːbɐ'hɪtst 'veːɐdən]
to be clogged up	verstopft sein	[fɛɐ'ʃtɔpft zaɪn]
to freeze up (pipes, etc.)	einfrieren (vi)	['aɪnˌfʀiːʀən]
to burst (vi, ab. tube)	zerplatzen (vi)	[tsɛɐ'platsən]

pressure	Druck (m)	[dʀʊk]
level	Pegel (m)	['peːgəl]
slack (~ belt)	schlaff	[ʃlaf]

dent	Delle (f)	['dɛlə]
knocking noise (engine)	Klopfen (n)	['klɔpfən]
crack	Riß (m)	[ʀɪs]
scratch	Kratzer (m)	['kʀatsɐ]

179. Cars. Road

road	Fahrbahn (f)	['faːɐ̯ˌbaːn]
highway	Schnellstraße (f)	['ʃnɛlˌʃtʀaːsə]
freeway	Autobahn (f)	['aʊtoˌbaːn]
direction (way)	Richtung (f)	['ʀɪçtʊŋ]
distance	Entfernung (f)	[ɛnt'fɛʁnʊŋ]

bridge	Brücke (f)	['bʀʏkə]
parking lot	Parkplatz (m)	['paʁkˌplats]
square	Platz (m)	[plats]
interchange	Autobahnkreuz (n)	['aʊtobaːnˌkʀɔɪts]

English	German	Pronunciation
tunnel	**Tunnel** (m)	['tʊnəl]
gas station	**Tankstelle** (f)	['taŋkˌʃtɛlə]
parking lot	**Parkplatz** (m)	['paʁkˌplats]
gas pump (fuel dispenser)	**Zapfsäule** (f)	['tsapfˌzɔɪlə]
auto repair shop	**Reparaturwerkstatt** (f)	[ʁepaʁaˈtuːɐˈvɛʁkˌʃtat]
to get gas (to fill up)	**tanken** (vt)	['taŋkən]
fuel	**Treibstoff** (m)	['tʁaɪpˌʃtɔf]
jerrycan	**Kanister** (m)	[kaˈnɪstɐ]
asphalt	**Asphalt** (m)	[asˈfalt]
road markings	**Markierung** (f)	[maʁˈkiːʁʊŋ]
curb	**Bordstein** (m)	['bɔʁtˌʃtaɪn]
guardrail	**Leitplanke** (f)	['laɪtˌplaŋkə]
ditch	**Graben** (m)	['gʁaːbən]
roadside (shoulder)	**Straßenrand** (m)	['ʃtʁaːsənˌʁant]
lamppost	**Straßenlaterne** (f)	['ʃtʁaːsən·laˌtɛʁnə]
to drive (a car)	**fahren** (vt)	['faːʁən]
to turn (e.g., ~ left)	**abbiegen** (vi)	['apˌbiːgən]
to make a U-turn	**umkehren** (vi)	['ʊmˌkeːʁən]
reverse (~ gear)	**Rückwärtsgang** (m)	['ʁʏkvɛʁtsˌgaŋ]
to honk (vi)	**hupen** (vi)	['huːpən]
honk (sound)	**Hupe** (f)	['huːpə]
to get stuck (in the mud, etc.)	**stecken** (vi)	['ʃtɛkən]
to spin the wheels	**durchdrehen** (vi)	['dʊʁçˌdʁeːən]
to cut, to turn off (vt)	**abstellen** (vt)	['apʃtɛlən]
speed	**Geschwindigkeit** (f)	[gəˈʃvɪndɪçˈkaɪt]
to exceed the speed limit	**Geschwindigkeit überschreiten**	[gəˈʃvɪndɪçˈkaɪt ˌyːbɐˈʃʁaɪtən]
to give a ticket	**bestrafen** (vt)	[bəˈʃtʁaːfən]
traffic lights	**Ampel** (f)	['ampəl]
driver's license	**Führerschein** (m)	['fyːʁɐˌʃaɪn]
grade crossing	**Bahnübergang** (m)	['baːnʔyːbɐˌgaŋ]
intersection	**Straßenkreuzung** (f)	['ʃtʁaːsənˌkʁɔɪtsʊŋ]
crosswalk	**Fußgängerüberweg** (m)	['fuːsˌgɛŋɐˈyːbɐˈveːk]
bend, curve	**Kehre** (f)	['keːʁə]
pedestrian zone	**Fußgängerzone** (f)	['fuːsgɛŋɐˌtsoːnə]

180. Traffic signs

English	German	Pronunciation
rules of the road	**Verkehrsregeln** (pl)	[fɛɐˈkeːɐsˌʁeːgəln]
road sign (traffic sign)	**Verkehrszeichen** (n)	[fɛɐˈkeːɐsˌtsaɪçən]
passing (overtaking)	**Überholen** (n)	[yːbɐˈhoːlən]
curve	**Kurve** (f)	['kʊʁvə]
U-turn	**Wende** (f)	['vɛndə]
traffic circle	**Kreisverkehr** (m)	['kʁaɪs·fɛɐˌkeːɐ]

No entry	Einfahrt verboten	['aɪnˌfaːɐt fɛɐ'boːtən]
No vehicles allowed	Verkehr verboten	[fɛɐ'keːɐ fɛɐ'boːtən]
No passing	Überholverbot	[yːbɐ'hoːlˑfɛɐˌboːt]
No parking	Parken verboten	['paʁkən fɛɐ'boːtən]
No stopping	Halteverbot	['haltəˑfɛɐˌboːt]

dangerous bend	gefährliche Kurve (f)	[gə'fɛːɐlɪçə 'kʊʁvə]
steep descent	Gefälle (n)	[gə'fɛlə]
one-way traffic	Einbahnstraße (f)	['aɪnbaːnˌʃtʁaːsə]
crosswalk	Fußgängerüberweg (m)	['fuːsˌgɛŋɐˑyːbɐ'veːk]
slippery road	Schleudergefahr	['ʃlɔɪdɐˌgə'faːɐ]
YIELD	Vorfahrt gewähren!	['foːɐfaɐt gə'vɛːʁən]

PEOPLE. LIFE EVENTS

Life events

181. Holidays. Event

celebration, holiday	**Fest** (n)	[fɛst]
national day	**Nationalfeiertag** (m)	[natsjoˈnaːlˌfaɪetaːk]
public holiday	**Feiertag** (m)	[ˈfaɪɐˌtaːk]
to commemorate (vt)	**feiern** (vt)	[ˈfaɪɐn]
event (happening)	**Ereignis** (n)	[ɛɐˈʔaɪgnɪs]
event (organized activity)	**Veranstaltung** (f)	[fɛɐˈʔanʃtaltʊŋ]
banquet (party)	**Bankett** (n)	[baŋˈkɛt]
reception (formal party)	**Empfang** (m)	[ɛmˈpfaŋ]
feast	**Festmahl** (n)	[ˈfɛstˌmaːl]
anniversary	**Jahrestag** (m)	[ˈjaːʀəsˌtaːk]
jubilee	**Jubiläumsfeier** (f)	[jubiˈlɛːʊmsˌfaɪɐ]
to celebrate (vt)	**begehen** (vt)	[bəˈgeːən]
New Year	**Neujahr** (n)	[ˈnɔɪjaːɐ]
Happy New Year!	**Frohes Neues Jahr!**	[ˌfʀoːəs ˈnɔɪəs jaːɐ]
Christmas	**Weihnachten** (n)	[ˈvaɪnaxtən]
Merry Christmas!	**Frohe Weihnachten!**	[ˌfʀoːə ˈvaɪnaxtən]
Christmas tree	**Tannenbaum** (m)	[ˈtanənˌbaʊm]
fireworks (fireworks show)	**Feuerwerk** (n)	[ˈfɔɪɐˌvɛʁk]
wedding	**Hochzeit** (f)	[ˈhɔxˌtsaɪt]
groom	**Bräutigam** (m)	[ˈbʀɔɪtɪgam]
bride	**Braut** (f)	[bʀaʊt]
to invite (vt)	**einladen** (vt)	[ˈaɪnˌlaːdən]
invitation card	**Einladung** (f)	[ˈaɪnˌlaːdʊŋ]
guest	**Gast** (m)	[gast]
to visit (~ your parents, etc.)	**besuchen** (vt)	[bəˈzuːxən]
to meet the guests	**Gäste empfangen**	[ˈgɛstə ɛmˈpfaŋən]
gift, present	**Geschenk** (n)	[gəˈʃɛŋk]
to give (sth as present)	**schenken** (vt)	[ˈʃɛŋkən]
to receive gifts	**Geschenke bekommen**	[gəˈʃɛŋkə bəˈkɔmən]
bouquet (of flowers)	**Blumenstrauß** (m)	[ˈbluːmənʃtʀaʊs]

English	German	Pronunciation
congratulations	Glückwunsch (m)	['glʏkˌvʊnʃ]
to congratulate (vt)	gratulieren (vi)	[gʀatuˈliːʀən]
greeting card	Glückwunschkarte (f)	['glʏkvʊnʃˌkaʁtə]
to send a postcard	eine Karte abschicken	['aɪnə 'kaʁtə 'apˌʃɪkən]
to get a postcard	eine Karte erhalten	['aɪnə 'kaʁtə ɛɐ̯'haltən]
toast	Trinkspruch (m)	['tʀɪŋkˌʃpʀʊx]
to offer (a drink, etc.)	anbieten (vt)	['anbiːtən]
champagne	Champagner (m)	[ʃamˈpanjɐ]
to enjoy oneself	sich amüsieren	[zɪç amyˈziːʀən]
merriment (gaiety)	Fröhlichkeit (f)	['fʀøːlɪçˌkaɪt]
joy (emotion)	Freude (f)	['fʀɔɪdə]
dance	Tanz (m)	[tants]
to dance (vi, vt)	tanzen (vi, vt)	['tantsən]
waltz	Walzer (m)	['valtsɐ]
tango	Tango (m)	['taŋgo]

182. Funerals. Burial

English	German	Pronunciation
cemetery	Friedhof (m)	['fʀiːtˌhoːf]
grave, tomb	Grab (n)	[gʀaːp]
cross	Kreuz (n)	[kʀɔɪts]
gravestone	Grabstein (m)	['gʀaːpˌʃtaɪn]
fence	Zaun (m)	[tsaʊn]
chapel	Kapelle (f)	[kaˈpɛlə]
death	Tod (m)	[toːt]
to die (vi)	sterben (vi)	['ʃtɛʁbən]
the deceased	Verstorbene (m)	[fɛɐ̯'ʃtɔʁbənɐ]
mourning	Trauer (f)	['tʀaʊɐ]
to bury (vt)	begraben (vt)	[bəˈgʀaːbən]
funeral home	Bestattungsinstitut (n)	[bəˈʃtatʊŋsʔɪnstiˌtuːt]
funeral	Begräbnis (n)	[bəˈgʀɛːpnɪs]
wreath	Kranz (m)	[kʀants]
casket, coffin	Sarg (m)	[zaʁk]
hearse	Katafalk (m)	[kataˈfalk]
shroud	Totenhemd (n)	['toːtənˌhɛmt]
funeral procession	Trauerzug (m)	['tʀaʊɐˌtsuːk]
funerary urn	Urne (f)	['ʊʁnə]
crematory	Krematorium (n)	[kʀemaˈtoːʀiʊm]
obituary	Nachruf (m)	['naːxʀuːf]
to cry (weep)	weinen (vi)	['vaɪnən]
to sob (vi)	schluchzen (vi)	['ʃlʊxtsən]

183. War. Soldiers

platoon	Zug (m)	[tsu:k]
company	Kompanie (f)	[kɔmpa'ni:]
regiment	Regiment (n)	[ʀegi'mɛnt]
army	Armee (f)	[aʁ'me:]
division	Division (f)	[divi'zjo:n]
section, squad	Abteilung (f)	[ap'taɪlʊŋ]
host (army)	Heer (n)	[he:ɐ]
soldier	Soldat (m)	[zɔl'da:t]
officer	Offizier (m)	[ɔfi'tsi:ɐ]
private	Soldat (m)	[zɔl'da:t]
sergeant	Feldwebel (m)	['fɛlt‚ve:bəl]
lieutenant	Leutnant (m)	['lɔɪtnant]
captain	Hauptmann (m)	['haʊptman]
major	Major (m)	[ma'jo:ɐ]
colonel	Oberst (m)	['o:bɛst]
general	General (m)	[genə'ʀa:l]
sailor	Matrose (m)	[ma'tʀo:zə]
captain	Kapitän (m)	[kapi'tɛn]
boatswain	Bootsmann (m)	['bo:tsman]
artilleryman	Artillerist (m)	['aʁtɪləʀɪst]
paratrooper	Fallschirmjäger (m)	['falʃɪʁm‚jɛ:gɐ]
pilot	Pilot (m)	[pi'lo:t]
navigator	Steuermann (m)	['ʃtɔɪɐ‚man]
mechanic	Mechaniker (m)	[me'ça:nikɐ]
pioneer (sapper)	Pionier (m)	[pɪo'ni:ɐ]
parachutist	Fallschirmspringer (m)	['falʃɪʁm‚ʃpʀɪŋɐ]
reconnaissance scout	Aufklärer (m)	['aʊf‚klɛ:ʀɐ]
sniper	Scharfschütze (m)	['ʃaʁfʃʏtsə]
patrol (group)	Patrouille (f)	[pa'tʀʊljə]
to patrol (vt)	patrouillieren (vi)	[patʀʊl'ji:ʀən]
sentry, guard	Wache (f)	['vaχə]
warrior	Krieger (m)	['kʀi:gɐ]
patriot	Patriot (m)	[patʀi'o:t]
hero	Held (m)	[hɛlt]
heroine	Heldin (f)	['hɛldɪn]
traitor	Verräter (m)	[fɛɐ'ʀɛ:tɐ]
to betray (vt)	verraten (vt)	[fɛɐ'ʀa:tən]
deserter	Deserteur (m)	[dezɛʁ'tø:ɐ]
to desert (vi)	desertieren (vi)	[dezɛʁ'ti:ʀən]

mercenary	Söldner (m)	['zœldnɐ]
recruit	Rekrut (m)	[ʀe'kʀuːt]
volunteer	Freiwillige (m)	[ˌfʀaɪvɪlɪgə]
dead (n)	Getoetete (m)	[gə'tøːtətə]
wounded (n)	Verwundete (m)	[fɛɐ'vʊndətə]
prisoner of war	Kriegsgefangene (m)	['kʀiːks·gəˌfaŋənə]

184. War. Military actions. Part 1

war	Krieg (m)	[kʀiːk]
to be at war	Krieg führen	[kʀiːk 'fyːʀən]
civil war	Bürgerkrieg (m)	['byʁgɐˌkʀiːk]
treacherously (adv)	heimtückisch	['haɪmˌtʏkɪʃ]
declaration of war	Kriegserklärung (f)	['kʀiːksʔɛɐˌklɛːʀʊŋ]
to declare (~ war)	erklären (vt)	[ɛɐ'klɛːʀən]
aggression	Aggression (f)	[agʀɛ'sjoːn]
to attack (invade)	einfallen (vt)	['aɪnˌfalən]
to invade (vt)	einfallen (vi)	['aɪnˌfalən]
invader	Invasoren (pl)	[ɪnva'zoːʀən]
conqueror	Eroberer (m)	[ɛɐ'ʔoːbəʀɐ]
defense	Verteidigung (f)	[fɛɐ'taɪdɪgʊŋ]
to defend (a country, etc.)	verteidigen (vt)	[fɛɐ'taɪdɪgən]
to defend (against ...)	sich verteidigen	[zɪç fɛɐ'taɪdɪgən]
enemy	Feind (m)	[faɪnt]
foe, adversary	Gegner (m)	['geːgnɐ]
enemy (as adj)	Feind-	[faɪnt]
strategy	Strategie (f)	[ʃtʀate'giː]
tactics	Taktik (f)	['taktɪk]
order	Befehl (m)	[bə'feːl]
command (order)	Anordnung (f)	['anˌʔɔʁdnʊŋ]
to order (vt)	befehlen (vt)	[ˌbə'feːlən]
mission	Auftrag (m)	['aʊfˌtʀaːk]
secret (adj)	geheim	[gə'haɪm]
battle	Gefecht (n)	[gə'fɛçt]
combat	Kampf (m)	[kampf]
attack	Angriff (m)	['anˌgʀɪf]
charge (assault)	Sturm (m)	[ʃtʊʁm]
to storm (vt)	stürmen (vt)	['ʃtʏʁmən]
siege (to be under ~)	Belagerung (f)	[bə'laːgəʀʊŋ]
offensive (n)	Angriff (m)	['anˌgʀɪf]
to go on the offensive	angreifen (vt)	['anˌgʀaɪfən]

| retreat | Rückzug (m) | ['ʀʏkˌtsuːk] |
| to retreat (vi) | sich zurückziehen | [zɪç tsu'ʀʏkˌtsiːən] |

| encirclement | Einkesselung (f) | ['aɪnˌkɛsəluŋ] |
| to encircle (vt) | einkesseln (vt) | ['aɪnˌkɛsəln] |

bombing (by aircraft)	Bombenangriff (m)	['bɔmbənˌʔangʀɪf]
to drop a bomb	eine Bombe abwerfen	['aɪnə 'bɔmbə 'apˌvɛʁfən]
to bomb (vt)	bombardieren (vt)	[bɔmbaʁ'diːʀən]
explosion	Explosion (f)	[ɛksplo'zjoːn]

shot	Schuss (m)	[ʃʊs]
to fire (~ a shot)	schießen (vt)	['ʃiːsən]
firing (burst of ~)	Schießerei (f)	[ʃiːsə'ʀaɪ]

to aim (to point a weapon)	zielen auf ...	['tsiːlən aʊf]
to point (a gun)	richten (vt)	['ʀɪçtən]
to hit (the target)	treffen (vt)	['tʀɛfən]

to sink (~ a ship)	versenken (vt)	[fɛɐ'zɛŋkən]
hole (in a ship)	Loch (n)	[lɔx]
to founder, to sink (vi)	versinken (vi)	[fɛɐ'zɪŋkən]

front (war ~)	Front (f)	[fʀɔnt]
evacuation	Evakuierung (f)	[evaku'iːʀʊŋ]
to evacuate (vt)	evakuieren (vt)	[evaku'iːʀən]

trench	Schützengraben (m)	['ʃʏtsənˌgʀaːbən]
barbwire	Stacheldraht (m)	['ʃtaχəlˌdʀaːt]
barrier (anti tank ~)	Sperre (f)	['ʃpɛʀə]
watchtower	Wachtturm (m)	['vaχtˌtʊʁm]

military hospital	Lazarett (n)	[latsa'ʀɛt]
to wound (vt)	verwunden (vt)	[fɛɐ'vʊndən]
wound	Wunde (f)	['vʊndə]
wounded (n)	Verwundete (m)	[fɛɐ'vʊndətə]
to be wounded	verletzt sein	[fɛɐ'lɛtst zaɪn]
serious (wound)	schwer	[ʃveːɐ]

185. War. Military actions. Part 2

captivity	Gefangenschaft (f)	[gə'faŋənʃaft]
to take captive	gefangen nehmen (vt)	[gə'faŋən 'neːmən]
to be held captive	in Gefangenschaft sein	[ɪn gə'faŋənʃaft zaɪn]
to be taken captive	in Gefangenschaft geraten	[ɪn gə'faŋənʃaft gə'ʀaːtən]

concentration camp	Konzentrationslager (n)	[kɔntsɛntʀa'tsjoːnsˌlaːgɐ]
prisoner of war	Kriegsgefangene (m)	['kʀiːksgəˌfaŋənə]
to escape (vi)	fliehen (vi)	['fliːən]

English	German	IPA
to betray (vt)	verraten (vt)	[fɛɐ'ʀaːtən]
betrayer	Verräter (m)	[fɛɐ'ʀɛːtɐ]
betrayal	Verrat (m)	[fɛɐ'ʀaːt]

to execute (by firing squad)	erschießen (vt)	[ɛɐ'ʃiːsən]
execution (by firing squad)	Erschießung (f)	[ɛɐ'ʃiːsʊŋ]

equipment (military gear)	Ausrüstung (f)	['aʊsˌʀʏstʊŋ]
shoulder board	Schulterstück (n)	['ʃʊltɐˌʃtʏk]
gas mask	Gasmaske (f)	['gaːsˌmaskə]

field radio	Funkgerät (n)	['fʊŋkˌɡəˌʀɛːt]
cipher, code	Chiffre (f)	['ʃɪfʀə]
secrecy	Geheimhaltung (f)	[ɡə'haɪmˌhaltʊŋ]
password	Kennwort (n)	['kɛnˌvɔʁt]

land mine	Mine (f)	['miːnə]
to mine (road, etc.)	Minen legen	['miːnən 'leːɡən]
minefield	Minenfeld (n)	['miːnənˌfɛlt]

air-raid warning	Luftalarm (m)	['lʊftʔaˌlaʁm]
alarm (alert signal)	Alarm (m)	[a'laʁm]
signal	Signal (n)	[zɪ'ɡnaːl]
signal flare	Signalrakete (f)	[zɪ'ɡnaːl·ʀaˌkeːtə]

headquarters	Hauptquartier (n)	['haʊpt·kvaʁˌtiːɐ]
reconnaissance	Aufklärung (f)	['aʊfˌklɛːʀʊŋ]
situation	Lage (f)	['laːɡə]
report	Bericht (m)	[bə'ʀɪçt]
ambush	Hinterhalt (m)	['hɪntɐˌhalt]
reinforcement (of army)	Verstärkung (f)	[fɛɐ'ʃtɛʀkʊŋ]

target	Zielscheibe (f)	['tsiːlˌʃaɪbə]
proving ground	Schießplatz (m)	['ʃiːsˌplats]
military exercise	Manöver (n)	[ma'nøːvɐ]

panic	Panik (f)	['paːnɪk]
devastation	Verwüstung (f)	[fɛɐ'vyːstʊŋ]
destruction, ruins	Trümmer (pl)	['tʀʏmɐ]
to destroy (vt)	zerstören (vt)	[tsɛɐ'ʃtøːʀən]

to survive (vi, vt)	überleben (vi)	[ˌyːbɐ'leːbən]
to disarm (vt)	entwaffnen (vt)	[ɛnt'vafnən]
to handle (~ a gun)	handhaben (vt)	['hantˌhaːbən]

Attention!	Stillgestanden!	['ʃtɪlɡəˌʃtandən]
At ease!	Rühren!	['ʀyːʀən]

feat, act of courage	Heldentat (f)	['hɛldənˌtaːt]
oath (vow)	Eid (m), Schwur (m)	[aɪt], [ʃvuːɐ]
to swear (an oath)	schwören (vi, vt)	['ʃvøːʀən]

decoration (medal, etc.)	**Lohn** (m)	[lo:n]
to award (give medal to)	**auszeichnen** (vt)	['aʊsˌtsaɪçnən]
medal	**Medaille** (f)	[me'daljə]
order (e.g., ~ of Merit)	**Orden** (m)	['ɔʁdən]
victory	**Sieg** (m)	[zi:k]
defeat	**Niederlage** (f)	['ni:dɐˌla:gə]
armistice	**Waffenstillstand** (m)	['vafənʃtɪlʃtant]
standard (battle flag)	**Fahne** (f)	['fa:nə]
glory (honor, fame)	**Ruhm** (m)	[ʁu:m]
parade	**Parade** (f)	[pa'ʁa:də]
to march (on parade)	**marschieren** (vi)	[maʁ'ʃi:ʁən]

186. Weapons

weapons	**Waffe** (f)	['vafə]
firearms	**Schusswaffe** (f)	['ʃʊsˌvafə]
cold weapons (knives, etc.)	**blanke Waffe** (f)	['blaŋkə 'vafə]
chemical weapons	**chemischen Waffen** (pl)	[çe:miʃən 'vafən]
nuclear (adj)	**Kern-, Atom-**	[kɛʁn], [a'to:m]
nuclear weapons	**Kernwaffe** (f)	['kɛʁnˌvafə]
bomb	**Bombe** (f)	['bɔmbə]
atomic bomb	**Atombombe** (f)	[a'to:mˌbɔmbə]
pistol (gun)	**Pistole** (f)	[pɪs'to:lə]
rifle	**Gewehr** (n)	[gə've:ɐ]
submachine gun	**Maschinenpistole** (f)	[ma'ʃi:nən·pɪsˌto:lə]
machine gun	**Maschinengewehr** (n)	[ma'ʃi:nən·gəˌve:ɐ]
muzzle	**Mündung** (f)	['mʏndʊŋ]
barrel	**Lauf** (m)	[laʊf]
caliber	**Kaliber** (n)	[ˌka'li:bɐ]
trigger	**Abzug** (m)	['apˌtsu:k]
sight (aiming device)	**Visier** (n)	[vi'zi:ɐ]
magazine	**Magazin** (n)	[maga'tsi:n]
butt (shoulder stock)	**Kolben** (m)	[kɔlbən]
hand grenade	**Handgranate** (f)	['hant·gʁaˌna:tə]
explosive	**Sprengstoff** (m)	['ʃpʁɛŋˌʃtɔf]
bullet	**Kugel** (f)	['ku:gəl]
cartridge	**Patrone** (f)	[pa'tʁo:nə]
charge	**Ladung** (f)	['la:dʊŋ]
ammunition	**Munition** (f)	[muni'tsjo:n]
bomber (aircraft)	**Bomber** (m)	['bɔmbɐ]

| fighter | Kampfflugzeug (n) | ['kampfflu:k̟ˌtsɔɪk] |
| helicopter | Hubschrauber (m) | ['hu:pˌʃʀaʊbɐ] |

anti-aircraft gun	Flugabwehrkanone (f)	[flu:k'ʔapveːɐkaˌnoːnə]
tank	Panzer (m)	['pantsɐ]
tank gun	Panzerkanone (f)	['pantsɐˌkaˈnoːnə]

artillery	Artillerie (f)	['aʁtɪləʀi:]
gun (cannon, howitzer)	Haubitze (f), Kanone (f)	[haʊ'bɪtsə], [ka'noːnə]
to lay (a gun)	richten (vt)	['ʀɪçtən]

shell (projectile)	Geschoß (n)	[gə'ʃoːs]
mortar bomb	Wurfgranate (f)	['vʊʁf·gʀaˈnaːtə]
mortar	Granatwerfer (m)	[gʀaˈnaːtˌvɛʁfɐ]
splinter (shell fragment)	Splitter (m)	['ʃplɪtɐ]

submarine	U-Boot (n)	['uːboːt]
torpedo	Torpedo (m)	[tɔʁ'peːdo]
missile	Rakete (f)	[ʀa'keːtə]

to load (gun)	laden (vt)	['laːdən]
to shoot (vi)	schießen (vi)	['ʃiːsən]
to point at (the cannon)	zielen auf ...	['tsiːlən aʊf]
bayonet	Bajonett (n)	[ˌbajo'nɛt]

rapier	Degen (m)	['deːgən]
saber (e.g., cavalry ~)	Säbel (m)	['zɛːbəl]
spear (weapon)	Speer (m)	[ʃpeːɐ]
bow	Bogen (m)	['boːgən]
arrow	Pfeil (m)	[pfaɪl]
musket	Muskete (f)	[mʊs'keːtə]
crossbow	Armbrust (f)	['aʁmˌbʀʊst]

187. Ancient people

primitive (prehistoric)	vorzeitlich	['foːɐˌtsaɪtlɪç]
prehistoric (adj)	prähistorisch	[ˌpʀɛhɪs'toːʀɪʃ]
ancient (~ civilization)	alt	[alt]

Stone Age	Steinzeit (f)	['ʃtaɪnˌtsaɪt]
Bronze Age	Bronzezeit (f)	['bʀɔŋsəˌtsaɪt]
Ice Age	Eiszeit (f)	['aɪsˌtsaɪt]

tribe	Stamm (m)	[ʃtam]
cannibal	Kannibale (m)	[kani'baːlə]
hunter	Jäger (m)	['jɛːgɐ]
to hunt (vi, vt)	jagen (vi)	['jaːgən]
mammoth	Mammut (n)	['mamʊt]
cave	Höhle (f)	['høːlə]
fire	Feuer (n)	['fɔɪɐ]

campfire	**Lagerfeuer** (n)	['laːgɐˌfɔɪɐ]
cave painting	**Höhlenmalerei** (f)	['høːlənˌmaːləˌʀaɪ]

tool (e.g., stone ax)	**Werkzeug** (n)	['vɛʀkˌtsɔɪk]
spear	**Speer** (m)	[ʃpeːɐ]
stone ax	**Steinbeil** (n), **Steinaxt** (f)	['ʃtaɪnˌbaɪl], ['ʃtaɪnˌakst]
to be at war	**Krieg führen**	[kʀiːk 'fyːʀən]
to domesticate (vt)	**domestizieren** (vt)	[domɛsti'tsiːʀən]

idol	**Idol** (n)	[i'doːl]
to worship (vt)	**anbeten** (vt)	['anˌbeːtən]
superstition	**Aberglaube** (m)	['aːbɐˌglaʊbə]
rite	**Ritus** (m), **Ritual** (n)	['ʀiːtʊs], [ʀi'tuaːl]

evolution	**Evolution** (f)	[evolu'tsjoːn]
development	**Entwicklung** (f)	[ɛnt'vɪklʊŋ]
disappearance (extinction)	**Verschwinden** (n)	[fɛɐ'ʃvɪndən]
to adapt oneself	**sich anpassen**	[zɪç 'anˌpasən]

archeology	**Archäologie** (f)	[aʀçɛolo'giː]
archeologist	**Archäologe** (m)	[aʀçɛo'loːgə]
archeological (adj)	**archäologisch**	[aʀçɛo'loːgɪʃ]

excavation site	**Ausgrabungsstätte** (f)	['aʊsgʀaːbʊŋsˌʃtɛtə]
excavations	**Ausgrabungen** (pl)	['aʊsgʀaːbʊŋən]
find (object)	**Fund** (m)	[fʊnt]
fragment	**Fragment** (n)	[fʀa'gmɛnt]

188. Middle Ages

people (ethnic group)	**Volk** (n)	[fɔlk]
peoples	**Völker** (pl)	['fœlkɐ]
tribe	**Stamm** (m)	[ʃtam]
tribes	**Stämme** (pl)	['ʃtɛmə]

barbarians	**Barbaren** (pl)	[baʀ'baːʀən]
Gauls	**Gallier** (pl)	['galɪɐ]
Goths	**Goten** (pl)	['goːtən]
Slavs	**Slawen** (pl)	['slaːvən]
Vikings	**Wikinger** (pl)	['viːkɪŋɐ]

Romans	**Römer** (pl)	['ʀøːmɐ]
Roman (adj)	**römisch**	['ʀøːmɪʃ]

Byzantines	**Byzantiner** (pl)	[bytsan'tiːnɐ]
Byzantium	**Byzanz** (n)	[by'tsants]
Byzantine (adj)	**byzantinisch**	[bytsan'tiːnɪʃ]

emperor	**Kaiser** (m)	['kaɪzɐ]
leader, chief (tribal ~)	**Häuptling** (m)	['hɔɪptlɪŋ]

English	German	Pronunciation
powerful (~ king)	mächtig	['mɛçtɪç]
king	König (m)	['kø:nɪç]
ruler (sovereign)	Herrscher (m)	['hɛʁʃɐ]
knight	Ritter (m)	['ʀɪtɐ]
feudal lord	Feudalherr (m)	[fɔɪ'da:l͵hɛʁ]
feudal (adj)	feudal, Feudal-	[fɔɪ'da:l]
vassal	Vasall (m)	[va'zal]
duke	Herzog (m)	['hɛʁtso:k]
earl	Graf (m)	[gʀa:f]
baron	Baron (m)	[ba'ʀo:n]
bishop	Bischof (m)	['bɪʃɔf]
armor	Rüstung (f)	['ʀʏstʊŋ]
shield	Schild (m)	[ʃɪlt]
sword	Schwert (n)	[ʃve:ɐt]
visor	Visier (n)	[vi'zi:ɐ]
chainmail	Panzerhemd (n)	['pantsɐ͵hɛmt]
Crusade	Kreuzzug (m)	['kʀɔɪts͵tsu:k]
crusader	Kreuzritter (m)	['kʀɔɪts͵ʀɪtɐ]
territory	Territorium (n)	[tɛʀi'to:ʀiʊm]
to attack (invade)	einfallen (vt)	['aɪn͵falən]
to conquer (vt)	erobern (vt)	[ɛɐ'ʔo:bɐn]
to occupy (invade)	besetzen (vt)	[bə'zɛtsən]
siege (to be under ~)	Belagerung (f)	[bə'la:gəʀʊŋ]
besieged (adj)	belagert	[bə'la:gɐt]
to besiege (vt)	belagern (vt)	[bə'la:gɐn]
inquisition	Inquisition (f)	[ɪnkvizi'tsjo:n]
inquisitor	Inquisitor (m)	[ɪnkvi'zi:to:ɐ]
torture	Folter (f)	['fɔltɐ]
cruel (adj)	grausam	['gʀaʊ͵za:m]
heretic	Häretiker (m)	[hɛ'ʀetikɐ]
heresy	Häresie (f)	[hɛʀe'zi:]
seafaring	Seefahrt (f)	['ze:͵fa:ɐt]
pirate	Seeräuber (m)	['ze:͵ʀɔɪbɐ]
piracy	Seeräuberei (f)	['ze:͵ʀɔɪbəʀaɪ]
boarding (attack)	Enterung (f)	['ɛnteʀʊŋ]
loot, booty	Beute (f)	['bɔɪtə]
treasures	Schätze (pl)	['ʃɛtsə]
discovery	Entdeckung (f)	[ɛnt'dɛkʊŋ]
to discover (new land, etc.)	entdecken (vt)	[ɛnt'dɛkən]
expedition	Expedition (f)	[ɛkspedi'tsjo:n]
musketeer	Musketier (m)	[mʊske'ti:ɐ]
cardinal	Kardinal (m)	[͵kaʁdi'na:l]

| heraldry | **Heraldik** (f) | [heˈʀaldɪk] |
| heraldic (adj) | **heraldisch** | [heˈʀaldɪʃ] |

189. Leader. Chief. Authorities

king	**König** (m)	[ˈkøːnɪç]
queen	**Königin** (f)	[ˈkøːnɪgɪn]
royal (adj)	**königlich**	[ˈkøːnɪklɪç]
kingdom	**Königreich** (n)	[ˈkøːnɪkˌʀaɪç]

| prince | **Prinz** (m) | [pʀɪnts] |
| princess | **Prinzessin** (f) | [pʀɪnˈtsɛsɪn] |

president	**Präsident** (m)	[pʀɛziˈdɛnt]
vice-president	**Vizepräsident** (m)	[ˈfiːtsə-pʀɛziˌdɛnt]
senator	**Senator** (m)	[zeˈnaːtoːɐ]

monarch	**Monarch** (m)	[moˈnaʁç]
ruler (sovereign)	**Herrscher** (m)	[ˈhɛʁʃɐ]
dictator	**Diktator** (m)	[dɪkˈtaːtoːɐ]
tyrant	**Tyrann** (m)	[tyˈʀan]
magnate	**Magnat** (m)	[maˈgnaːt]

director	**Direktor** (m)	[diˈʀɛktoːɐ]
chief	**Chef** (m)	[ʃɛf]
manager (director)	**Leiter** (m)	[ˈlaɪtɐ]
boss	**Boss** (m)	[bɔs]
owner	**Eigentümer** (m)	[ˈaɪgəntyːmɐ]

head (~ of delegation)	**Leiter** (m)	[ˈlaɪtɐ]
authorities	**Behörden** (pl)	[bəˈhøːɐdən]
superiors	**Vorgesetzten** (pl)	[ˈfoːɐgəˌzɛtstən]

governor	**Gouverneur** (m)	[guvɛʁˈnøːɐ]
consul	**Konsul** (m)	[ˈkɔnzʊl]
diplomat	**Diplomat** (m)	[ˌdiploˈmaːt]
mayor	**Bürgermeister** (m)	[ˈbʏʁgɐˌmaɪstɐ]
sheriff	**Sheriff** (m)	[ˈʃɛʀɪf]

emperor	**Kaiser** (m)	[ˈkaɪzɐ]
tsar, czar	**Zar** (m)	[tsaːɐ]
pharaoh	**Pharao** (m)	[ˈfaːʀao]
khan	**Khan** (m)	[kaːn]

190. Road. Way. Directions

| road | **Fahrbahn** (f) | [ˈfaːɐˌbaːn] |
| way (direction) | **Weg** (m) | [veːk] |

freeway	**Autobahn** (f)	['aʊtoˌbaːn]
highway	**Schnellstraße** (f)	['ʃnɛlˌʃtʀaːsə]
interstate	**Bundesstraße** (f)	['bʊndəsˌʃtʀaːsə]
main road	**Hauptstraße** (f)	['haʊptˌʃtʀaːsə]
dirt road	**Feldweg** (m)	['fɛltˌveːk]
pathway	**Pfad** (m)	[pfaːt]
footpath (troddenpath)	**Fußweg** (m)	['fuːsˌveːk]
Where?	**Wo?**	[voː]
Where (to)?	**Wohin?**	[voˈhɪn]
From where?	**Woher?**	[voˈheːɐ]
direction (way)	**Richtung** (f)	['ʀɪçtʊŋ]
to point (~ the way)	**zeigen** (vt)	['tsaɪgən]
to the left	**nach links**	[naːχ lɪŋks]
to the right	**nach rechts**	[naːχ ʀɛçts]
straight ahead (adv)	**geradeaus**	[gəʀaːdəˈʔaʊs]
back (e.g., to turn ~)	**zurück**	[tsuˈʀʏk]
bend, curve	**Kurve** (f)	['kʊʀvə]
to turn (e.g., ~ left)	**abbiegen** (vi)	['apˌbiːgən]
to make a U-turn	**umkehren** (vi)	['ʊmˌkeːʀən]
to be visible (mountains, castle, etc.)	**sichtbar sein**	['zɪçtbaːɐ zaɪn]
to appear (come into view)	**erscheinen** (vi)	[ɛɐˈʃaɪnən]
stop, halt (e.g., during a trip)	**Aufenthalt** (m)	['aʊfʔɛnthalt]
to rest, to pause (vi)	**sich erholen**	[zɪç ɛɐˈhoːlən]
rest (pause)	**Erholung** (f)	[ɛɐˈhoːlʊŋ]
to lose one's way	**sich verirren**	[zɪç fɛɐˈʔɪʀən]
to lead to ... (ab. road)	**führen (in ..., nach ...)**	['fyːʀən]
to come out (e.g., on the highway)	**ankommen in ...**	['anˌkɔmən in]
stretch (of road)	**Strecke** (f)	['ʃtʀɛkə]
asphalt	**Asphalt** (m)	[asˈfalt]
curb	**Bordstein** (m)	['bɔʀtˌʃtaɪn]
ditch	**Graben** (m)	['gʀaːbən]
manhole	**Gully** (m, n)	['gʊli]
roadside (shoulder)	**Straßenrand** (m)	['ʃtʀaːsənˌʀant]
pit, pothole	**Schlagloch** (n)	['ʃlaːkˌlɔχ]
to go (on foot)	**gehen** (vi)	['geːən]
to pass (overtake)	**überholen** (vt)	[ˌyːbɐˈhoːlən]
step (footstep)	**Schritt** (m)	[ʃʀɪt]
on foot (adv)	**zu Fuß**	[tsu ˈfuːs]

to block (road)	**blockieren** (vt)	[blɔ'kiːʀən]
boom gate	**Schlagbaum** (m)	['ʃlaːkˌbaʊm]
dead end	**Sackgasse** (f)	['zakˌgasə]

191. Breaking the law. Criminals. Part 1

bandit	**Bandit** (m)	[banˈdiːt]
crime	**Verbrechen** (n)	[fɛɐˈbʀɛçən]
criminal (person)	**Verbrecher** (m)	[fɛɐˈbʀɛçɐ]
thief	**Dieb** (m)	[diːp]
to steal (vi, vt)	**stehlen** (vt)	[ˈʃteːlən]
stealing (larceny)	**Diebstahl** (m)	[ˈdiːpˌʃtaːl]
theft	**Stehlen** (n)	[ˈʃteːlən]
to kidnap (vt)	**kidnappen** (vt)	[ˈkɪtˌnɛpən]
kidnapping	**Kidnapping** (n)	[ˈkɪtˌnɛpɪŋ]
kidnapper	**Kidnapper** (m)	[ˈkɪtˌnɛpɐ]
ransom	**Lösegeld** (n)	[ˈløːzəˌɡɛlt]
to demand ransom	**Lösegeld verlangen**	[ˈløːzəˌɡɛlt fɛɐˈlaŋən]
to rob (vt)	**rauben** (vt)	[ˈʀaʊbən]
robbery	**Raub** (m)	[ˈʀaʊp]
robber	**Räuber** (m)	[ˈʀɔɪbɐ]
to extort (vt)	**erpressen** (vt)	[ɛɐˈpʀɛsən]
extortionist	**Erpresser** (m)	[ɛɐˈpʀɛsɐ]
extortion	**Erpressung** (f)	[ɛɐˈpʀɛsʊŋ]
to murder, to kill	**morden** (vt)	[ˈmɔʀdən]
murder	**Mord** (m)	[mɔʀt]
murderer	**Mörder** (m)	[ˈmœʀdɐ]
gunshot	**Schuss** (m)	[ʃʊs]
to fire (~ a shot)	**schießen** (vt)	[ˈʃiːsən]
to shoot to death	**erschießen** (vt)	[ɛɐˈʃiːsən]
to shoot (vi)	**feuern** (vi)	[ˈfɔɪɐn]
shooting	**Schießerei** (f)	[ʃiːsəˈʀaɪ]
incident (fight, etc.)	**Vorfall** (m)	[ˈfoːɐfal]
fight, brawl	**Schlägerei** (f)	[ʃlɛːɡəˈʀaɪ]
Help!	**Hilfe!**	[ˈhɪlfə]
victim	**Opfer** (n)	[ˈɔpfɐ]
to damage (vt)	**beschädigen** (vt)	[bəˈʃɛːdɪɡən]
damage	**Schaden** (m)	[ˈʃaːdən]
dead body, corpse	**Leiche** (f)	[ˈlaɪçə]
grave (~ crime)	**schwer**	[ʃveːɐ]
to attack (vt)	**angreifen** (vt)	[ˈanˌɡʀaɪfən]

to beat (to hit)	schlagen (vt)	['ʃlaːɡən]
to beat up	verprügeln (vt)	[fɛɐ'pʀyːɡəln]
to take (rob of sth)	wegnehmen (vt)	['vɛkˌneːmən]
to stab to death	erstechen (vt)	[ɛɐ'ʃtɛçən]
to maim (vt)	verstümmeln (vt)	[fɛɐ'ʃtʏməln]
to wound (vt)	verwunden (vt)	[fɛɐ'vʊndən]

blackmail	Erpressung (f)	[ɛɐ'pʀɛsʊŋ]
to blackmail (vt)	erpressen (vt)	[ɛɐ'pʀɛsən]
blackmailer	Erpresser (m)	[ɛɐ'pʀɛsɐ]

protection racket	Schutzgelderpressung (f)	['ʃʊtsɡɛlt?ɛɐˌpʀɛsʊŋ]
racketeer	Erpresser (m)	[ɛɐ'pʀɛsɐ]
gangster	Gangster (m)	['ɡɛŋstɐ]
mafia, Mob	Mafia (f)	['mafɪa]

pickpocket	Taschendieb (m)	['taʃənˌdiːp]
burglar	Einbrecher (m)	['aɪnˌbʀɛçɐ]
smuggling	Schmuggel (m)	['ʃmʊɡəl]
smuggler	Schmuggler (m)	['ʃmʊɡlɐ]

forgery	Fälschung (f)	['fɛlʃʊŋ]
to forge (counterfeit)	fälschen (vt)	['fɛlʃən]
fake (forged)	gefälscht	[ɡə'fɛlʃt]

192. Breaking the law. Criminals. Part 2

rape	Vergewaltigung (f)	[fɛɐɡə'valtɪɡʊŋ]
to rape (vt)	vergewaltigen (vt)	[fɛɐɡə'valtɪɡən]
rapist	Gewalttäter (m)	[ɡə'valtˌtɛːtɐ]
maniac	Besessene (m)	[bə'zɛsənə]

prostitute (fem.)	Prostituierte (f)	[ˌpʀostitu'iːɐtə]
prostitution	Prostitution (f)	[pʀostitu'tsjoːn]
pimp	Zuhälter (m)	['tsuːˌhɛltɐ]

| drug addict | Drogenabhängiger (m) | ['dʀoːɡənˌʔaphɛŋɪɡɐ] |
| drug dealer | Drogenhändler (m) | ['dʀoːɡənˌhɛndlɐ] |

to blow up (bomb)	sprengen (vt)	['ʃpʀɛŋən]
explosion	Explosion (f)	[ɛksplo'zjoːn]
to set fire	in Brand stecken	[ɪn bʀant 'ʃtɛkən]
arsonist	Brandstifter (m)	['bʀantʃtɪftɐ]

terrorism	Terrorismus (m)	[tɛʀo'ʀɪsmʊs]
terrorist	Terrorist (m)	[tɛʀo'ʀɪst]
hostage	Geisel (m, f)	['ɡaɪzəl]

| to swindle (deceive) | betrügen (vt) | [bə'tʀyːɡən] |
| swindle, deception | Betrug (m) | [bə'tʀuːk] |

swindler	Betrüger (m)	[bə'tʀyːɡɐ]
to bribe (vt)	bestechen (vt)	[bə'ʃtɛçən]
bribery	Bestechlichkeit (f)	[bə'ʃtɛçlɪçkaɪt]
bribe	Bestechungsgeld (n)	[bə'ʃtɛçʊŋsˌɡɛlt]

poison	Gift (n)	[ɡɪft]
to poison (vt)	vergiften (vt)	[fɛɐ'ɡɪftən]
to poison oneself	sich vergiften	[zɪç fɛɐ'ɡɪftən]

| suicide (act) | Selbstmord (m) | ['zɛlpstˌmɔʁt] |
| suicide (person) | Selbstmörder (m) | ['zɛlpstˌmœʁdɐ] |

to threaten (vt)	drohen (vi)	['dʀoːən]
threat	Drohung (f)	['dʀoːʊŋ]
to make an attempt	versuchen (vt)	[fɛɐ'zuːχən]
attempt (attack)	Attentat (n)	['atəntaːt]

| to steal (a car) | stehlen (vt) | ['ʃteːlən] |
| to hijack (a plane) | entführen (vt) | [ɛnt'fyːʀən] |

| revenge | Rache (f) | ['ʀaχə] |
| to avenge (get revenge) | sich rächen | [zɪç 'ʀɛçən] |

to torture (vt)	foltern (vt)	['fɔltɐn]
torture	Folter (f)	['fɔltɐ]
to torment (vt)	quälen (vt)	['kvɛːlən]

pirate	Seeräuber (m)	['zeːˌʀɔɪbɐ]
hooligan	Rowdy (m)	['ʀaʊdi]
armed (adj)	bewaffnet	[bə'vafnət]
violence	Gewalt (f)	[ɡə'valt]
illegal (unlawful)	ungesetzlich	['ʊnɡəˌzɛtslɪç]

| spying (espionage) | Spionage (f) | [ʃpio'naːʒə] |
| to spy (vi) | spionieren (vi) | [ʃpɪo'niːʀən] |

193. Police. Law. Part 1

| justice | Justiz (f) | [jʊs'tiːts] |
| court (see you in ~) | Gericht (n) | [ɡə'ʀɪçt] |

judge	Richter (m)	['ʀɪçtɐ]
jurors	Geschworenen (pl)	[ɡə'ʃvoːʀənən]
jury trial	Geschworenengericht (n)	[ɡə'ʃvoːʀənənˑɡəˌʀɪçt]
to judge, to try (vt)	richten (vt)	['ʀɪçtən]

lawyer, attorney	Rechtsanwalt (m)	['ʀɛçtsʔanˌvalt]
defendant	Angeklagte (m)	['anɡəˌklaːktə]
dock	Anklagebank (f)	['anklaːɡəˑbaŋk]
charge	Anklage (f)	['anklaːɡə]

accused	**Beschuldigte** (m)	[bəˈʃʊldɪçtə]
sentence	**Urteil** (n)	[ˈʊʁˌtaɪl]
to sentence (vt)	**verurteilen** (vt)	[fɛɐˈʔʊʁtaɪlən]
guilty (culprit)	**Schuldige** (m)	[ˈʃʊldɪgə]
to punish (vt)	**bestrafen** (vt)	[bəˈʃtʁaːfən]
punishment	**Strafe** (f)	[ˈʃtʁaːfə]
fine (penalty)	**Geldstrafe** (f)	[ˈgɛltʃtʁaːfə]
life imprisonment	**lebenslange Haft** (f)	[ˈleːbənsˌlaŋə haft]
death penalty	**Todesstrafe** (f)	[ˈtoːdəsˌʃtʁaːfə]
electric chair	**elektrischer Stuhl** (m)	[eˈlɛktʁɪʃe ʃtuːl]
gallows	**Galgen** (m)	[galgən]
to execute (vt)	**hinrichten** (vt)	[ˈhɪnˌʁɪçtən]
execution	**Hinrichtung** (f)	[ˈhɪnˌʁɪçtʊŋ]
prison, jail	**Gefängnis** (n)	[gəˈfɛŋnɪs]
cell	**Zelle** (f)	[ˈtsɛlə]
escort (convoy)	**Eskorte** (f)	[ɛsˈkɔʁtə]
prison guard	**Gefängniswärter** (m)	[gəˈfɛŋnɪsˈvɛʁte]
prisoner	**Gefangene** (m)	[gəˈfaŋənə]
handcuffs	**Handschellen** (pl)	[ˈhantʃɛlən]
to handcuff (vt)	**Handschellen anlegen**	[ˈhantʃɛlən ˈanˌleːgən]
prison break	**Ausbruch** (m)	[ˈaʊsˌbʁʊx]
to break out (vi)	**ausbrechen** (vi)	[ˈaʊsˌbʁɛçən]
to disappear (vi)	**verschwinden** (vi)	[fɛɐˈʃvɪndən]
to release (from prison)	**aus ... entlassen**	[ˈaʊs ... ɛntˈlasn]
amnesty	**Amnestie** (f)	[amnɛsˈtiː]
police	**Polizei** (f)	[ˌpoliˈtsaɪ]
police officer	**Polizist** (m)	[poliˈtsɪst]
police station	**Polizeiwache** (f)	[poliˈtsaɪˌvaxə]
billy club	**Gummiknüppel** (m)	[ˈgʊmiˌknʏpəl]
bullhorn	**Sprachrohr** (n)	[ˈʃpʁaːxˌʁoːɐ]
patrol car	**Streifenwagen** (m)	[ˈʃtʁaɪfənˌvaːgən]
siren	**Sirene** (f)	[ˌziˈʁeːnə]
to turn on the siren	**die Sirene einschalten**	[di ˌziˈʁeːnə ˈaɪnʃaltən]
siren call	**Sirenengeheul** (n)	[ziˈʁeːnənˌgəˈhɔɪl]
crime scene	**Tatort** (m)	[ˈtaːtˌʔɔʁt]
witness	**Zeuge** (m)	[ˈtsɔɪgə]
freedom	**Freiheit** (f)	[ˈfʁaɪhaɪt]
accomplice	**Komplize** (m)	[kɔmˈpliːtsə]
to flee (vi)	**verschwinden** (vi)	[fɛɐˈʃvɪndən]
trace (to leave a ~)	**Spur** (f)	[ʃpuːɐ]

194. Police. Law. Part 2

English	German	IPA
search (investigation)	Fahndung (f)	['faːndʊŋ]
to look for ...	suchen (vt)	['zuːχən]
suspicion	Verdacht (m)	[fɛɐ̯'daχt]
suspicious (e.g., ~ vehicle)	verdächtig	[fɛɐ̯'dɛçtɪç]
to stop (cause to halt)	anhalten (vt)	['anˌhaltən]
to detain (keep in custody)	verhaften (vt)	[fɛɐ̯'haftən]
case (lawsuit)	Fall (m), Klage (f)	[faːl], ['klaːɡə]
investigation	Untersuchung (f)	[ʊntɐ'zuːχʊŋ]
detective	Detektiv (m)	[detɛk'tiːf]
investigator	Ermittlungsrichter (m)	[ɛɐ̯'mɪtlʊŋsˌʁɪçtɐ]
hypothesis	Version (f)	[vɛʁ'zjoːn]
motive	Motiv (n)	[mo'tiːf]
interrogation	Verhör (n)	[fɛɐ̯'høːɐ̯]
to interrogate (vt)	verhören (vt)	[fɛɐ̯'høːʁən]
to question (~ neighbors, etc.)	vernehmen (vt)	[fɛɐ̯'neːmən]
check (identity ~)	Kontrolle, Prüfung (f)	[kɔn'tʁɔlə], ['pʁyːfʊŋ]
round-up (raid)	Razzia (f)	['ʁatsɪa]
search (~ warrant)	Durchsuchung (f)	[dʊʁç'zuːχʊŋ]
chase (pursuit)	Verfolgung (f)	[fɛɐ̯'fɔlɡʊŋ]
to pursue, to chase	nachjagen (vi)	['naːχˌjaːɡən]
to track (a criminal)	verfolgen (vt)	[fɛɐ̯'fɔlɡən]
arrest	Verhaftung (f)	[fɛɐ̯'haftʊŋ]
to arrest (sb)	verhaften (vt)	[fɛɐ̯'haftən]
to catch (thief, etc.)	fangen (vt)	['faŋən]
capture	Festnahme (f)	['fɛstˌnaːmə]
document	Dokument (n)	[ˌdoku'mɛnt]
proof (evidence)	Beweis (m)	[bə'vaɪs]
to prove (vt)	beweisen (vt)	[bə'vaɪzən]
footprint	Fußspur (f)	['fuːsˌʃpuːɐ̯]
fingerprints	Fingerabdrücke (pl)	['fɪŋɐˌʔapdʁʏkə]
piece of evidence	Beweisstück (n)	[bə'vaɪsʃtʏk]
alibi	Alibi (n)	['aːlibi]
innocent (not guilty)	unschuldig	['ʊnʃʊldɪç]
injustice	Ungerechtigkeit (f)	['ʊŋɡəˌʁɛçtɪçkaɪt]
unjust, unfair (adj)	ungerecht	['ʊŋɡəˌʁɛçt]
criminal (adj)	Kriminal-	[kʁimi'naːl]
to confiscate (vt)	beschlagnahmen (vt)	[bə'ʃlaːkˌnaːmən]
drug (illegal substance)	Droge (f)	['dʁoːɡə]
weapon, gun	Waffe (f)	['vafə]
to disarm (vt)	entwaffnen (vt)	[ɛnt'vafnən]
to order (command)	befehlen (vt)	[ˌbə'feːlən]

to disappear (vi)	**verschwinden** (vi)	[fɛɐ'ʃvɪndən]
law	**Gesetz** (n)	[gə'zɛts]
legal, lawful (adj)	**gesetzlich**	[gə'zɛtslɪç]
illegal, illicit (adj)	**ungesetzlich**	['ʊngə͵zɛtslɪç]
responsibility (blame)	**Verantwortlichkeit** (f)	[fɛɐ'ʔantvɔʁtlɪçkaɪt]
responsible (adj)	**verantwortlich**	[fɛɐ'ʔantvɔʁtlɪç]

NATURE

The Earth. Part 1

195. Outer space

space	**Kosmos** (m)	['kɔsmɔs]
space (as adj)	**kosmisch, Raum-**	['kɔsmɪʃ], ['ʀaʊm]
outer space	**Weltraum** (m)	['vɛltʀaʊm]
world	**All** (n)	[al]
universe	**Universum** (n)	[uni'vɛʀzʊm]
galaxy	**Galaxie** (f)	[gala'ksi:]
star	**Stern** (m)	[ʃtɛʀn]
constellation	**Gestirn** (n)	[gə'ʃtɪʀn]
planet	**Planet** (m)	[pla'ne:t]
satellite	**Satellit** (m)	[zatɛ'li:t]
meteorite	**Meteorit** (m)	[meteo'ʀi:t]
comet	**Komet** (m)	[ko'me:t]
asteroid	**Asteroid** (m)	[asteʀo'i:t]
orbit	**Umlaufbahn** (f)	['ʊmlaʊf‚ba:n]
to revolve (~ around the Earth)	**sich drehen**	[zɪç 'dʀe:ən]
atmosphere	**Atmosphäre** (f)	[ʔatmo'sfɛ:ʀə]
the Sun	**Sonne** (f)	['zɔnə]
solar system	**Sonnensystem** (n)	['zɔnən·zʏs‚te:m]
solar eclipse	**Sonnenfinsternis** (f)	['zɔnən‚fɪnstɛnɪs]
the Earth	**Erde** (f)	['e:ɐdə]
the Moon	**Mond** (m)	[mo:nt]
Mars	**Mars** (m)	[maʀs]
Venus	**Venus** (f)	['ve:nʊs]
Jupiter	**Jupiter** (m)	['ju:pitɐ]
Saturn	**Saturn** (m)	[za'tʊʀn]
Mercury	**Merkur** (m)	[mɛʀ'ku:ɐ]
Uranus	**Uran** (m)	[u'ʀa:n]
Neptune	**Neptun** (m)	[nɛp'tu:n]
Pluto	**Pluto** (m)	['plu:to]
Milky Way	**Milchstraße** (f)	['mɪlç‚ʃtʀa:sə]

| Great Bear (Ursa Major) | Der Große Bär (m) | [deːɐ ˈɡʀoːsə bɛːɐ] |
| North Star | Polarstern (m) | [poˈlaːɐˌʃtɛʁn] |

Martian	Marsbewohner (m)	[ˈmaʁsbəˌvoːnɐ]
extraterrestrial (n)	Außerirdischer (m)	[ˈaʊsɐˌʔɪʁdɪʃɐ]
alien	außerirdisches Wesen (n)	[ˈaʊsɐˌʔɪʁdɪʃəs ˈveːzən]
flying saucer	fliegende Untertasse (f)	[ˈfliːɡəndə ˈʊntɐˌtasə]

spaceship	Raumschiff (n)	[ˈʀaʊmʃɪf]
space station	Raumstation (f)	[ˈʀaʊmʃtatsjoːn]
blast-off	Raketenstart (m)	[ʀaˈkeːtənʃtaʁt]

engine	Triebwerk (n)	[ˈtʀiːpˌvɛʁk]
nozzle	Düse (f)	[ˈdyːzə]
fuel	Treibstoff (m)	[ˈtʀaɪpʃtɔf]

cockpit, flight deck	Kabine (f)	[kaˈbiːnə]
antenna	Antenne (f)	[anˈtɛnə]
porthole	Bullauge (n)	[ˈbʊlˌʔaʊɡə]
solar panel	Sonnenbatterie (f)	[ˈzɔnənˌbatəˈʀiː]
spacesuit	Raumanzug (m)	[ˈʀaʊmˌʔantsuːk]

| weightlessness | Schwerelosigkeit (f) | [ˈʃveːʀəˌloːzɪçkaɪt] |
| oxygen | Sauerstoff (m) | [ˈzaʊɐʃtɔf] |

| docking (in space) | Ankopplung (f) | [ˈaŋkɔplʊŋ] |
| to dock (vi, vt) | koppeln (vi) | [ˈkɔpəln] |

observatory	Observatorium (n)	[ɔpzɛʁvaˈtoːʀiʊm]
telescope	Teleskop (n)	[teleˈskoːp]
to observe (vt)	beobachten (vt)	[bəˈʔoːbaxtən]
to explore (vt)	erforschen (vt)	[ɛɐˈfɔʁʃən]

196. The Earth

the Earth	Erde (f)	[ˈeːɐdə]
the globe (the Earth)	Erdkugel (f)	[ˈeːɐtˌkuːɡəl]
planet	Planet (m)	[plaˈneːt]

atmosphere	Atmosphäre (f)	[ʔatmoˈsfɛːʀə]
geography	Geographie (f)	[ˌɡeoɡʀaˈfiː]
nature	Natur (f)	[naˈtuːɐ]

globe (table ~)	Globus (m)	[ˈɡloːbʊs]
map	Landkarte (f)	[ˈlantˌkaʁtə]
atlas	Atlas (m)	[ˈatlas]

Europe	Europa (n)	[ɔɪˈʀoːpa]
Asia	Asien (n)	[ˈaːziən]
Africa	Afrika (n)	[ˈaːfʀika]

Australia	**Australien** (n)	[aʊsˈtʀaːlɪən]
America	**Amerika** (n)	[aˈmeːʀika]
North America	**Nordamerika** (n)	[ˈnɔʁtʔaˌmeːʀika]
South America	**Südamerika** (n)	[ˈzyːtʔaˈmeːʀika]
Antarctica	**Antarktis** (f)	[antˈʔaʁktɪs]
the Arctic	**Arktis** (f)	[ˈaʁktɪs]

197. Cardinal directions

north	**Norden** (m)	[ˈnɔʁdən]
to the north	**nach Norden**	[naːχ ˈnɔʁdən]
in the north	**im Norden**	[ɪm ˈnɔʁdən]
northern (adj)	**nördlich**	[ˈnœʁtlɪç]
south	**Süden** (m)	[ˈzyːdən]
to the south	**nach Süden**	[naːχ ˈzyːdən]
in the south	**im Süden**	[ɪm ˈzyːdən]
southern (adj)	**südlich**	[ˈzyːtlɪç]
west	**Westen** (m)	[ˈvɛstən]
to the west	**nach Westen**	[naːχ ˈvɛstən]
in the west	**im Westen**	[ɪm ˈvɛstən]
western (adj)	**westlich, West-**	[ˈvɛstlɪç], [vɛst]
east	**Osten** (m)	[ˈɔstən]
to the east	**nach Osten**	[naːχ ˈɔstən]
in the east	**im Osten**	[ɪm ˈɔstən]
eastern (adj)	**östlich**	[ˈœstlɪç]

198. Sea. Ocean

sea	**Meer** (n), **See** (f)	[meːɐ], [zeː]
ocean	**Ozean** (m)	[ˈoːtseaːn]
gulf (bay)	**Golf** (m)	[gɔlf]
straits	**Meerenge** (f)	[ˈmeːɐˌʔɛŋə]
land (solid ground)	**Festland** (n)	[ˈfɛstˌlant]
continent (mainland)	**Kontinent** (m)	[ˈkɔntinɛnt]
island	**Insel** (f)	[ˈɪnzəl]
peninsula	**Halbinsel** (f)	[ˈhalpˌʔɪnzəl]
archipelago	**Archipel** (m)	[ˌaʁçiˈpeːl]
bay, cove	**Bucht** (f)	[bʊχt]
harbor	**Hafen** (m)	[ˈhaːfən]
lagoon	**Lagune** (f)	[laˈguːnə]
cape	**Kap** (n)	[kap]
atoll	**Atoll** (n)	[aˈtɔl]

T&P Books. German vocabulary for English speakers - 9000 words

reef	**Riff** (n)	[ʀɪf]
coral	**Koralle** (f)	[ko'ʀalə]
coral reef	**Korallenriff** (n)	[ko'ʀalənˌʀɪf]

deep (adj)	**tief**	[tiːf]
depth (deep water)	**Tiefe** (f)	['tiːfə]
abyss	**Abgrund** (m)	['apˌɡʀʊnt]
trench (e.g., Mariana ~)	**Graben** (m)	['ɡʀaːbən]

| current (Ocean ~) | **Strom** (m) | [ʃtʀoːm] |
| to surround (bathe) | **umspülen** (vt) | ['ʊmˌʃpyːlən] |

| shore | **Ufer** (n) | ['uːfɐ] |
| coast | **Küste** (f) | ['kʏstə] |

flow (flood tide)	**Flut** (f)	[fluːt]
ebb (ebb tide)	**Ebbe** (f)	['ɛbə]
shoal	**Sandbank** (f)	['zantˌbaŋk]
bottom (~ of the sea)	**Boden** (m)	['boːdən]
wave	**Welle** (f)	['vɛlə]
crest (~ of a wave)	**Wellenkamm** (m)	['vɛlənˌkam]
spume (sea foam)	**Schaum** (m)	[ʃaʊm]

storm (sea storm)	**Sturm** (m)	[ʃtʊʁm]
hurricane	**Orkan** (m)	[ɔʁ'kaːn]
tsunami	**Tsunami** (m)	[tsu'naːmi]
calm (dead ~)	**Windstille** (f)	['vɪntˌʃtɪlə]
quiet, calm (adj)	**ruhig**	['ʀuːɪç]

| pole | **Pol** (m) | [poːl] |
| polar (adj) | **Polar-** | [po'laːɐ] |

latitude	**Breite** (f)	['bʀaɪtə]
longitude	**Länge** (f)	['lɛŋə]
parallel	**Breitenkreis** (m)	['bʀaɪtəənˑkʀaɪs]
equator	**Äquator** (m)	[ɛ'kvaːtoːɐ]

sky	**Himmel** (m)	['hɪməl]
horizon	**Horizont** (m)	[hoʀi'tsɔnt]
air	**Luft** (f)	[lʊft]

lighthouse	**Leuchtturm** (m)	['lɔɪçtˌtʊʁm]
to dive (vi)	**tauchen** (vi)	['taʊxən]
to sink (ab. boat)	**versinken** (vi)	[fɛɐ'zɪŋkən]
treasures	**Schätze** (pl)	['ʃɛtsə]

199. Seas' and Oceans' names

| Atlantic Ocean | **Atlantischer Ozean** (m) | [atˌlantɪʃɐ 'oːtseaːn] |
| Indian Ocean | **Indischer Ozean** (m) | ['ɪndɪʃɐ 'oːtseaːn] |

| Pacific Ocean | **Pazifischer Ozean** (m) | [paˈtsiːfɪʃɐ ˈoːtseaːn] |
| Arctic Ocean | **Arktischer Ozean** (m) | [ˈaʁktɪʃɐ ˈoːtseaːn] |

Black Sea	**Schwarzes Meer** (n)	[ˈʃvaʁtsəs ˈmeːɐ]
Red Sea	**Rotes Meer** (n)	[ˈʁoːtəs ˈmeːɐ]
Yellow Sea	**Gelbes Meer** (n)	[ˈgɛlbəs ˈmeːɐ]
White Sea	**Weißes Meer** (n)	[vaɪsəs ˈmeːɐ]

Caspian Sea	**Kaspisches Meer** (n)	[ˈkaspɪʃəs meːɐ]
Dead Sea	**Totes Meer** (n)	[ˈtoːtəs meːɐ]
Mediterranean Sea	**Mittelmeer** (n)	[ˈmɪtəlˌmeːɐ]

| Aegean Sea | **Ägäisches Meer** (n) | [ɛˈgɛːɪʃəs ˈmeːɐ] |
| Adriatic Sea | **Adriatisches Meer** (n) | [adʁiˈaːtɪʃəs ˈmeːɐ] |

Arabian Sea	**Arabisches Meer** (n)	[aˈʁaːbɪʃəs ˈmeːɐ]
Sea of Japan	**Japanisches Meer** (n)	[jaˈpaːnɪʃəs meːɐ]
Bering Sea	**Beringmeer** (n)	[ˈbeːʁɪŋˌmeːɐ]
South China Sea	**Südchinesisches Meer** (n)	[ˈzyːtˑçiˈneːzɪʃəs meːɐ]

Coral Sea	**Korallenmeer** (n)	[koˈʁalənˌmeːɐ]
Tasman Sea	**Tasmansee** (f)	[tasˈmaːnˑzeː]
Caribbean Sea	**Karibisches Meer** (n)	[kaˈʁiːbɪʃəs ˈmeːɐ]

| Barents Sea | **Barentssee** (f) | [ˈbaːʁəntsˑzeː] |
| Kara Sea | **Karasee** (f) | [ˈkaʁaˌzeː] |

North Sea	**Nordsee** (f)	[ˈnɔʁtˌzeː]
Baltic Sea	**Ostsee** (f)	[ˈɔstzeː]
Norwegian Sea	**Nordmeer** (n)	[ˈnɔʁtˌmeːɐ]

200. Mountains

mountain	**Berg** (m)	[bɛʁk]
mountain range	**Gebirgskette** (f)	[gəˈbɪʁksˌkɛtə]
mountain ridge	**Bergrücken** (m)	[ˈbɛʁkˌʁʏkən]

summit, top	**Gipfel** (m)	[ˈgɪpfəl]
peak	**Spitze** (f)	[ˈʃpɪtsə]
foot (~ of the mountain)	**Bergfuß** (m)	[ˈbɛʁkˌfuːs]
slope (mountainside)	**Abhang** (m)	[ˈapˌhaŋ]

volcano	**Vulkan** (m)	[vʊlˈkaːn]
active volcano	**tätiger Vulkan** (m)	[ˈtɛːtɪgɐ vʊlˈkaːn]
dormant volcano	**schlafender Vulkan** (m)	[ˈʃlaːfəndɐ vʊlˈkaːn]

eruption	**Ausbruch** (m)	[ˈaʊsˌbʁʊx]
crater	**Krater** (m)	[ˈkʁaːtɐ]
magma	**Magma** (n)	[ˈmagma]
lava	**Lava** (f)	[ˈlaːva]

molten (~ lava)	**glühend heiß**	['gly:ənt 'haɪs]
canyon	**Cañon** (m)	[ka'njɔn]
gorge	**Schlucht** (f)	[ʃlʊxt]
crevice	**Spalte** (f)	['ʃpaltə]
abyss (chasm)	**Abgrund** (m)	['ap‚gʀʊnt]
pass, col	**Gebirgspass** (m)	[gə'bɪʁks‚pas]
plateau	**Plateau** (n)	[pla'to:]
cliff	**Fels** (m)	[fɛls]
hill	**Hügel** (m)	['hy:gəl]
glacier	**Gletscher** (m)	['glɛtʃɐ]
waterfall	**Wasserfall** (m)	['vasɐ‚fal]
geyser	**Geiser** (m)	['gaɪzɐ]
lake	**See** (m)	[ze:]
plain	**Ebene** (f)	['e:bənə]
landscape	**Landschaft** (f)	['lantʃaft]
echo	**Echo** (n)	['ɛço]
alpinist	**Bergsteiger** (m)	['bɛʁkʃtaɪgɐ]
rock climber	**Kletterer** (m)	['klɛtəʀɐ]
to conquer (in climbing)	**bezwingen** (vt)	[bə'tsvɪŋən]
climb (an easy ~)	**Aufstieg** (m)	['aʊfʃti:k]

201. Mountains names

The Alps	**Alpen** (pl)	['alpən]
Mont Blanc	**Montblanc** (m)	[mɔn'blaŋ]
The Pyrenees	**Pyrenäen** (pl)	[pyʀe'nɛ:ən]
The Carpathians	**Karpaten** (pl)	[kaʁ'pa:tən]
The Ural Mountains	**Ural** (m), **Uralgebirge** (n)	[u'ʀa:l], [u'ʀa:l·gə'bɪʁgə]
The Caucasus Mountains	**Kaukasus** (m)	['kaʊkazʊs]
Mount Elbrus	**Elbrus** (m)	[ɛl'bʀʊs]
The Altai Mountains	**Altai** (m)	[al'taɪ]
The Tian Shan	**Tian Shan** (m)	['tja:n 'ʃa:n]
The Pamir Mountains	**Pamir** (m)	[pa'mi:ɐ]
The Himalayas	**Himalaja** (m)	[hima'la:ja]
Mount Everest	**Everest** (m)	['ɛvəʀɛst]
The Andes	**Anden** (pl)	['andən]
Mount Kilimanjaro	**Kilimandscharo** (m)	[kiliman'dʒa:ʀo]

202. Rivers

river	**Fluss** (m)	[flʊs]
spring (natural source)	**Quelle** (f)	['kvɛlə]

riverbed (river channel)	**Flussbett** (n)	['flʊsˌbɛt]
basin (river valley)	**Stromgebiet** (n)	['ʃtroːmɡəˈbiːt]
to flow into ...	**einmünden in ...**	['aɪnˌmʏndən ɪn]

| tributary | **Nebenfluss** (m) | ['neːbənˌflʊs] |
| bank (of river) | **Ufer** (n) | ['uːfɐ] |

current (stream)	**Strom** (m)	[ʃtroːm]
downstream (adv)	**stromabwärts**	['ʃtroːmˌapvɛʁts]
upstream (adv)	**stromaufwärts**	['ʃtroːmˌaʊfvɛʁts]

inundation	**Überschwemmung** (f)	[yːbɐˈʃvɛmʊŋ]
flooding	**Hochwasser** (n)	['hoːχˌvasɐ]
to overflow (vi)	**aus den Ufern treten**	['aʊs den 'uːfɐn 'treːtən]
to flood (vt)	**überfluten** (vt)	[ˌyːbɐˈfluːtən]

| shallow (shoal) | **Sandbank** (f) | ['zantˌbaŋk] |
| rapids | **Stromschnelle** (f) | ['ʃtroːmˌʃnɛlə] |

dam	**Damm** (m)	[dam]
canal	**Kanal** (m)	[kaˈnaːl]
reservoir (artificial lake)	**Stausee** (m)	['ʃtaʊzeː]
sluice, lock	**Schleuse** (f)	['ʃlɔɪzə]

water body (pond, etc.)	**Gewässer** (n)	[ɡəˈvɛsɐ]
swamp (marshland)	**Sumpf** (m), **Moor** (n)	[zʊmpf], [moːɐ]
bog, marsh	**Marsch** (f)	[maʁʃ]
whirlpool	**Strudel** (m)	['ʃtruːdəl]

stream (brook)	**Bach** (m)	[baχ]
drinking (ab. water)	**Trink-**	['trɪŋk]
fresh (~ water)	**Süß-**	[zyːs]

| ice | **Eis** (n) | [aɪs] |
| to freeze over (ab. river, etc.) | **zufrieren** (vi) | ['tsuːˌfriːʁən] |

203. Rivers' names

| Seine | **Seine** (f) | ['zɛːnə] |
| Loire | **Loire** (f) | [luˈaːʁ] |

Thames	**Themse** (f)	['tɛmzə]
Rhine	**Rhein** (m)	[raɪn]
Danube	**Donau** (f)	['doːnaʊ]

Volga	**Wolga** (f)	['vɔlɡa]
Don	**Don** (m)	[dɔn]
Lena	**Lena** (f)	['leːna]
Yellow River	**Gelber Fluss** (m)	['ɡɛlbɐ 'flʊs]

Yangtze	Jangtse (m)	['jaŋtsɛ]
Mekong	Mekong (m)	['me:kɔŋ]
Ganges	Ganges (m)	['gaŋgɛs], ['gaŋəs]

Nile River	Nil (m)	[ni:l]
Congo River	Kongo (m)	['kɔŋgo]
Okavango River	Okavango (m)	[ɔka'vaŋgo]
Zambezi River	Sambesi (m)	[zam'be:zi]
Limpopo River	Limpopo (m)	[limpɔ'po]
Mississippi River	Mississippi (m)	[mɪsɪ'sɪpi]

204. Forest

| forest, wood | Wald (m) | [valt] |
| forest (as adj) | Wald- | ['valt] |

thick forest	Dickicht (n)	['dɪkɪçt]
grove	Gehölz (n)	[gə'hœlts]
forest clearing	Lichtung (f)	['lɪçtʊŋ]

| thicket | Dickicht (n) | ['dɪkɪçt] |
| scrubland | Gebüsch (n) | [gə'bʏʃ] |

| footpath (troddenpath) | Fußweg (m) | ['fu:s‚ve:k] |
| gully | Erosionsrinne (f) | [eʀo'zio:ns'ʀɪnə] |

tree	Baum (m)	[baʊm]
leaf	Blatt (n)	[blat]
leaves (foliage)	Laub (n)	[laʊp]

fall of leaves	Laubfall (m)	['laʊp‚fal]
to fall (ab. leaves)	fallen (vi)	['falən]
top (of the tree)	Wipfel (m)	['vɪpfəl]

branch	Zweig (m)	[tsvaɪk]
bough	Ast (m)	[ast]
bud (on shrub, tree)	Knospe (f)	['knɔspə]
needle (of pine tree)	Nadel (f)	['na:dəl]
pine cone	Zapfen (m)	['tsapfən]

tree hollow	Höhlung (f)	['hø:‚lʊŋ]
nest	Nest (n)	[nɛst]
burrow (animal hole)	Höhle (f)	['hø:lə]

trunk	Stamm (m)	[ʃtam]
root	Wurzel (f)	['vʊʀtsəl]
bark	Rinde (f)	['ʀɪndə]
moss	Moos (n)	['mo:s]
to uproot (remove trees or tree stumps)	entwurzeln (vt)	[ɛnt'vʊʀtsəln]

to chop down	**fällen** (vt)	['fɛlən]
to deforest (vt)	**abholzen** (vt)	['apˌhɔltsən]
tree stump	**Baumstumpf** (m)	['baʊmʃtʊmpf]
campfire	**Lagerfeuer** (n)	['laːgeˌfɔɪɐ]
forest fire	**Waldbrand** (m)	['valtˌbʀant]
to extinguish (vt)	**löschen** (vt)	['lœʃən]
forest ranger	**Förster** (m)	['fœʁstɐ]
protection	**Schutz** (m)	[ʃʊts]
to protect (~ nature)	**beschützen** (vt)	[bə'ʃʏtsən]
poacher	**Wilddieb** (m)	['vɪltˌdiːp]
steel trap	**Falle** (f)	['falə]
to pick (mushrooms)	**sammeln** (vt)	['zaməln]
to pick (berries)	**pflücken** (vt)	['pflʏkən]
to lose one's way	**sich verirren**	[zɪç fɛɐ'ʔɪʀən]

205. Natural resources

natural resources	**Naturressourcen** (pl)	[naˈtuːɐ·ʀɛˈsʊʁsən]
minerals	**Bodenschätze** (pl)	['boːdənˌʃɛtsə]
deposits	**Vorkommen** (n)	['foːɐˌkɔmən]
field (e.g., oilfield)	**Feld** (n)	[fɛlt]
to mine (extract)	**gewinnen** (vt)	[gə'vɪnən]
mining (extraction)	**Gewinnung** (f)	[gə'vɪnʊŋ]
ore	**Erz** (n)	[eːɐts]
mine (e.g., for coal)	**Bergwerk** (n)	['bɛʁkˌvɛʁk]
shaft (mine ~)	**Schacht** (m)	[ʃaχt]
miner	**Bergarbeiter** (m)	['bɛʁkʔaʁˌbaɪtɐ]
gas (natural ~)	**Erdgas** (n)	['eːɐt·gaːs]
gas pipeline	**Gasleitung** (f)	['gaːsˌlaɪtʊŋ]
oil (petroleum)	**Erdöl** (n)	['eːɐtˌʔøːl]
oil pipeline	**Erdölleitung** (f)	['eːɐtʔøːlˌlaɪtʊŋ]
oil well	**Ölquelle** (f)	['øːlˌkvɛlə]
derrick (tower)	**Bohrturm** (m)	['boːɐˌtʊʁm]
tanker	**Tanker** (m)	['taŋkɐ]
sand	**Sand** (m)	[zant]
limestone	**Kalkstein** (m)	['kalkʃtaɪn]
gravel	**Kies** (m)	[kiːs]
peat	**Torf** (m)	[tɔʁf]
clay	**Ton** (m)	[toːn]
coal	**Kohle** (f)	['koːlə]
iron (ore)	**Eisen** (n)	['aɪzən]
gold	**Gold** (n)	[gɔlt]

silver	**Silber** (n)	['zɪlbə]
nickel	**Nickel** (n)	['nɪkəl]
copper	**Kupfer** (n)	['kʊpfɐ]

zinc	**Zink** (n)	[tsɪŋk]
manganese	**Mangan** (n)	[maŋ'ga:n]
mercury	**Quecksilber** (n)	['kvɛkˌzɪlbɐ]
lead	**Blei** (n)	[blaɪ]

mineral	**Mineral** (n)	[mɪne'ʀa:l]
crystal	**Kristall** (m)	[kʀɪs'tal]
marble	**Marmor** (m)	['maʀmo:ɐ]
uranium	**Uran** (n)	[u'ʀa:n]

The Earth. Part 2

206. Weather

weather	**Wetter** (n)	['vɛtɐ]
weather forecast	**Wetterbericht** (m)	['vɛtɐbəˌʀɪçt]
temperature	**Temperatur** (f)	[tɛmpəʀa'tuːɐ]
thermometer	**Thermometer** (n)	[tɛʁmo'meːtɐ]
barometer	**Barometer** (n)	[baʀo'meːtɐ]
humid (adj)	**feucht**	[fɔɪçt]
humidity	**Feuchtigkeit** (f)	['fɔɪçtɪçkaɪt]
heat (extreme ~)	**Hitze** (f)	['hɪtsə]
hot (torrid)	**glutheiß**	['gluːtˌhaɪs]
it's hot	**ist heiß**	[ist haɪs]
it's warm	**ist warm**	[ist vaʁm]
warm (moderately hot)	**warm**	[vaʁm]
it's cold	**ist kalt**	[ist kalt]
cold (adj)	**kalt**	[kalt]
sun	**Sonne** (f)	['zɔnə]
to shine (vi)	**scheinen** (vi)	['ʃaɪnən]
sunny (day)	**sonnig**	['zɔnɪç]
to come up (vi)	**aufgehen** (vi)	['aʊfˌgeːən]
to set (vi)	**untergehen** (vi)	['ʊntɐˌgeːən]
cloud	**Wolke** (f)	['vɔlkə]
cloudy (adj)	**bewölkt**	[bə'vœlkt]
rain cloud	**Regenwolke** (f)	['ʀeːgənˌvɔlkə]
somber (gloomy)	**trüb**	[tʀyːp]
rain	**Regen** (m)	['ʀeːgən]
it's raining	**Es regnet**	[ɛs 'ʀeːgnət]
rainy (~ day, weather)	**regnerisch**	['ʀeːgnəʀɪʃ]
to drizzle (vi)	**nieseln** (vi)	['niːzəln]
pouring rain	**strömender Regen** (m)	['ʃtʀøːməndə 'ʀeːgən]
downpour	**Regenschauer** (m)	['ʀeːgənˌʃaʊɐ]
heavy (e.g., ~ rain)	**stark**	[ʃtaʁk]
puddle	**Pfütze** (f)	['pfʏtsə]
to get wet (in rain)	**nass werden** (vi)	[nas 'veːɐdən]
fog (mist)	**Nebel** (m)	['neːbəl]
foggy	**neblig**	['neːblɪç]

| snow | Schnee (m) | [ʃne:] |
| it's snowing | Es schneit | [ɛs 'ʃnaɪt] |

207. Severe weather. Natural disasters

thunderstorm	Gewitter (n)	[gə'vɪtɐ]
lightning (~ strike)	Blitz (m)	[blɪts]
to flash (vi)	blitzen (vi)	['blɪtsən]

thunder	Donner (m)	['dɔnɐ]
to thunder (vi)	donnern (vi)	['dɔnɐn]
it's thundering	Es donnert	[ɛs 'dɔnɐt]

| hail | Hagel (m) | ['ha:gəl] |
| it's hailing | Es hagelt | [ɛs 'ha:gəlt] |

| to flood (vt) | überfluten (vt) | [ˌy:bɐ'flu:tən] |
| flood, inundation | Überschwemmung (f) | [y:bɐ'ʃvɛmʊŋ] |

earthquake	Erdbeben (n)	['e:ɐtˌbe:bən]
tremor, shoke	Erschütterung (f)	[ɛɐ'ʃʏtəʀʊŋ]
epicenter	Epizentrum (n)	[ˌepi'tsɛntʀʊm]
eruption	Ausbruch (m)	['aʊsˌbʀʊx]
lava	Lava (f)	['la:va]

twister	Wirbelsturm (m)	['vɪʀbəlˌʃtʊʀm]
tornado	Tornado (m)	[tɔʀ'na:do]
typhoon	Taifun (m)	[taɪ'fu:n]

hurricane	Orkan (m)	[ɔʀ'ka:n]
storm	Sturm (m)	[ʃtʊʀm]
tsunami	Tsunami (m)	[tsu'na:mi]

cyclone	Zyklon (m)	[tsy'klo:n]
bad weather	Unwetter (n)	['ʊnˌvɛtɐ]
fire (accident)	Brand (m)	[bʀant]
disaster	Katastrophe (f)	[ˌkatas'tʀo:fə]
meteorite	Meteorit (m)	[meteo'ʀi:t]

avalanche	Lawine (f)	[la'vi:nə]
snowslide	Schneelawine (f)	['ʃne:laˌvi:nə]
blizzard	Schneegestöber (n)	['ʃne:gəˌʃtø:bɐ]
snowstorm	Schneesturm (m)	['ʃne:ˌʃtʊʀm]

208. Noises. Sounds

| silence (quiet) | Stille (f) | ['ʃtɪlə] |
| sound | Laut (m) | [laʊt] |

noise	**Lärm** (m)	[lɛʁm]
to make noise	**lärmen** (vi)	['lɛʁmən]
noisy (adj)	**lärmend**	['lɛʁmənt]
loudly (to speak, etc.)	**laut**	[laʊt]
loud (voice, etc.)	**laut**	[laʊt]
constant (e.g., ~ noise)	**ständig**	['ʃtɛndɪç]
cry, shout (n)	**Schrei** (m)	[ʃʀaɪ]
to cry, to shout (vi)	**schreien** (vi)	['ʃʀaɪən]
whisper	**Flüstern** (n)	['flʏsten]
to whisper (vi, vt)	**flüstern** (vt)	['flʏsten]
barking (dog's ~)	**Gebell** (n)	[gə'bɛl]
to bark (vi)	**bellen** (vi)	['bɛlən]
groan (of pain, etc.)	**Stöhnen** (n)	['ʃtø:nən]
to groan (vi)	**stöhnen** (vi)	['ʃtø:nən]
cough	**Husten** (m)	['hu:stən]
to cough (vi)	**husten** (vi)	['hu:stən]
whistle	**Pfiff** (m)	[pfɪf]
to whistle (vi)	**pfeifen** (vi)	['pfaɪfən]
knock (at the door)	**Klopfen** (n)	['klɔpfən]
to knock (on the door)	**klopfen** (vi)	['klɔpfən]
to crack (vi)	**krachen** (vi)	['kʀaχən]
crack (cracking sound)	**Krachen** (n)	['kʀaχən]
siren	**Sirene** (f)	[ˌzi'ʀe:nə]
whistle (factory ~, etc.)	**Pfeife** (f)	['pfaɪfə]
to whistle (ab. train)	**pfeifen** (vi)	['pfaɪfən]
honk (car horn sound)	**Hupe** (f)	['hu:pə]
to honk (vi)	**hupen** (vi)	['hu:pən]

209. Winter

winter (n)	**Winter** (m)	['vɪntɐ]
winter (as adj)	**Winter-**	['vɪntɐ]
in winter	**im Winter**	[ɪm 'vɪntɐ]
snow	**Schnee** (m)	[ʃne:]
it's snowing	**Es schneit**	[ɛs 'ʃnaɪt]
snowfall	**Schneefall** (m)	['ʃne:ˌfal]
snowdrift	**Schneewehe** (f)	['ʃne:ˌve:ə]
snowflake	**Schneeflocke** (f)	['ʃne:ˌflɔkə]
snowball	**Schneeball** (m)	['ʃne:ˌbal]
snowman	**Schneemann** (m)	['ʃne:ˌman]
icicle	**Eiszapfen** (m)	['aɪsˌtsapfən]

December	**Dezember** (m)	[de'tsɛmbɐ]
January	**Januar** (m)	['janua:ɐ]
February	**Februar** (m)	['fe:bʀua:ɐ]
frost (severe ~, freezing cold)	**Frost** (m)	[fʀɔst]
frosty (weather, air)	**frostig, Frost-**	['fʀɔstɪç], [fʀɔst]
below zero (adv)	**unter Null**	['ʊntɐ 'nʊl]
first frost	**leichter Frost** (m)	['laɪçtɐ fʀɔst]
hoarfrost	**Reif** (m)	[ʀaɪf]
cold (cold weather)	**Kälte** (f)	['kɛltə]
it's cold	**Es ist kalt**	[ɛs ist kalt]
fur coat	**Pelzmantel** (m)	['pɛlts‚mantəl]
mittens	**Fausthandschuhe** (pl)	['faʊst·hantˌʃu:ə]
to get sick	**erkranken** (vi)	[ɛɐ'kʀaŋkən]
cold (illness)	**Erkältung** (f)	[ɛɐ'kɛltʊŋ]
to catch a cold	**sich erkälten**	[zɪç ɛɐ'kɛltən]
ice	**Eis** (n)	[aɪs]
black ice	**Glatteis** (n)	['glat‚ʔaɪs]
to freeze over (ab. river, etc.)	**zufrieren** (vi)	['tsu:ˌfʀi:ʀən]
ice floe	**Eisscholle** (f)	['aɪsˌʃɔlə]
skis	**Ski** (pl)	[ʃi:]
skier	**Skiläufer** (m)	['ʃi:ˌlɔɪfɐ]
to ski (vi)	**Ski laufen**	['ʃi: 'laʊfən]
to skate (vi)	**Schlittschuh laufen**	['ʃlɪtʃu: 'laʊfən]

Fauna

210. Mammals. Predators

predator	Raubtier (n)	[ˈʀaʊptiːɐ]
tiger	Tiger (m)	[ˈtiːgɐ]
lion	Löwe (m)	[ˈløːvə]
wolf	Wolf (m)	[vɔlf]
fox	Fuchs (m)	[fʊks]
jaguar	Jaguar (m)	[ˈjaːguaːɐ]
leopard	Leopard (m)	[leoˈpaʁt]
cheetah	Gepard (m)	[geˈpaʁt]
black panther	Panther (m)	[ˈpantɐ]
puma	Puma (m)	[ˈpuːma]
snow leopard	Schneeleopard (m)	[ˈʃneːleoˌpaʁt]
lynx	Luchs (m)	[lʊks]
coyote	Kojote (m)	[kɔˈjoːtə]
jackal	Schakal (m)	[ʃaˈkaːl]
hyena	Hyäne (f)	[ˈhyɛːnə]

211. Wild animals

animal	Tier (n)	[tiːɐ]
beast (animal)	Bestie (f)	[ˈbɛstɪə]
squirrel	Eichhörnchen (n)	[ˈaɪçˌhœʁnçən]
hedgehog	Igel (m)	[ˈiːgəl]
hare	Hase (m)	[ˈhaːzə]
rabbit	Kaninchen (n)	[kaˈniːnçən]
badger	Dachs (m)	[daks]
raccoon	Waschbär (m)	[ˈvaʃˌbɛːɐ]
hamster	Hamster (m)	[ˈhamstɐ]
marmot	Murmeltier (n)	[ˈmʊʁməlˌtiːɐ]
mole	Maulwurf (m)	[ˈmaʊlˌvʊʁf]
mouse	Maus (f)	[maʊs]
rat	Ratte (f)	[ˈʀatə]
bat	Fledermaus (f)	[ˈfleːdɐˌmaʊs]
ermine	Hermelin (n)	[hɛʁməˈliːn]
sable	Zobel (m)	[ˈtsoːbəl]

English	German	IPA
marten	**Marder** (m)	[ˈmaʁdɐ]
weasel	**Wiesel** (n)	[ˈviːzəl]
mink	**Nerz** (m)	[nɛʁts]
beaver	**Biber** (m)	[ˈbiːbɐ]
otter	**Fischotter** (m)	[ˈfɪʃˌʔɔtɐ]
horse	**Pferd** (n)	[pfeːɐt]
moose	**Elch** (m)	[ɛlç]
deer	**Hirsch** (m)	[hɪʁʃ]
camel	**Kamel** (n)	[kaˈmeːl]
bison	**Bison** (m)	[ˈbiːzɔn]
wisent	**Wisent** (m)	[ˈviːzɛnt]
buffalo	**Büffel** (m)	[ˈbʏfəl]
zebra	**Zebra** (n)	[ˈtseːbʀa]
antelope	**Antilope** (f)	[antiˈloːpə]
roe deer	**Reh** (n)	[ʀeː]
fallow deer	**Damhirsch** (m)	[ˈdamhɪʁʃ]
chamois	**Gämse** (f)	[ˈgɛmzə]
wild boar	**Wildschwein** (n)	[ˈvɪltʃvaɪn]
whale	**Wal** (m)	[vaːl]
seal	**Seehund** (m)	[ˈzeːˌhʊnt]
walrus	**Walroß** (n)	[ˈvaːlˌʀɔs]
fur seal	**Seebär** (m)	[ˈzeːˌbɛːɐ]
dolphin	**Delfin** (m)	[dɛlˈfiːn]
bear	**Bär** (m)	[bɛːɐ]
polar bear	**Eisbär** (m)	[ˈaɪsˌbɛːɐ]
panda	**Panda** (m)	[ˈpanda]
monkey	**Affe** (m)	[ˈafə]
chimpanzee	**Schimpanse** (m)	[ʃɪmˈpanzə]
orangutan	**Orang-Utan** (m)	[ˈoːʀaŋˌʔuːtan]
gorilla	**Gorilla** (m)	[goˈʀɪla]
macaque	**Makak** (m)	[maˈkak]
gibbon	**Gibbon** (m)	[ˈgɪbɔn]
elephant	**Elefant** (m)	[eleˈfant]
rhinoceros	**Nashorn** (n)	[ˈnaːsˌhɔʁn]
giraffe	**Giraffe** (f)	[ˌgiˈʀafə]
hippopotamus	**Flusspferd** (n)	[ˈflʊsˌpfeːɐt]
kangaroo	**Känguru** (n)	[ˈkɛŋguʀu]
koala (bear)	**Koala** (m)	[koˈaːla]
mongoose	**Manguste** (f)	[maŋˈgʊstə]
chinchilla	**Chinchilla** (n)	[tʃɪnˈtʃɪla]
skunk	**Stinktier** (n)	[ˈʃtɪŋkˌtiːɐ]
porcupine	**Stachelschwein** (n)	[ˈʃtaχəlʃvaɪn]

212. Domestic animals

cat	**Katze** (f)	['katsə]
tomcat	**Kater** (m)	['kaːtɐ]
dog	**Hund** (m)	[hʊnt]
horse	**Pferd** (n)	[pfeːɐt]
stallion (male horse)	**Hengst** (m)	['hɛŋst]
mare	**Stute** (f)	['ʃtuːtə]
cow	**Kuh** (f)	[kuː]
bull	**Stier** (m)	[ʃtiːɐ]
ox	**Ochse** (m)	['ɔksə]
sheep (ewe)	**Schaf** (n)	[ʃaːf]
ram	**Widder** (m)	['vɪdɐ]
goat	**Ziege** (f)	['tsiːgə]
billy goat, he-goat	**Ziegenbock** (m)	['tsiːgənˌbɔk]
donkey	**Esel** (m)	['eːzəl]
mule	**Maultier** (n)	['maʊlˌtiːɐ]
pig, hog	**Schwein** (n)	[ʃvaɪn]
piglet	**Ferkel** (n)	['fɛʁkəl]
rabbit	**Kaninchen** (n)	[ka'niːnçən]
hen (chicken)	**Huhn** (n)	[huːn]
rooster	**Hahn** (m)	[haːn]
duck	**Ente** (f)	['ɛntə]
drake	**Enterich** (m)	['ɛntəʁɪç]
goose	**Gans** (f)	[gans]
tom turkey, gobbler	**Puter** (m)	['puːtɐ]
turkey (hen)	**Pute** (f)	['puːtə]
domestic animals	**Haustiere** (pl)	['haʊsˌtiːʁə]
tame (e.g., ~ hamster)	**zahm**	[tsaːm]
to tame (vt)	**zähmen** (vt)	['tsɛːmən]
to breed (vt)	**züchten** (vt)	['tsʏçtən]
farm	**Farm** (f)	[faʁm]
poultry	**Geflügel** (n)	[gə'flyːgəl]
cattle	**Vieh** (n)	[fiː]
herd (cattle)	**Herde** (f)	['heːɐdə]
stable	**Pferdestall** (m)	['pfeːɐdəˌʃtal]
pigpen	**Schweinestall** (m)	['ʃvaɪnəˌʃtal]
cowshed	**Kuhstall** (m)	['kuːˌʃtal]
rabbit hutch	**Kaninchenstall** (m)	[ka'niːnçənˌʃtal]
hen house	**Hühnerstall** (m)	['hyːnɐˌʃtal]

213. Dogs. Dog breeds

dog	**Hund** (m)	[hʊnt]
sheepdog	**Schäferhund** (m)	[ˈʃɛːfɐˌhʊnt]
German shepherd	**Deutsche Schäferhund** (m)	[ˈdɔɪtʃə ˈʃɛːfɐˌhʊnt]
poodle	**Pudel** (m)	[ˈpuːdəl]
dachshund	**Dachshund** (m)	[ˈdaksˌhʊnt]
bulldog	**Bulldogge** (f)	[ˈbʊlˌdɔgə]
boxer	**Boxer** (m)	[ˈbɔksɐ]
mastiff	**Mastiff** (m)	[ˈmastɪf]
Rottweiler	**Rottweiler** (m)	[ˈʀɔtvaɪlɐ]
Doberman	**Dobermann** (m)	[ˈdoːbɐˌman]
basset	**Basset** (m)	[baˈseː]
bobtail	**Bobtail** (m)	[ˈbɔpteːl]
Dalmatian	**Dalmatiner** (m)	[ˌdalmaˈtiːnɐ]
cocker spaniel	**Cocker-Spaniel** (m)	[ˈkɔkɐ ˈʃpanɪəl]
Newfoundland	**Neufundländer** (m)	[nɔɪˈfʊntˌlɛndɐ]
Saint Bernard	**Bernhardiner** (m)	[bɛʀnhaʀˈdiːnɐ]
husky	**Eskimohund** (m)	[ˈɛskimoˌhʊnt]
Chow Chow	**Chow-Chow** (m)	[ˈtʃauˈtʃau]
spitz	**Spitz** (m)	[ʃpɪts]
pug	**Mops** (m)	[mɔps]

214. Sounds made by animals

barking (n)	**Gebell** (n)	[gəˈbɛl]
to bark (vi)	**bellen** (vi)	[ˈbɛlən]
to meow (vi)	**miauen** (vi)	[miˈauən]
to purr (vi)	**schnurren** (vi)	[ˈʃnʊʀən]
to moo (vi)	**muhen** (vi)	[ˈmuːən]
to bellow (bull)	**brüllen** (vi)	[ˈbʀʏlən]
to growl (vi)	**knurren** (vi)	[ˈknʊʀən]
howl (n)	**Heulen** (n)	[ˈhɔɪlən]
to howl (vi)	**heulen** (vi)	[ˈhɔɪlən]
to whine (vi)	**winseln** (vi)	[ˈvɪnzəln]
to bleat (sheep)	**meckern** (vi)	[ˈmɛkɐn]
to oink, to grunt (pig)	**grunzen** (vi)	[ˈgʀʊntsən]
to squeal (vi)	**kreischen** (vi)	[ˈkʀaɪʃən]
to croak (vi)	**quaken** (vi)	[ˈkvaːkən]
to buzz (insect)	**summen** (vi)	[ˈzʊmən]

to chirp (crickets, grasshopper)	zirpen (vi)	['tsɪʁpən]

215. Young animals

cub	Tierkind (n)	['tiːɐˌkɪnt]
kitten	Kätzchen (n)	['kɛtsçən]
baby mouse	Mausjunge (n)	['maʊsˌjʊŋə]
puppy	Hündchen (n), Welpe (m)	['hʏntçən], ['vɛlpə]
leveret	Häschen (n)	['hɛːsçən]
baby rabbit	Kaninchenjunge (n)	[ka'niːnçənˌjʊŋə]
wolf cub	Wolfsjunge (n)	['vɔlfsˌjʊŋə]
fox cub	Fuchsjunge (n)	['fʊksˌjʊŋə]
bear cub	Bärenjunge (n)	['bɛːʁənˌjʊŋə]
lion cub	Löwenjunge (n)	['løːvənˌjʊŋə]
tiger cub	junger Tiger (m)	['jʏŋɐ 'tiːgɐ]
elephant calf	Elefantenjunge (n)	[ele'fantənˌjʊŋə]
piglet	Ferkel (n)	['fɛʁkəl]
calf (young cow, bull)	Kalb (n)	[kalp]
kid (young goat)	Ziegenkitz (n)	['tsiːgənˌkɪts]
lamb	Lamm (n)	[lam]
fawn (young deer)	Hirschkalb (n)	['hɪʁʃˌkalp]
young camel	Kamelfohlen (n)	[ka'meːlˌfoːlən]
snakelet (baby snake)	junge Schlange (f)	['jʊŋə 'ʃlaŋə]
froglet (baby frog)	Fröschlein (n)	['fʁœʃlain]
baby bird	junger Vogel (m)	['jʏŋɐ 'foːgəl]
chick (of chicken)	Küken (n)	['kyːkən]
duckling	Entlein (n)	['ɛntlaɪn]

216. Birds

bird	Vogel (m)	['foːgəl]
pigeon	Taube (f)	['taʊbə]
sparrow	Spatz (m)	[ʃpats]
tit (great tit)	Meise (f)	['maɪzə]
magpie	Elster (f)	['ɛlstɐ]
raven	Rabe (m)	['ʁaːbə]
crow	Krähe (f)	['kʁɛːə]
jackdaw	Dohle (f)	['doːlə]
rook	Saatkrähe (f)	['zaːtˌkʁɛːə]
duck	Ente (f)	['ɛntə]
goose	Gans (f)	[gans]

pheasant	**Fasan** (m)	[fa'zaːn]
eagle	**Adler** (m)	['aːdlɐ]
hawk	**Habicht** (m)	['haːbɪçt]
falcon	**Falke** (m)	['falkə]
vulture	**Greif** (m)	[gʀaɪf]
condor (Andean ~)	**Kondor** (m)	['kɔndoːɐ]
swan	**Schwan** (m)	[ʃvaːn]
crane	**Kranich** (m)	['kʀaːnɪç]
stork	**Storch** (m)	[ʃtɔʁç]
parrot	**Papagei** (m)	[papa'gaɪ]
hummingbird	**Kolibri** (m)	['koːlibʀi]
peacock	**Pfau** (m)	[pfaʊ]
ostrich	**Strauß** (m)	[ʃtʀaʊs]
heron	**Reiher** (m)	['ʀaɪɐ]
flamingo	**Flamingo** (m)	[fla'mɪŋgo]
pelican	**Pelikan** (m)	['peːlikaːn]
nightingale	**Nachtigall** (f)	['naxtɪgal]
swallow	**Schwalbe** (f)	['ʃvalbə]
thrush	**Drossel** (f)	['dʀɔsəl]
song thrush	**Singdrossel** (f)	['zɪŋˌdʀɔsəl]
blackbird	**Amsel** (f)	['amzəl]
swift	**Segler** (m)	['zeːglɐ]
lark	**Lerche** (f)	['lɛʁçə]
quail	**Wachtel** (f)	['vaxtəl]
woodpecker	**Specht** (m)	[ʃpɛçt]
cuckoo	**Kuckuck** (m)	['kʊkʊk]
owl	**Eule** (f)	['ɔɪlə]
eagle owl	**Uhu** (m)	['uːhu]
wood grouse	**Auerhahn** (m)	['aʊɐˌhaːn]
black grouse	**Birkhahn** (m)	['bɪʁkˌhaːn]
partridge	**Rebhuhn** (n)	['ʀeːpˌhuːn]
starling	**Star** (m)	[ʃtaːɐ]
canary	**Kanarienvogel** (m)	[ka'naːʀɪənˌfoːgəl]
hazel grouse	**Haselhuhn** (n)	['haːzəlˌhuːn]
chaffinch	**Buchfink** (m)	['buːxfɪŋk]
bullfinch	**Gimpel** (m)	['gɪmpəl]
seagull	**Möwe** (f)	['møːvə]
albatross	**Albatros** (m)	['albatʀɔs]
penguin	**Pinguin** (m)	['pɪŋguiːn]

217. Birds. Singing and sounds

to sing (vi)	**singen** (vt)	['zɪŋən]
to call (animal, bird)	**schreien** (vi)	['ʃraɪən]
to crow (rooster)	**kikeriki schreien**	[ˌkikəRi'ki: 'ʃraɪən]
cock-a-doodle-doo	**kikeriki**	[ˌkikəRi'ki:]
to cluck (hen)	**gackern** (vi)	['gakɐn]
to caw (crow call)	**krächzen** (vi)	['kRɛçtsən]
to quack (duck call)	**schnattern** (vi)	['ʃnaten]
to cheep (vi)	**piepsen** (vi)	['pi:psən]
to chirp, to twitter	**zwitschern** (vi)	['tsvɪtʃen]

218. Fish. Marine animals

bream	**Brachse** (f)	['bRaksə]
carp	**Karpfen** (m)	['kaʁpfən]
perch	**Barsch** (m)	[baʁʃ]
catfish	**Wels** (m)	[vɛls]
pike	**Hecht** (m)	[hɛçt]
salmon	**Lachs** (m)	[laks]
sturgeon	**Stör** (m)	[ʃtø:ɐ]
herring	**Hering** (m)	['he:Rɪŋ]
Atlantic salmon	**atlantische Lachs** (m)	[at'lantɪʃə laks]
mackerel	**Makrele** (f)	[ma'kRe:lə]
flatfish	**Scholle** (f)	['ʃɔlə]
zander, pike perch	**Zander** (m)	['tsandɐ]
cod	**Dorsch** (m)	[dɔʁʃ]
tuna	**Tunfisch** (m)	['tu:nfɪʃ]
trout	**Forelle** (f)	[ˌfo'Rɛlə]
eel	**Aal** (m)	[a:l]
electric ray	**Zitterrochen** (m)	['tsɪtɐˌRɔχən]
moray eel	**Muräne** (f)	[mu'Rɛ:nə]
piranha	**Piranha** (m)	[pi'Ranja]
shark	**Hai** (m)	[haɪ]
dolphin	**Delfin** (m)	[dɛl'fi:n]
whale	**Wal** (m)	[va:l]
crab	**Krabbe** (f)	['kRabə]
jellyfish	**Meduse** (f)	[me'du:zə]
octopus	**Krake** (m)	['kRa:kə]
starfish	**Seestern** (m)	['ze:ˌʃtɛʁn]
sea urchin	**Seeigel** (m)	['ze:ˌʔi:gəl]

T&P Books. German vocabulary for English speakers - 9000 words

seahorse	Seepferdchen (n)	['zeːˌpfeːɐtçən]
oyster	Auster (f)	['aʊstɐ]
shrimp	Garnele (f)	[gaʁ'neːlə]
lobster	Hummer (m)	['hʊmɐ]
spiny lobster	Languste (f)	[laŋ'gʊstə]

219. Amphibians. Reptiles

snake	Schlange (f)	['ʃlaŋə]
venomous (snake)	Gift-, giftig	[gɪft], ['gɪftɪç]
viper	Viper (f)	['viːpɐ]
cobra	Kobra (f)	['koːbʁa]
python	Python (m)	['pyːtɔn]
boa	Boa (f)	['boːa]
grass snake	Ringelnatter (f)	['ʁɪŋəlˌnatɐ]
rattle snake	Klapperschlange (f)	['klapɐˌʃlaŋə]
anaconda	Anakonda (f)	[ana'kɔnda]
lizard	Eidechse (f)	['aɪdɛksə]
iguana	Leguan (m)	['leːguaːn]
monitor lizard	Waran (m)	[va'ʁaːn]
salamander	Salamander (m)	[zala'mandɐ]
chameleon	Chamäleon (n)	[ka'mɛːleˌɔn]
scorpion	Skorpion (m)	[skɔʁ'pjoːn]
turtle	Schildkröte (f)	['ʃɪltˌkʁøːtə]
frog	Frosch (m)	[fʁɔʃ]
toad	Kröte (f)	['kʁøːtə]
crocodile	Krokodil (n)	[kʁoko'diːl]

220. Insects

insect, bug	Insekt (n)	[ɪn'zɛkt]
butterfly	Schmetterling (m)	['ʃmɛtɐlɪŋ]
ant	Ameise (f)	['aːmaɪzə]
fly	Fliege (f)	['fliːgə]
mosquito	Mücke (f)	['mʏkə]
beetle	Käfer (m)	['kɛːfɐ]
wasp	Wespe (f)	['vɛspə]
bee	Biene (f)	['biːnə]
bumblebee	Hummel (f)	['hʊməl]
gadfly (botfly)	Bremse (f)	['bʁɛmzə]
spider	Spinne (f)	['ʃpɪnə]
spiderweb	Spinnennetz (n)	['ʃpɪnənˌnɛts]

dragonfly	**Libelle** (f)	[li'bɛlə]
grasshopper	**Grashüpfer** (m)	['gʀaːsˌhʏpfɐ]
moth (night butterfly)	**Schmetterling** (m)	['ʃmɛtelɪŋ]

cockroach	**Schabe** (f)	['ʃaːbə]
tick	**Zecke** (f)	['tsɛkə]
flea	**Floh** (m)	[floː]
midge	**Kriebelmücke** (f)	['kʀiːbəlˌmʏkə]

locust	**Heuschrecke** (f)	['hɔɪʃʀɛkə]
snail	**Schnecke** (f)	['ʃnɛkə]
cricket	**Heimchen** (n)	['haɪmçən]
lightning bug	**Leuchtkäfer** (m)	['lɔɪçtˌkɛːfɐ]
ladybug	**Marienkäfer** (m)	[maˈʀiːənˌkɛːfɐ]
cockchafer	**Maikäfer** (m)	['maɪˌkɛːfɐ]

leech	**Blutegel** (m)	['bluːtˌʔeːgəl]
caterpillar	**Raupe** (f)	['ʀaʊpə]
earthworm	**Wurm** (m)	[vʊʁm]
larva	**Larve** (f)	['laʁfə]

221. Animals. Body parts

beak	**Schnabel** (m)	['ʃnaːbəl]
wings	**Flügel** (pl)	['flyːgəl]
foot (of bird)	**Fuß** (m)	[fuːs]
feathers (plumage)	**Gefieder** (n)	[gə'fiːdɐ]
feather	**Feder** (f)	['feːdɐ]
crest	**Haube** (f)	['haʊbə]

gills	**Kiemen** (pl)	['kiːmən]
spawn	**Laich** (m)	[laɪç]
larva	**Larve** (f)	['laʁfə]
fin	**Flosse** (f)	['flɔsə]
scales (of fish, reptile)	**Schuppe** (f)	['ʃʊpə]
fang (canine)	**Stoßzahn** (m)	['ʃtoːsˌtsaːn]
paw (e.g., cat's ~)	**Pfote** (f)	['pfoːtə]
muzzle (snout)	**Schnauze** (f)	['ʃnaʊtsə]
maw (mouth)	**Rachen** (m)	['ʀaxən]
tail	**Schwanz** (m)	[ʃvants]
whiskers	**Barthaar** (n)	['baːɐtˌhaːɐ]

| hoof | **Huf** (m) | [huːf] |
| horn | **Horn** (n) | [hɔʁn] |

carapace	**Panzer** (m)	['pantsɐ]
shell (of mollusk)	**Muschel** (f)	['mʊʃl]
eggshell	**Schale** (f)	['ʃaːlə]
animal's hair (pelage)	**Fell** (n)	[fɛl]
pelt (hide)	**Haut** (f)	[haʊt]

222. Actions of animals

to fly (vi)	**fliegen** (vi)	['fli:gən]
to fly in circles	**herumfliegen** (vi)	[hɛ'ʀʊm̩fli:gən]
to fly away	**wegfliegen** (vi)	['vɛk̩fli:gən]
to flap (~ the wings)	**schlagen** (vi)	['ʃla:gən]
to peck (vi)	**picken** (vt)	['pɪkən]
to sit on eggs	**bebrüten** (vt)	[bə'bʀy:tən]
to hatch out (vi)	**ausschlüpfen** (vi)	['aʊsˌʃlʏpfən]
to build a nest	**ein Nest bauen**	[aɪn nɛst 'baʊən]
to slither, to crawl	**kriechen** (vi)	['kʀi:çən]
to sting, to bite (insect)	**stechen** (vt)	['ʃtɛçən]
to bite (ab. animal)	**beißen** (vt)	['baɪsən]
to sniff (vt)	**schnüffeln** (vt)	['ʃnʏfəln]
to bark (vi)	**bellen** (vi)	['bɛlən]
to hiss (snake)	**zischen** (vi)	['tsɪʃən]
to scare (vt)	**erschrecken** (vt)	[ɛɐ̯'ʃʀɛkən]
to attack (vt)	**angreifen** (vt)	['anˌgʀaɪfən]
to gnaw (bone, etc.)	**nagen** (vi)	['na:gən]
to scratch (with claws)	**kratzen** (vt)	['kʀatsən]
to hide (vi)	**sich verstecken**	[zɪç fɛɐ̯'ʃtɛkən]
to play (kittens, etc.)	**spielen** (vi)	['ʃpi:lən]
to hunt (vi, vt)	**jagen** (vi)	['jagən]
to hibernate (vi)	**Winterschlaf halten**	['vɪntɐˌʃla:f 'haltən]
to go extinct	**aussterben** (vi)	['aʊsˌʃtɛʁbən]

223. Animals. Habitats

habitat	**Lebensraum** (f)	['le:bənsˌʀaʊm]
migration	**Wanderung** (f)	['vandəʀʊŋ]
mountain	**Berg** (m)	[bɛʁk]
reef	**Riff** (n)	[ʀɪf]
cliff	**Fels** (m)	[fɛls]
forest	**Wald** (m)	[valt]
jungle	**Dschungel** (m, n)	['dʒʊŋəl]
savanna	**Savanne** (f)	[za'vanə]
tundra	**Tundra** (f)	['tʊndʀa]
steppe	**Steppe** (f)	['ʃtɛpə]
desert	**Wüste** (f)	['vy:stə]
oasis	**Oase** (f)	[o'a:zə]
sea	**Meer** (n), **See** (f)	[me:ɐ̯], [ze:]

lake	See (m)	[zeː]
ocean	Ozean (m)	[ˈoːtseaːn]
swamp (marshland)	Sumpf (m)	[zʊmpf]
freshwater (adj)	Süßwasser-	[ˈzyːsˌvasɐ]
pond	Teich (m)	[taɪç]
river	Fluss (m)	[flʊs]
den (bear's ~)	Höhle (f), Bau (m)	[ˈhøːlə], [baʊ]
nest	Nest (n)	[nɛst]
tree hollow	Höhlung (f)	[ˈhøːˌlʊŋ]
burrow (animal hole)	Loch (n)	[lɔx]
anthill	Ameisenhaufen (m)	[ˈaːmaɪzənˌhaʊfən]

224. Animal care

zoo	Zoo (m)	[ˈtsoː]
nature preserve	Schutzgebiet (n)	[ˈʃʊtsgəˌbiːt]
breeder (cattery, kennel, etc.)	Zucht (f)	[tsʊxt]
open-air cage	Freigehege (n)	[ˈfʀaɪ·gəˈheːgə]
cage	Käfig (m)	[ˈkɛːfɪç]
doghouse (kennel)	Hundehütte (f)	[ˈhʊndəˈhytə]
dovecot	Taubenschlag (m)	[ˈtaʊbənˌʃlaːk]
aquarium (fish tank)	Aquarium (n)	[aˈkvaːʀiʊm]
dolphinarium	Delphinarium (n)	[dɛlfiˈnaːʀɪʊm]
to breed (animals)	züchten (vt)	[ˈtsʏçtən]
brood, litter	Wurf (m)	[vʊʁf]
to tame (vt)	zähmen (vt)	[ˈtsɛːmən]
to train (animals)	dressieren (vt)	[dʀɛˈsiːʀən]
feed (fodder, etc.)	Futter (n)	[ˈfʊtɐ]
to feed (vt)	füttern (vt)	[ˈfʏtɐn]
pet store	Zoohandlung (f)	[tsoːˈhandlʊŋ]
muzzle (for dog)	Maulkorb (m)	[ˈmaʊlˌkɔʁp]
collar (e.g., dog ~)	Halsband (n)	[ˈhalsˌbant]
name (of animal)	Rufname (m)	[ˈʀuːfˌnaːmə]
pedigree (of dog)	Stammbaum (m)	[ˈʃtamˌbaʊm]

225. Animals. Miscellaneous

pack (wolves)	Rudel (n)	[ˈʀuːdəl]
flock (birds)	Vogelschwarm (m)	[ˈfoːgəlʃvaʁm]
shoal, school (fish)	Schwarm (m)	[ʃvaʁm]
herd (horses)	Pferdeherde (f)	[ˈpfeːɐdəˌheːɐdə]

| male (n) | **Männchen** (n) | ['mɛnçən] |
| female (n) | **Weibchen** (n) | ['vaɪpçən] |

hungry (adj)	**hungrig**	['hʊŋʀɪç]
wild (adj)	**wild**	[vɪlt]
dangerous (adj)	**gefährlich**	[gə'fɛːelɪç]

226. Horses

| horse | **Pferd** (n) | [pfeːet] |
| breed (race) | **Rasse** (f) | ['ʀasə] |

| foal | **Fohlen** (n) | ['foːlən] |
| mare | **Stute** (f) | ['ʃtuːtə] |

mustang	**Mustang** (m)	['mʊstaŋ]
pony	**Pony** (n)	['pɔni]
draft horse	**schweres Zugpferd** (n)	['ʃveːʀəs 'tsuːkˌpfeːet]

| mane | **Mähne** (f) | ['mɛnə] |
| tail | **Schwanz** (m) | [ʃvants] |

hoof	**Huf** (m)	[huːf]
horseshoe	**Hufeisen** (n)	['huːfˌʔaɪzən]
to shoe (vt)	**beschlagen** (vt)	[bə'ʃlaːgən]
blacksmith	**Schmied** (m)	[ʃmiːt]

saddle	**Sattel** (m)	['zatəl]
stirrup	**Steigbügel** (m)	['ʃtaɪkˌbyːgəl]
bridle	**Zaum** (m)	[tsaʊm]
reins	**Zügel** (pl)	['tsyːgəl]
whip (for riding)	**Peitsche** (f)	['paɪtʃə]

rider	**Reiter** (m)	['ʀaɪtɐ]
to saddle up (vt)	**satteln** (vt)	['zatəln]
to mount a horse	**besteigen** (vt)	[bə'ʃtaɪgən]

gallop	**Galopp** (m)	[ga'lɔp]
to gallop (vi)	**galoppieren** (vi)	[galɔ'piːʀən]
trot (n)	**Trab** (m)	[tʀaːp]
at a trot (adv)	**im Trab**	[ɪm tʀaːp]
to go at a trot	**traben** (vi)	['tʀaːbən]

| racehorse | **Rennpferd** (n) | ['ʀɛnˌpfeːet] |
| horse racing | **Rennen** (n) | ['ʀɛnən] |

stable	**Pferdestall** (m)	['pfeːedəˌʃtal]
to feed (vt)	**füttern** (vt)	['fʏten]
hay	**Heu** (n)	[hɔɪ]
to water (animals)	**tränken** (vt)	['tʀɛŋkən]

to wash (horse)	**striegeln** (vt)	[ˈʃtʀiːɡəln]
horse-drawn cart	**Pferdewagen** (m)	[ˈpfeːɐdəˌvaːɡən]
to graze (vi)	**weiden** (vi)	[ˈvaɪdən]
to neigh (vi)	**wiehern** (vi)	[ˈviːɐn]
to kick (to buck)	**ausschlagen** (vi)	[ˈaʊsʃlaːɡən]

Flora

227. Trees

tree	**Baum** (m)	[baʊm]
deciduous (adj)	**Laub-**	[laʊp]
coniferous (adj)	**Nadel-**	['naːdəl]
evergreen (adj)	**immergrün**	['ɪmɐˌgʀyːn]

apple tree	**Apfelbaum** (m)	['apfəlˌbaʊm]
pear tree	**Birnbaum** (m)	['bɪʁnˌbaʊm]
sweet cherry tree	**Süßkirschbaum** (m)	['zyːskɪʁʃˌbaʊm]
sour cherry tree	**Sauerkirschbaum** (m)	[zaʊə'kɪʁʃˌbaʊm]
plum tree	**Pflaumenbaum** (m)	['pflaʊmənˌbaʊm]

birch	**Birke** (f)	['bɪʁkə]
oak	**Eiche** (f)	['aɪçə]
linden tree	**Linde** (f)	['lɪndə]
aspen	**Espe** (f)	['ɛspə]
maple	**Ahorn** (m)	['aːhɔʁn]

spruce	**Fichte** (f)	['fɪçtə]
pine	**Kiefer** (f)	['kiːfɐ]
larch	**Lärche** (f)	['lɛʁçə]
fir tree	**Tanne** (f)	['tanə]
cedar	**Zeder** (f)	['tseːdɐ]

poplar	**Pappel** (f)	['papəl]
rowan	**Vogelbeerbaum** (m)	['foːgəlbeːɐˌbaʊm]
willow	**Weide** (f)	['vaɪdə]
alder	**Erle** (f)	['ɛʁlə]

beech	**Buche** (f)	['buːχə]
elm	**Ulme** (f)	['ʊlmə]

ash (tree)	**Esche** (f)	['ɛʃə]
chestnut	**Kastanie** (f)	[kas'taːniə]

magnolia	**Magnolie** (f)	[mag'noːlɪə]
palm tree	**Palme** (f)	['palmə]
cypress	**Zypresse** (f)	[tsy'pʀɛsə]

mangrove	**Mangrovenbaum** (m)	[maŋ'gʀoːvənˌbaʊm]
baobab	**Baobab** (m)	['baːobap]
eucalyptus	**Eukalyptus** (m)	[ɔɪka'lʏptʊs]
sequoia	**Mammutbaum** (m)	['mamʊtˌbaʊm]

228. Shrubs

bush	**Strauch** (m)	[ʃtraux]
shrub	**Gebüsch** (n)	[gə'byʃ]
grapevine	**Weinstock** (m)	['vaɪnˌʃtɔk]
vineyard	**Weinberg** (m)	['vaɪnˌbɛʁk]
raspberry bush	**Himbeerstrauch** (m)	['hɪmbeːɐˌʃtraux]
blackcurrant bush	**schwarze Johannisbeere** (f)	['ʃvaʁtsə joːˈhanɪsbeːʁə]
redcurrant bush	**rote Johannisbeere** (f)	['ʁoːtə joːˈhanɪsbeːʁə]
gooseberry bush	**Stachelbeerstrauch** (m)	['ʃtaxəlbeːɐˌʃtraux]
acacia	**Akazie** (f)	[aˈkaːtsiə]
barberry	**Berberitze** (f)	[bɛʁbəˈʁɪtsə]
jasmine	**Jasmin** (m)	[jasˈmiːn]
juniper	**Wacholder** (m)	[vaˈxɔldɐ]
rosebush	**Rosenstrauch** (m)	['ʁoːzənˌʃtraux]
dog rose	**Heckenrose** (f)	['hɛkənˌʁoːzə]

229. Mushrooms

mushroom	**Pilz** (m)	[pɪlts]
edible mushroom	**essbarer Pilz** (m)	['ɛsbaːʁɐ pɪlts]
poisonous mushroom	**Giftpilz** (m)	['ɡɪftˌpɪlts]
cap (of mushroom)	**Hut** (m)	[huːt]
stipe (of mushroom)	**Stiel** (m)	[ʃtiːl]
cep (Boletus edulis)	**Steinpilz** (m)	['ʃtaɪnˌpɪlts]
orange-cap boletus	**Rotkappe** (f)	['ʁoːtˌkapə]
birch bolete	**Birkenpilz** (m)	['bɪʁkənˌpɪlts]
chanterelle	**Pfifferling** (m)	['pfɪfelɪŋ]
russula	**Täubling** (m)	['tɔyplɪŋ]
morel	**Morchel** (f)	['mɔʁçəl]
fly agaric	**Fliegenpilz** (m)	['fliːɡənˌpɪlts]
death cap	**Grüner Knollenblätterpilz** (m)	['ɡʁyːnɐ 'knɔlən·blɛtəˌpɪlts]

230. Fruits. Berries

fruit	**Frucht** (f)	[fʁuxt]
fruits	**Früchte** (pl)	['fʁʏçtə]
apple	**Apfel** (m)	['apfəl]
pear	**Birne** (f)	['bɪʁnə]

plum	**Pflaume** (f)	['pflaʊmə]
strawberry (garden ~)	**Erdbeere** (f)	['eːɐtˌbeːʀə]
sour cherry	**Sauerkirsche** (f)	['zaʊɐˌkɪʀʃə]
sweet cherry	**Süßkirsche** (f)	['zyːsˌkɪʀʃə]
grape	**Weintrauben** (pl)	['vaɪnˌtʀaʊbən]

raspberry	**Himbeere** (f)	['hɪmˌbeːʀə]
blackcurrant	**schwarze Johannisbeere** (f)	['ʃvaʀtsə joːˈhanɪsbeːʀə]
redcurrant	**rote Johannisbeere** (f)	['ʀoːtə joːˈhanɪsbeːʀə]
gooseberry	**Stachelbeere** (f)	['ʃtaxəlˌbeːʀə]
cranberry	**Moosbeere** (f)	['moːsˌbeːʀə]

orange	**Apfelsine** (f)	[apfəlˈziːnə]
mandarin	**Mandarine** (f)	[ˌmandaˈʀiːnə]
pineapple	**Ananas** (f)	['ananas]
banana	**Banane** (f)	[baˈnaːnə]
date	**Dattel** (f)	['datəl]

lemon	**Zitrone** (f)	[tsiˈtʀoːnə]
apricot	**Aprikose** (f)	[ˌapʀiˈkoːzə]
peach	**Pfirsich** (m)	['pfɪʀzɪç]
kiwi	**Kiwi, Kiwifrucht** (f)	['kiːvi], ['kiːviˌfʀʊxt]
grapefruit	**Grapefruit** (f)	['gʀɛɪpˌfʀuːt]

berry	**Beere** (f)	['beːʀə]
berries	**Beeren** (pl)	['beːʀən]
cowberry	**Preiselbeere** (f)	['pʀaɪzəlˌbeːʀə]
wild strawberry	**Walderdbeere** (f)	['valtʔeːɐtˌbeːʀə]
bilberry	**Heidelbeere** (f)	['haɪdəlˌbeːʀə]

231. Flowers. Plants

| flower | **Blume** (f) | ['bluːmə] |
| bouquet (of flowers) | **Blumenstrauß** (m) | ['bluːmənˌʃtʀaʊs] |

rose (flower)	**Rose** (f)	['ʀoːzə]
tulip	**Tulpe** (f)	['tʊlpə]
carnation	**Nelke** (f)	['nɛlkə]
gladiolus	**Gladiole** (f)	[ˌglaˈdɪoːlə]

| cornflower | **Kornblume** (f) | ['kɔʀnˌbluːmə] |
| harebell | **Glockenblume** (f) | ['glɔkənˌbluːmə] |

| dandelion | **Löwenzahn** (m) | ['løːvənˌtsaːn] |
| camomile | **Kamille** (f) | [kaˈmɪlə] |

aloe	**Aloe** (f)	['aːloe]
cactus	**Kaktus** (m)	['kaktʊs]
rubber plant, ficus	**Gummibaum** (m)	['gʊmiˌbaʊm]

lily	**Lilie** (f)	['liːliə]
geranium	**Geranie** (f)	[geˈʀaːnɪə]
hyacinth	**Hyazinthe** (f)	[hyaˈtsɪntə]

mimosa	**Mimose** (f)	[miˈmoːzə]
narcissus	**Narzisse** (f)	[naʁˈtsɪsə]
nasturtium	**Kapuzinerkresse** (f)	[ˌkapuˈtsiːnɐˌkʀɛsə]

orchid	**Orchidee** (f)	[ˌɔʁçiˈdeːə]
peony	**Pfingstrose** (f)	[ˈpfɪŋstˌʀoːzə]
violet	**Veilchen** (n)	[ˈfaɪlçən]

pansy	**Stiefmütterchen** (n)	[ˈʃtiːfˌmʏtɐçən]
forget-me-not	**Vergissmeinnicht** (n)	[fɛɐˈgɪsˈmaɪnˈnɪçt]
daisy	**Gänseblümchen** (n)	[ˈgɛnzəˌblyːmçən]

poppy	**Mohn** (m)	[moːn]
hemp	**Hanf** (m)	[hanf]
mint	**Minze** (f)	[ˈmɪntsə]

| lily of the valley | **Maiglöckchen** (n) | [ˈmaɪˌglœkçən] |
| snowdrop | **Schneeglöckchen** (n) | [ˈʃneːglœkçən] |

nettle	**Brennnessel** (f)	[ˈbʀɛnˌnɛsəl]
sorrel	**Sauerampfer** (m)	[ˈzaʊɐˌʔampfɐ]
water lily	**Seerose** (f)	[ˈzeːˌʀoːzə]

| fern | **Farn** (m) | [faʁn] |
| lichen | **Flechte** (f) | [ˈflɛçtə] |

conservatory (greenhouse)	**Gewächshaus** (n)	[gəˈvɛksˌhaʊs]
lawn	**Rasen** (m)	[ˈʀaːzən]
flowerbed	**Blumenbeet** (n)	[ˈbluːməənˈbeːt]

plant	**Pflanze** (f)	[ˈpflantsə]
grass	**Gras** (n)	[gʀaːs]
blade of grass	**Grashalm** (m)	[ˈgʀaːsˌhalm]

| leaf | **Blatt** (n) | [blat] |
| petal | **Blütenblatt** (n) | [ˈblyːtənˌblat] |

| stem | **Stiel** (m) | [ʃtiːl] |
| tuber | **Knolle** (f) | [ˈknɔlə] |

| young plant (shoot) | **Jungpflanze** (f) | [ˈjʊŋˌpflantsə] |
| thorn | **Dorn** (m) | [dɔʁn] |

to blossom (vi)	**blühen** (vi)	[ˈblyːən]
to fade, to wither	**welken** (vi)	[ˈvɛlkən]
smell (odor)	**Geruch** (m)	[gəˈʀʊx]
to cut (flowers)	**abschneiden** (vt)	[ˈapˌʃnaɪdən]
to pick (a flower)	**pflücken** (vt)	[ˈpflʏkən]

232. Cereals, grains

grain	Getreide (n)	[gə'tʀaɪdə]
cereal crops	Getreidepflanzen (pl)	[gə'tʀaɪdə͵pflantsən]
ear (of barley, etc.)	Ähre (f)	['ɛ:ʀə]

wheat	Weizen (m)	['vaɪtsən]
rye	Roggen (m)	['ʀɔgən]
oats	Hafer (m)	['ha:fɐ]
millet	Hirse (f)	['hɪʀzə]
barley	Gerste (f)	['gɛʀstə]

corn	Mais (m)	['maɪs]
rice	Reis (m)	[ʀaɪs]
buckwheat	Buchweizen (m)	['bu:χ͵vaɪtsən]

pea plant	Erbse (f)	['ɛʀpsə]
kidney bean	weiße Bohne (f)	['vaɪsə 'bo:nə]
soy	Sojabohne (f)	['zo:ja͵bo:nə]
lentil	Linse (f)	['lɪnzə]
beans (pulse crops)	Bohnen (pl)	['bo:nən]

233. Vegetables. Greens

vegetables	Gemüse (n)	[gə'my:zə]
greens	grünes Gemüse (pl)	['gʀy:nəs gə'my:zə]

tomato	Tomate (f)	[to'ma:tə]
cucumber	Gurke (f)	['guʀkə]
carrot	Karotte (f)	[ka'ʀɔtə]
potato	Kartoffel (f)	[kaʀ'tɔfəl]
onion	Zwiebel (f)	['tsvi:bəl]
garlic	Knoblauch (m)	['kno:p͵laʊχ]

cabbage	Kohl (m)	[ko:l]
cauliflower	Blumenkohl (m)	['blu:mən͵ko:l]
Brussels sprouts	Rosenkohl (m)	['ʀo:zən͵ko:l]
broccoli	Brokkoli (m)	['bʀɔkoli]

beet	Rote Bete (f)	[͵ʀo:tə'be:tə]
eggplant	Aubergine (f)	[͵obɛʀ'ʒi:nə]
zucchini	Zucchini (f)	[tsʊ'ki:ni]
pumpkin	Kürbis (m)	['kyʀbɪs]
turnip	Rübe (f)	['ʀy:bə]

parsley	Petersilie (f)	[petɐ'zi:lɪə]
dill	Dill (m)	[dɪl]
lettuce	Kopf Salat (m)	[kɔpf za'la:t]
celery	Sellerie (m)	['zɛləʀi]

asparagus	**Spargel** (m)	[ˈʃpaʁɡəl]
spinach	**Spinat** (m)	[ʃpiˈnaːt]
pea	**Erbse** (f)	[ˈɛʁpsə]
beans	**Bohnen** (pl)	[ˈboːnən]
corn (maize)	**Mais** (m)	[ˈmaɪs]
kidney bean	**weiße Bohne** (f)	[ˈvaɪsə ˈboːnə]
pepper	**Pfeffer** (m)	[ˈpfɛfɐ]
radish	**Radieschen** (n)	[ʁaˈdiːsçən]
artichoke	**Artischocke** (f)	[aʁtiˈʃɔkə]

REGIONAL GEOGRAPHY

Countries. Nationalities

234. Western Europe

English	German	Pronunciation
Europe	Europa (n)	[ɔɪ'ʀoːpa]
European Union	Europäische Union (f)	[ˌɔɪʀo'pɛːɪʃə ʔu'njoːn]
European (n)	Europäer (m)	[ˌɔɪʀo'pɛːɐ]
European (adj)	europäisch	[ˌɔɪʀo'pɛːɪʃ]
Austria	Österreich (n)	['øːstəʀaɪç]
Austrian (masc.)	Österreicher (m)	['øːstəʀaɪçɐ]
Austrian (fem.)	Österreicherin (f)	['øːstəˌʀaɪçəʀɪn]
Austrian (adj)	österreichisch	['øːstəʀaɪçɪʃ]
Great Britain	Großbritannien (n)	[gʀoːs·bʀi'tanɪən]
England	England (n)	['ɛŋlant]
British (masc.)	Brite (m)	['bʀɪtə]
British (fem.)	Britin (f)	['bʀɪtɪn]
English, British (adj)	englisch	['ɛŋlɪʃ]
Belgium	Belgien (n)	['bɛlgɪən]
Belgian (masc.)	Belgier (m)	['bɛlgɪɐ]
Belgian (fem.)	Belgierin (f)	['bɛlgɪəʀɪn]
Belgian (adj)	belgisch	['bɛlgɪʃ]
Germany	Deutschland (n)	['dɔɪtʃlant]
German (masc.)	Deutsche (m)	['dɔɪtʃə]
German (fem.)	Deutsche (f)	['dɔɪtʃə]
German (adj)	deutsch	[dɔɪtʃ]
Netherlands	Niederlande (f)	['niːdeˌlandə]
Holland	Holland (n)	['hɔlant]
Dutch (masc.)	Holländer (m)	['hɔlɛndɐ]
Dutch (fem.)	Holländerin (f)	['hɔlɛndəʀɪn]
Dutch (adj)	holländisch	['hɔlɛndɪʃ]
Greece	Griechenland (n)	['gʀiːçənˌlant]
Greek (masc.)	Grieche (m)	['gʀiːçə]
Greek (fem.)	Griechin (f)	['gʀiːçɪn]
Greek (adj)	griechisch	['gʀiːçɪʃ]
Denmark	Dänemark (n)	['dɛːnəˌmaʁk]
Dane (masc.)	Däne (m)	['dɛːnə]

English	German	IPA
Dane (fem.)	Dänin (f)	['dɛːnɪn]
Danish (adj)	dänisch	['dɛːnɪʃ]
Ireland	Irland (n)	['ɪʁlant]
Irish (masc.)	Ire (m)	['iːʁə]
Irish (fem.)	Irin (f)	['iːʁɪn]
Irish (adj)	irisch	['iːʁɪʃ]
Iceland	Island (n)	['iːslant]
Icelander (masc.)	Isländer (m)	['iːsˌlɛndɐ]
Icelander (fem.)	Isländerin (f)	['iːsˌlɛndəʁɪn]
Icelandic (adj)	isländisch	['iːsˌlɛndɪʃ]
Spain	Spanien (n)	['ʃpaːnɪən]
Spaniard (masc.)	Spanier (m)	['ʃpaːnɪɐ]
Spaniard (fem.)	Spanierin (f)	['ʃpaːnɪəʁɪn]
Spanish (adj)	spanisch	['ʃpaːnɪʃ]
Italy	Italien (n)	[i'taːlɪən]
Italian (masc.)	Italiener (m)	[ˌital'ɪeːnɐ]
Italian (fem.)	Italienerin (f)	[ˌital'ɪeːnəʁɪn]
Italian (adj)	italienisch	[ˌita'lɪeːnɪʃ]
Cyprus	Zypern (n)	['tsyːpɐn]
Cypriot (masc.)	Zypriot (m)	[tsypʁi'oːt]
Cypriot (fem.)	Zypriotin (f)	[tsypʁi'oːtɪn]
Cypriot (adj)	zyprisch	['tsyːpʁɪʃ]
Malta	Malta (n)	['malta]
Maltese (masc.)	Malteser (m)	[mal'teːzɐ]
Maltese (fem.)	Malteserin (f)	[mal'teːzəʁɪn]
Maltese (adj)	maltesisch	[mal'teːzɪʃ]
Norway	Norwegen (n)	['nɔʁˌveːgən]
Norwegian (masc.)	Norweger (m)	['nɔʁˌveːgɐ]
Norwegian (fem.)	Norwegerin (f)	['nɔʁˌveːgəʁɪn]
Norwegian (adj)	norwegisch	['nɔʁveːgɪʃ]
Portugal	Portugal (n)	['pɔʁtugal]
Portuguese (masc.)	Portugiese (m)	[pɔʁtu'giːzə]
Portuguese (fem.)	Portugiesin (f)	[pɔʁtu'giːzɪn]
Portuguese (adj)	portugiesisch	[pɔʁtu'giːzɪʃ]
Finland	Finnland (n)	['fɪnlant]
Finn (masc.)	Finne (m)	['fɪnə]
Finn (fem.)	Finnin (f)	['fɪnɪn]
Finnish (adj)	finnisch	['fɪnɪʃ]
France	Frankreich (n)	['fʁaŋkʁaɪç]
French (masc.)	Franzose (m)	[fʁan'tsoːzə]
French (fem.)	Französin (f)	[fʁan'tsøːzɪn]
French (adj)	französisch	[fʁan'tsøːzɪʃ]

Sweden	Schweden (n)	[ˈʃveːdən]
Swede (masc.)	Schwede (m)	[ˈʃveːdə]
Swede (fem.)	Schwedin (f)	[ˈʃveːdɪn]
Swedish (adj)	schwedisch	[ˈʃveːdɪʃ]

Switzerland	Schweiz (f)	[ʃvaɪts]
Swiss (masc.)	Schweizer (m)	[ˈʃvaɪtsɐ]
Swiss (fem.)	Schweizerin (f)	[ˈʃvaɪtsəʀɪn]
Swiss (adj)	schweizerisch	[ˈʃvaɪtsəʀɪʃ]

Scotland	Schottland (n)	[ˈʃɔtlant]
Scottish (masc.)	Schotte (m)	[ˈʃɔtə]
Scottish (fem.)	Schottin (f)	[ˈʃɔtɪn]
Scottish (adj)	schottisch	[ˈʃɔtɪʃ]

Vatican	Vatikan (m)	[vatiˈkaːn]
Liechtenstein	Liechtenstein (n)	[ˈlɪçtənˌʃtaɪn]
Luxembourg	Luxemburg (n)	[ˈlʊksəmˌbʊʀk]
Monaco	Monaco (n)	[moˈnako]

235. Central and Eastern Europe

Albania	Albanien (n)	[alˈbaːniən]
Albanian (masc.)	Albaner (m)	[alˈbaːnɐ]
Albanian (fem.)	Albanerin (f)	[alˈbaːnəʀɪn]
Albanian (adj)	albanisch	[alˈbaːnɪʃ]

Bulgaria	Bulgarien (n)	[bʊlˈgaːʀiən]
Bulgarian (masc.)	Bulgare (m)	[bʊlˈgaːʀə]
Bulgarian (fem.)	Bulgarin (f)	[bʊlˈgaːʀɪn]
Bulgarian (adj)	bulgarisch	[bʊlˈgaːʀɪʃ]

Hungary	Ungarn (n)	[ˈʊŋgaʀn]
Hungarian (masc.)	Ungar (m)	[ˈʊŋgaʀ]
Hungarian (fem.)	Ungarin (f)	[ˈʊŋgaʀɪn]
Hungarian (adj)	ungarisch	[ˈʊŋgaʀɪʃ]

Latvia	Lettland (n)	[ˈlɛtlant]
Latvian (masc.)	Lette (m)	[ˈlɛtə]
Latvian (fem.)	Lettin (f)	[ˈlɛtɪn]
Latvian (adj)	lettisch	[ˈlɛtɪʃ]

Lithuania	Litauen (n)	[ˈlɪtauən]
Lithuanian (masc.)	Litauer (m)	[ˈliːtauɐ]
Lithuanian (fem.)	Litauerin (f)	[ˈliːtauəʀɪn]
Lithuanian (adj)	litauisch	[ˈlɪtauɪʃ]

Poland	Polen (n)	[ˈpoːlən]
Pole (masc.)	Pole (m)	[ˈpoːlə]
Pole (fem.)	Polin (f)	[ˈpoːlɪn]

Polish (adj)	polnisch	['pɔlnɪʃ]
Romania	Rumänien (n)	[ʀu'mɛːnɪən]
Romanian (masc.)	Rumäne (m)	[ʀu'mɛːnə]
Romanian (fem.)	Rumänin (f)	[ʀu'mɛːnɪn]
Romanian (adj)	rumänisch	[ʀu'mɛːnɪʃ]

Serbia	Serbien (n)	['zɛʀbɪən]
Serbian (masc.)	Serbe (m)	['zɛʀbə]
Serbian (fem.)	Serbin (f)	['zɛʀbɪn]
Serbian (adj)	serbisch	['zɛʀbɪʃ]

Slovakia	Slowakei (f)	[slova'kaɪ]
Slovak (masc.)	Slowake (m)	[slo'vaːkə]
Slovak (fem.)	Slowakin (f)	[slo'vaːkɪn]
Slovak (adj)	slowakisch	[slo'vaːkɪʃ]

Croatia	Kroatien (n)	[kʀo'aːtsɪən]
Croatian (masc.)	Kroate (m)	[kʀo'aːtə]
Croatian (fem.)	Kroatin (f)	[kʀo'aːtɪn]
Croatian (adj)	kroatisch	[kʀo'aːtɪʃ]

Czech Republic	Tschechien (n)	['tʃɛçɪən]
Czech (masc.)	Tscheche (m)	['tʃɛçə]
Czech (fem.)	Tschechin (f)	['tʃɛçɪn]
Czech (adj)	tschechisch	['tʃɛçɪʃ]

Estonia	Estland (n)	['ɛstlant]
Estonian (masc.)	Este (m)	['ɛstə]
Estonian (fem.)	Estin (f)	['ɛstɪn]
Estonian (adj)	estnisch	['ɛstnɪʃ]

Bosnia and Herzegovina	Bosnien und Herzegowina (n)	['bɔsnɪən ʊnt ˌhɛʀtsə'gɔvinaː]
Macedonia (Republic of ~)	Makedonien (n)	[makə'doːnɪən]
Slovenia	Slowenien (n)	[slo've:nɪən]
Montenegro	Montenegro (n)	[mɔnte'neːgʀo]

236. Former USSR countries

Azerbaijan	Aserbaidschan (n)	[ˌazɛʀbaɪ'dʒaːn]
Azerbaijani (masc.)	Aserbaidschaner (m)	[azɛʀbaɪ'dʒaːne]
Azerbaijani (fem.)	Aserbaidschanerin (f)	[azɛʀbaɪ'dʒaːnəʀɪn]
Azerbaijani, Azeri (adj)	aserbaidschanisch	[ˌazɛʀbaɪ'dʒaːnɪʃ]

Armenia	Armenien (n)	[aʀ'meːnɪən]
Armenian (masc.)	Armenier (m)	[aʀ'meːnɪɐ]
Armenian (fem.)	Armenierin (f)	[aʀ'meːnɪəʀɪn]
Armenian (adj)	armenisch	[aʀ'meːnɪʃ]
Belarus	Weißrussland (n)	['vaɪsˌʀʊslant]
Belarusian (masc.)	Weißrusse (m)	['vaɪsˌʀʊsə]

| Belarusian (fem.) | Weißrussin (f) | ['vaɪsˌʀʊsɪn] |
| Belarusian (adj) | weißrussisch | ['vaɪsˌʀʊsɪʃ] |

Georgia	Georgien (n)	[ge'ɔʀgɪən]
Georgian (masc.)	Georgier (m)	[ge'ɔʀgɪɐ]
Georgian (fem.)	Georgierin (f)	[ge'ɔʀgɪəʀɪn]
Georgian (adj)	georgisch	[ge'ɔʀgɪʃ]

Kazakhstan	Kasachstan (n)	['ka:zaχˌsta:n]
Kazakh (masc.)	Kasache (m)	[ka'zaχə]
Kazakh (fem.)	Kasachin (f)	[ka'zaχɪn]
Kazakh (adj)	kasachisch	[ˌka'zaχɪʃ]
Kirghizia	Kirgisien (n)	['kɪʀgi:ziən]
Kirghiz (masc.)	Kirgise (m)	[kɪʀ'gi:zə]
Kirghiz (fem.)	Kirgisin (f)	[kɪʀ'gi:zɪn]
Kirghiz (adj)	kirgisisch	[kɪʀ'gi:zɪʃ]

Moldova, Moldavia	Moldawien (n)	[mɔl'da:vɪən]
Moldavian (masc.)	Moldauer (m)	['mɔldaʊɐ]
Moldavian (fem.)	Moldauerin (f)	['mɔldaʊəˌʀɪn]
Moldavian (adj)	moldauisch	['mɔldaʊɪʃ]

Russia	Russland (n)	['ʀʊslant]
Russian (masc.)	Russe (m)	['ʀʊsə]
Russian (fem.)	Russin (f)	['ʀʊsɪn]
Russian (adj)	russisch	['ʀʊsɪʃ]
Tajikistan	Tadschikistan (n)	[ta'dʒi:kɪsta:n]
Tajik (masc.)	Tadschike (m)	[ta'dʒi:kə]
Tajik (fem.)	Tadschikin (f)	[ta'dʒi:kɪn]
Tajik (adj)	tadschikisch	[ta'dʒi:kɪʃ]

Turkmenistan	Turkmenistan (n)	[tʊʀk'me:nɪsta:n]
Turkmen (masc.)	Turkmene (m)	[tʊʀk'me:nə]
Turkmen (fem.)	Turkmenin (f)	[tʊʀk'me:nɪn]
Turkmenian (adj)	turkmenisch	[tʊʀk'me:nɪʃ]

Uzbekistan	Usbekistan (n)	[ʊs'be:kɪsta:n]
Uzbek (masc.)	Usbeke (m)	[ʊs'be:kə]
Uzbek (fem.)	Usbekin (f)	[ʊs'be:kɪn]
Uzbek (adj)	usbekisch	[us'be:kɪʃ]

Ukraine	Ukraine (f)	[ˌukʀa'i:nə]
Ukrainian (masc.)	Ukrainer (m)	[ukʀa'i:nɐ]
Ukrainian (fem.)	Ukrainerin (f)	[ukʀa'i:nəʀɪn]
Ukrainian (adj)	ukrainisch	[ukʀa'i:nɪʃ]

237. Asia

| Asia | Asien (n) | ['a:ziən] |
| Asian (adj) | asiatisch | [a'zia:tɪʃ] |

Vietnam	**Vietnam** (n)	[vɪɛt'nam]
Vietnamese (masc.)	**Vietnamese** (m)	[vɪɛtna'me:zə]
Vietnamese (fem.)	**Vietnamesin** (f)	[vɪɛtna'me:zɪn]
Vietnamese (adj)	vietnamesisch	[ˌviɛtna'me:zɪʃ]
India	**Indien** (n)	['ɪndɪən]
Indian (masc.)	**Inder** (m)	['ɪndɐ]
Indian (fem.)	**Inderin** (f)	['ɪndəʀɪn]
Indian (adj)	indisch	['ɪndɪʃ]
Israel	**Israel** (n)	['ɪsʀae:l]
Israeli (masc.)	**Israeli** (m)	[ˌɪsʀa'e:li]
Israeli (fem.)	**Israeli** (f)	[ˌɪsʀa'e:li]
Israeli (adj)	israelisch	[ɪsʀa'e:lɪʃ]
Jew (n)	**Jude** (m)	['ju:də]
Jewess (n)	**Jüdin** (f)	['jy:dɪn]
Jewish (adj)	jüdisch	['jy:dɪʃ]
China	**China** (n)	['çi:na]
Chinese (masc.)	**Chinese** (m)	[çi'ne:zə]
Chinese (fem.)	**Chinesin** (f)	[çi'ne:zɪn]
Chinese (adj)	chinesisch	[çi'ne:zɪʃ]
Korean (masc.)	**Koreaner** (m)	[koʀe'a:nɐ]
Korean (fem.)	**Koreanerin** (f)	[koʀe'a:nəʀɪn]
Korean (adj)	koreanisch	[koʀe'a:nɪʃ]
Lebanon	**Libanon** (m, n)	['li:banɔn]
Lebanese (masc.)	**Libanese** (m)	[liba'ne:zə]
Lebanese (fem.)	**Libanesin** (f)	[liba'ne:zɪn]
Lebanese (adj)	libanesisch	[liba'ne:zɪʃ]
Mongolia	**Mongolei** (f)	[ˌmɔŋgo'laɪ]
Mongolian (masc.)	**Mongole** (m)	[mɔŋ'go:lə]
Mongolian (fem.)	**Mongolin** (f)	[mɔŋ'go:lɪn]
Mongolian (adj)	mongolisch	[mɔŋ'go:lɪʃ]
Malaysia	**Malaysia** (n)	[ma'laɪzɪa]
Malaysian (masc.)	**Malaie** (m)	[ma'laɪə]
Malaysian (fem.)	**Malaiin** (f)	[ma'lajɪn]
Malaysian (adj)	malaiisch	[ma'laɪɪʃ]
Pakistan	**Pakistan** (n)	['pa:kɪsta:n]
Pakistani (masc.)	**Pakistaner** (m)	[pakɪs'ta:nɐ]
Pakistani (fem.)	**Pakistanerin** (f)	[pakɪs'ta:nəʀɪn]
Pakistani (adj)	pakistanisch	[pakɪs'ta:nɪʃ]
Saudi Arabia	**Saudi-Arabien** (n)	[ˌzaʊdiʔa'ʀa:bɪən]
Arab (masc.)	**Araber** (m)	['a:ʀabɐ]
Arab (fem.)	**Araberin** (f)	['a:ʀabəʀɪn]
Arab, Arabic (adj)	arabisch	[a'ʀa:bɪʃ]

Thailand	**Thailand** (n)	['taɪlant]
Thai (masc.)	**Thailänder** (m)	['taɪˌlɛndɐ]
Thai (fem.)	**Thailänderin** (f)	['taɪˌlɛndəʀɪn]
Thai (adj)	**thailändisch**	['taɪlɛndɪʃ]
Taiwan	**Taiwan** (n)	[taɪ'vaːn]
Taiwanese (masc.)	**Taiwaner** (m)	[taɪ'vaːnɐ]
Taiwanese (fem.)	**Taiwanerin** (f)	[taɪ'vaːnəʀin]
Taiwanese (adj)	**taiwanisch**	[taɪ'vaːnɪʃ]
Turkey	**Türkei** (f)	[tʏʁ'kaɪ]
Turk (masc.)	**Türke** (m)	['tʏʁkə]
Turk (fem.)	**Türkin** (f)	['tʏʁkɪn]
Turkish (adj)	**türkisch**	['tʏʁkɪʃ]
Japan	**Japan** (n)	['jaːpan]
Japanese (masc.)	**Japaner** (m)	[ja'paːnɐ]
Japanese (fem.)	**Japanerin** (f)	[ja'paːnəʀɪn]
Japanese (adj)	**japanisch**	[ja'paːnɪʃ]
Afghanistan	**Afghanistan** (n)	[afˈgaːnɪstaːn]
Bangladesh	**Bangladesch** (n)	[ˌbaŋglaˈdɛʃ]
Indonesia	**Indonesien** (n)	[ɪndoˈneːzɪən]
Jordan	**Jordanien** (n)	[jɔʁˈdaːnɪən]
Iraq	**Irak** (m, n)	[iˈʀaːk]
Iran	**Iran** (m, n)	[iˈʀaːn]
Cambodia	**Kambodscha** (n)	[kamˈbɔdʒa]
Kuwait	**Kuwait** (n)	[kuˈvaɪt]
Laos	**Laos** (n)	['laːɔs]
Myanmar	**Myanmar** (n)	['mɪanmaːɐ]
Nepal	**Nepal** (n)	['neːpal]
United Arab Emirates	**Vereinigten Arabischen Emirate** (pl)	[fɛɐ'ʔaɪnɪgən aˈʀaːbɪʃən emiˈʀaːtə]
Syria	**Syrien** (n)	['zyːʀɪən]
Palestine	**Palästina** (n)	[palɛsˈtiːna]
South Korea	**Südkorea** (n)	['zyːtkoˈʀeːa]
North Korea	**Nordkorea** (n)	['nɔʁt·koˈʀeːa]

238. North America

United States of America	**Die Vereinigten Staaten**	[di fɛɐˈʔaɪnɪçtən ˈʃtaːtən]
American (masc.)	**Amerikaner** (m)	[ameʀiˈkaːnɐ]
American (fem.)	**Amerikanerin** (f)	[ameʀiˈkaːnəʀɪn]
American (adj)	**amerikanisch**	[ameʀiˈkaːnɪʃ]
Canada	**Kanada** (n)	['kanada]
Canadian (masc.)	**Kanadier** (m)	[kaˈnaːdɪɐ]

| Canadian (fem.) | **Kanadierin** (f) | [ka'naːdiəʀɪn] |
| Canadian (adj) | **kanadisch** | [ka'naːdɪʃ] |

Mexico	**Mexiko** (n)	['mɛksikoː]
Mexican (masc.)	**Mexikaner** (m)	[mɛksi'kaːnɐ]
Mexican (fem.)	**Mexikanerin** (f)	[mɛksi'kaːnəʀɪn]
Mexican (adj)	**mexikanisch**	[mɛksi'kaːnɪʃ]

239. Central and South America

Argentina	**Argentinien** (n)	[ˌaʁɡɛn'tiːniən]
Argentinian (masc.)	**Argentinier** (m)	[aʁɡɛn'tiːniɐ]
Argentinian (fem.)	**Argentinierin** (f)	[aʁɡɛn'tiːniəʀɪn]
Argentinian (adj)	**argentinisch**	[aʁɡɛn'tiːnɪʃ]

Brazil	**Brasilien** (n)	[bʀa'ziːlɪən]
Brazilian (masc.)	**Brasilianer** (m)	[bʀazi'lɪaːnɐ]
Brazilian (fem.)	**Brasilianerin** (f)	[bʀazi'lɪaːnəʀɪn]
Brazilian (adj)	**brasilianisch**	[bʀazi'lɪanɪʃ]

Colombia	**Kolumbien** (n)	[ko'lʊmbɪən]
Colombian (masc.)	**Kolumbianer** (m)	[kolʊm'bɪaːnɐ]
Colombian (fem.)	**Kolumbianerin** (f)	[kolʊm'bɪaːnəʀɪn]
Colombian (adj)	**kolumbianisch**	[kolʊm'bɪaːnɪʃ]

Cuba	**Kuba** (n)	['kuːba]
Cuban (masc.)	**Kubaner** (m)	[ku'baːnɐ]
Cuban (fem.)	**Kubanerin** (f)	[ku'baːnəʀɪn]
Cuban (adj)	**kubanisch**	[ku'baːnɪʃ]

Chile	**Chile** (n)	['tʃiːlə]
Chilean (masc.)	**Chilene** (m)	[tʃi'leːnə]
Chilean (fem.)	**Chilenin** (f)	[tʃi'leːnɪn]
Chilean (adj)	**chilenisch**	[tʃi'leːnɪʃ]

Bolivia	**Bolivien** (n)	[bo'liːvɪən]
Venezuela	**Venezuela** (n)	[ˌvene'tsueːla]
Paraguay	**Paraguay** (n)	['paːʀagvaɪ]
Peru	**Peru** (n)	[pe'ʀuː]

Suriname	**Suriname** (n)	[syʀi'naːmə]
Uruguay	**Uruguay** (n)	['uːʀugvaɪ]
Ecuador	**Ecuador** (n)	[ˌekua'doːɐ]

The Bahamas	**Die Bahamas**	[di ba'haːmaːs]
Haiti	**Haiti** (n)	[ha'iːti]
Dominican Republic	**Dominikanische Republik** (f)	[dominiˌkaːnɪʃə ʀepu'blik]
Panama	**Panama** (n)	['panamaː]
Jamaica	**Jamaika** (n)	[ja'maɪka]

240. Africa

Egypt	**Ägypten** (n)	[ɛˈgʏptən]
Egyptian (masc.)	**Ägypter** (m)	[ɛˈgʏptɐ]
Egyptian (fem.)	**Ägypterin** (f)	[ɛˈgʏptəʀɪn]
Egyptian (adj)	ägyptisch	[ɛˈgʏptɪʃ]
Morocco	**Marokko** (n)	[ˌmaˈʀɔko]
Moroccan (masc.)	**Marokkaner** (m)	[maʀɔˈkaːnɐ]
Moroccan (fem.)	**Marokkanerin** (f)	[maʀɔˈkaːnəʀɪn]
Moroccan (adj)	marokkanisch	[maʀɔˈkaːnɪʃ]
Tunisia	**Tunesien** (n)	[tuˈneːzɪən]
Tunisian (masc.)	**Tunesier** (m)	[tuˈneːzɪɐ]
Tunisian (fem.)	**Tunesierin** (f)	[tuˈneːzɪəʀɪn]
Tunisian (adj)	tunesisch	[tuˈneːzɪʃ]
Ghana	**Ghana** (n)	[ˈgaːna]
Zanzibar	**Sansibar** (n)	[ˈzanzibaːɐ]
Kenya	**Kenia** (n)	[ˈkeːnia]
Libya	**Libyen** (n)	[ˈliːbyən]
Madagascar	**Madagaskar** (n)	[ˌmadaˈgaskaʁ]
Namibia	**Namibia** (n)	[naˈmiːbia]
Senegal	**Senegal** (m)	[ˈzeːnegal]
Tanzania	**Tansania** (n)	[tanˈzaːnɪa]
South Africa	**Republik Südafrika** (f)	[ʀepuˈbliːk zyːtˌʔaːfʀika]
African (masc.)	**Afrikaner** (m)	[afʀiˈkaːnɐ]
African (fem.)	**Afrikanerin** (f)	[afʀiˈkaːnəʀɪn]
African (adj)	afrikanisch	[afʀiˈkaːnɪʃ]

241. Australia. Oceania

Australia	**Australien** (n)	[aʊsˈtʀaːlɪən]
Australian (masc.)	**Australier** (m)	[aʊsˈtʀaːlɪɐ]
Australian (fem.)	**Australierin** (f)	[aʊsˈtʀaːlɪəʀɪn]
Australian (adj)	australisch	[aʊsˈtʀaːlɪʃ]
New Zealand	**Neuseeland** (n)	[nɔɪˈzeːlant]
New Zealander (masc.)	**Neuseeländer** (m)	[nɔɪˈzeːˌlɛndɐ]
New Zealander (fem.)	**Neuseeländerin** (f)	[nɔɪˈzeːˌlɛndəʀɪn]
New Zealand (as adj)	neuseeländisch	[nɔɪˈzeːˌlɛndɪʃ]
Tasmania	**Tasmanien** (n)	[tasˈmaːnɪən]
French Polynesia	**Französisch-Polynesien** (n)	[fʀanˈtsøːzɪʃ polyˈneːzɪən]

242. Cities

Amsterdam	**Amsterdam** (n)	[ˌamstɐˈdam]
Ankara	**Ankara** (n)	[ˈaŋkaʀa]
Athens	**Athen** (n)	[aˈteːn]
Baghdad	**Bagdad** (n)	[ˈbakdat]
Bangkok	**Bangkok** (n)	[ˈbaŋkɔk]
Barcelona	**Barcelona** (n)	[ˌbaʀsəˈloːnaː]
Beijing	**Peking** (n)	[ˈpeːkɪŋ]
Beirut	**Beirut** (n)	[baɪˈʀuːt]
Berlin	**Berlin** (n)	[bɛʁˈliːn]
Mumbai (Bombay)	**Bombay** (n)	[ˈbɔmbeɪ]
Bonn	**Bonn** (n)	[bɔn]
Bordeaux	**Bordeaux** (n)	[bɔʁˈdoː]
Bratislava	**Bratislava** (n)	[bʀatɪsˈlaːva]
Brussels	**Brüssel** (n)	[ˈbʀʏsəl]
Bucharest	**Bukarest** (n)	[ˈbukaʀɛst]
Budapest	**Budapest** (n)	[ˈbuːdaˌpɛst]
Cairo	**Kairo** (n)	[ˈkaɪʀo]
Kolkata (Calcutta)	**Kalkutta** (n)	[kalˈkʊta]
Chicago	**Chicago** (n)	[ʃɪˈkaːgo]
Copenhagen	**Kopenhagen** (n)	[ˌkopənˈhaːgən]
Dar-es-Salaam	**Daressalam** (n)	[daʀɛsaˈlaːm]
Delhi	**Delhi** (n)	[ˈdɛli]
Dubai	**Dubai** (n)	[ˈduːbaɪ]
Dublin	**Dublin** (n)	[ˈdablɪn]
Düsseldorf	**Düsseldorf** (n)	[ˈdʏsəlˌdɔʁf]
Florence	**Florenz** (n)	[floˈʀɛnts]
Frankfurt	**Frankfurt** (n)	[ˈfʀaŋkfʊʁt]
Geneva	**Genf** (n)	[gɛnf]
The Hague	**Den Haag** (n)	[den ˈhaːk]
Hamburg	**Hamburg** (n)	[ˈhambʊʁk]
Hanoi	**Hanoi** (n)	[haˈnɔɪ]
Havana	**Havanna** (n)	[haˈvana]
Helsinki	**Helsinki** (n)	[ˈhelsiŋki]
Hiroshima	**Hiroshima** (n)	[hiʀoˈʃiːma]
Hong Kong	**Hongkong** (n)	[ˈhɔŋkɔŋ]
Istanbul	**Istanbul** (n)	[ˈɪstambuːl]
Jerusalem	**Jerusalem** (n)	[jeˈʀuːzalɛm]
Kyiv	**Kiew** (n)	[ˈkiːɛf]
Kuala Lumpur	**Kuala Lumpur** (n)	[kuˈala ˈlʊmpʊʁ]
Lisbon	**Lissabon** (n)	[ˈlɪsabɔn]
London	**London** (n)	[ˈlɔndɔn]
Los Angeles	**Los Angeles** (n)	[lɔsˈændʒəlɪs]

Lyons	**Lyon** (n)	[li'ɔŋ]
Madrid	**Madrid** (n)	[ma'drɪt]
Marseille	**Marseille** (n)	[maʁ'sɛːj]
Mexico City	**Mexiko-Stadt** (n)	['mɛksiko 'ʃtat]
Miami	**Miami** (n)	[maj'ɛmɪ]
Montreal	**Montreal** (n)	[mɔntʀe'al]
Moscow	**Moskau** (n)	['mɔskaʊ]
Munich	**München** (n)	['mʏnçən]
Nairobi	**Nairobi** (n)	[naɪ'ʀoːbi]
Naples	**Neapel** (n)	[ne'apəl]
New York	**New York** (n)	[nju: 'jɔːk]
Nice	**Nizza** (n)	['nɪtsaː]
Oslo	**Oslo** (n)	['ɔsloː]
Ottawa	**Ottawa** (n)	[ɔ'tava]
Paris	**Paris** (n)	[pa'ʀiːs]
Prague	**Prag** (n)	[pʀaːk]
Rio de Janeiro	**Rio de Janeiro** (n)	['ʀiːo deː ʒa'neːʀo]
Rome	**Rom** (n)	[ʀoːm]
Saint Petersburg	**Sankt Petersburg** (n)	['sankt 'peːtɐsbuʁk]
Seoul	**Seoul** (n)	[ze'uːl]
Shanghai	**Schanghai** (n)	[ʃaŋ'haɪ]
Singapore	**Singapur** (n)	['zɪŋgapuːɐ]
Stockholm	**Stockholm** (n)	['ʃtɔkhɔlm]
Sydney	**Sydney** (n)	['sɪdnɪ]
Taipei	**Taipeh** (n)	[taɪ'peː]
Tokyo	**Tokio** (n)	['toːkɪoː]
Toronto	**Toronto** (n)	[tɔ'ʀɔnto]
Venice	**Venedig** (n)	[ve'neːdɪç]
Vienna	**Wien** (n)	[viːn]
Warsaw	**Warschau** (n)	['vaʁʃaʊ]
Washington	**Washington** (n)	['vɔʃɪŋtən]

243. Politics. Government. Part 1

politics	**Politik** (f)	[poli'tɪk]
political (adj)	**politisch**	[po'liːtɪʃ]
politician	**Politiker** (m)	[po'liːtikɐ]
state (country)	**Staat** (m)	[ʃtaːt]
citizen	**Bürger** (m)	['bʏʁgɐ]
citizenship	**Staatsbürgerschaft** (f)	['ʃtaːtsbʏʁgɐʃaft]
national emblem	**Staatswappen** (n)	['ʃtaːtsˌvapən]
national anthem	**Nationalhymne** (f)	[natsjoˈnaːlˌhʏmnə]
government	**Regierung** (f)	[ʀe'giːʀʊŋ]

English	German	Pronunciation
head of state	Staatschef (m)	['ʃtaːtsʃɛf]
parliament	Parlament (n)	[paʁla'mɛnt]
party	Partei (f)	[paʁ'taɪ]
capitalism	Kapitalismus (m)	[kapita'lɪsmʊs]
capitalist (adj)	kapitalistisch	[kapita'lɪstɪʃ]
socialism	Sozialismus (m)	[zotsɪa'lɪsmʊs]
socialist (adj)	sozialistisch	[zotsɪa'lɪstɪʃ]
communism	Kommunismus (m)	[ˌkɔmu'nɪsmʊs]
communist (adj)	kommunistisch	[kɔmu'nɪstɪʃ]
communist (n)	Kommunist (m)	[kɔmu'nɪst]
democracy	Demokratie (f)	[demokʀa'tiː]
democrat	Demokrat (m)	[demo'kʀaːt]
democratic (adj)	demokratisch	[demo'kʀaːtɪʃ]
Democratic party	demokratische Partei (f)	[demo'kʀaːtɪʃə paʁ'taɪ]
liberal (n)	Liberale (m)	[libe'ʀaːlə]
liberal (adj)	liberal	[libe'ʀaːl]
conservative (n)	Konservative (m)	[ˌkɔnzɛʁva'tiːvə]
conservative (adj)	konservativ	[ˌkɔnzɛʁva'tiːf]
republic (n)	Republik (f)	[ʀepu'bliːk]
republican (n)	Republikaner (m)	[ʀepubli'kaːnɐ]
Republican party	Republikanische Partei (f)	[ʀepubli'kaːnɪʃə paʁ'taɪ]
elections	Wahlen (pl)	['vaːlən]
to elect (vt)	wählen (vt)	['vɛːlən]
elector, voter	Wähler (m)	['vɛːlɐ]
election campaign	Wahlkampagne (f)	['vaːl·kamˌpanjə]
voting (n)	Abstimmung (f)	['apʃtɪmʊŋ]
to vote (vi)	abstimmen (vi)	['apʃtɪmən]
suffrage, right to vote	Abstimmungsrecht (n)	['apʃtɪmʊŋs·ʀɛçt]
candidate	Kandidat (m)	[kandi'daːt]
to be a candidate	kandidieren (vi)	[kandi'diːʀən]
campaign	Kampagne (f)	[kam'panjə]
opposition (as adj)	Oppositions-	[ɔpozi'tsjoːns]
opposition (n)	Opposition (f)	[ɔpozi'tsjoːn]
visit	Besuch (m)	[bə'zuːχ]
official visit	Staatsbesuch (m)	['ʃtaːtsbəˌzuːχ]
international (adj)	international	[ˌɪntɐnatsjo'naːl]
negotiations	Verhandlungen (pl)	[fɛʁ'handlʊŋən]
to negotiate (vi)	verhandeln (vi)	[fɛʁ'handəln]

244. Politics. Government. Part 2

society	Gesellschaft (f)	[gə'zɛlʃaft]
constitution	Verfassung (f)	[fɛɐ'fasʊŋ]
power (political control)	Macht (f)	[maχt]
corruption	Korruption (f)	[kɔʁʊp'tsjoːn]
law (justice)	Gesetz (n)	[gə'zɛts]
legal (legitimate)	gesetzlich	[gə'zɛtslɪç]
justice (fairness)	Gerechtigkeit (f)	[gə'ʁɛçtɪçˌkaɪt]
just (fair)	gerecht	[gə'ʁɛçt]
committee	Komitee (n)	[komi'teː]
bill (draft law)	Gesetzentwurf (m)	[gə'zɛtsʔɛntˌvʊʁf]
budget	Budget (n)	[by'dʒeː]
policy	Politik (f)	[poli'tɪk]
reform	Reform (f)	[ʁe'fɔʁm]
radical (adj)	radikal	[ʁadi'kaːl]
power (strength, force)	Macht (f)	[maχt]
powerful (adj)	mächtig	['mɛçtɪç]
supporter	Anhänger (m)	['anˌhɛŋɐ]
influence	Einfluss (m)	['aɪnˌflʊs]
regime (e.g., military ~)	Regime (n)	[ʁe'ʒiːm]
conflict	Konflikt (m)	[kɔn'flɪkt]
conspiracy (plot)	Verschwörung (f)	[fɛɐ'ʃvøːʁʊŋ]
provocation	Provokation (f)	[pʁovoka'tsjoːn]
to overthrow (regime, etc.)	stürzen (vt)	['ʃtʏʁtsən]
overthrow (of government)	Sturz (m)	[ʃtʊʁts]
revolution	Revolution (f)	[ʁevolu'tsjoːn]
coup d'état	Staatsstreich (m)	['ʃtaːtsˌʃtʁaɪç]
military coup	Militärputsch (m)	[mili'tɛːɐˌpʊtʃ]
crisis	Krise (f)	['kʁiːzə]
economic recession	Rezession (f)	[ʁetsɛ'sjoːn]
demonstrator (protester)	Demonstrant (m)	[demɔn'stʁant]
demonstration	Demonstration (f)	[demɔnstʁa'tsjoːn]
martial law	Ausnahmezustand (m)	['aʊsnaːməˌtsuːʃtant]
military base	Militärbasis (f)	[mili'tɛːɐˌbaːzɪs]
stability	Stabilität (f)	[ʃtabili'tɛːt]
stable (adj)	stabil	[ʃta'biːl]
exploitation	Ausbeutung (f)	['aʊsˌbɔɪtʊŋ]
to exploit (workers)	ausbeuten (vt)	['aʊsˌbɔɪtən]
racism	Rassismus (m)	[ʁa'sɪsmʊs]
racist	Rassist (m)	[ʁa'sɪst]

fascism	**Faschismus** (m)	[faˈʃɪsmʊs]
fascist	**Faschist** (m)	[faˈʃɪst]

245. Countries. Miscellaneous

foreigner	**Ausländer** (m)	[ˈaʊsˌlɛndɐ]
foreign (adj)	**ausländisch**	[ˈaʊsˌlɛndɪʃ]
abroad (in a foreign country)	**im Ausland**	[ɪm ˈaʊslant]
emigrant	**Auswanderer** (m)	[ˈaʊsˌvandəʀɐ]
emigration	**Auswanderung** (f)	[ˈaʊsˌvandəʀʊŋ]
to emigrate (vi)	**auswandern** (vi)	[ˈaʊsˌvandɐn]
the West	**Westen** (m)	[ˈvɛstən]
the East	**Osten** (m)	[ˈɔstən]
the Far East	**Ferner Osten** (m)	[ˈfɛʀnɐ ˈɔstən]
civilization	**Zivilisation** (f)	[tsiviliza'tsjoːn]
humanity (mankind)	**Menschheit** (f)	[ˈmɛnʃhaɪt]
the world (earth)	**Welt** (f)	[vɛlt]
peace	**Frieden** (m)	[ˈfʀiːdən]
worldwide (adj)	**Welt-**	[vɛlt]
homeland	**Heimat** (f)	[ˈhaɪmaːt]
people (population)	**Volk** (n)	[fɔlk]
population	**Bevölkerung** (f)	[bəˈfœlkəʀʊŋ]
people (a lot of ~)	**Leute** (pl)	[ˈlɔɪtə]
nation (people)	**Nation** (f)	[na'tsjoːn]
generation	**Generation** (f)	[genəʀa'tsjoːn]
territory (area)	**Territorium** (n)	[tɛʀi'toːʀiʊm]
region	**Region** (f)	[ʀe'gjoːn]
state (part of a country)	**Staat** (m)	[ʃtaːt]
tradition	**Tradition** (f)	[tʀadi'tsjoːn]
custom (tradition)	**Brauch** (m)	[bʀaʊx]
ecology	**Ökologie** (f)	[ˌøkolo'giː]
Indian (Native American)	**Indianer** (m)	[ɪn'diaːnɐ]
Gypsy (masc.)	**Zigeuner** (m)	[tsi'gɔɪnɐ]
Gypsy (fem.)	**Zigeunerin** (f)	[tsi'gɔɪnəʀɪn]
Gypsy (adj)	**Zigeuner-**	[tsi'gɔɪnɐ]
empire	**Reich** (n)	[ˈʀaɪç]
colony	**Kolonie** (f)	[kolo'niː]
slavery	**Sklaverei** (f)	[sklavə'ʀaɪ]
invasion	**Einfall** (m)	[ˈaɪnˌfal]
famine	**Hunger** (m)	[ˈhʊŋɐ]

246. Major religious groups. Confessions

religion	**Religion** (f)	[ʀeli'gjo:n]
religious (adj)	**religiös**	[ʀeli'gɪø:s]
faith, belief	**Glaube** (m)	['glaʊbə]
to believe (in God)	**glauben** (vt)	['glaʊbən]
believer	**Gläubige** (m)	['glɔɪbɪgə]
atheism	**Atheismus** (m)	[ate'ʔɪsmʊs]
atheist	**Atheist** (m)	[ate'ɪst]
Christianity	**Christentum** (n)	['kʀɪstəntu:m]
Christian (n)	**Christ** (m)	[kʀɪst]
Christian (adj)	**christlich**	['kʀɪstlɪç]
Catholicism	**Katholizismus** (m)	['katolizɪsmus]
Catholic (n)	**Katholik** (m)	[kato'li:k]
Catholic (adj)	**katholisch**	[ka'to:lɪʃ]
Protestantism	**Protestantismus** (m)	[pʀɔtɛs'tantɪsmʊs]
Protestant Church	**Protestantische Kirche** (f)	[pʀɔtɛs'tantɪʃə 'kɪʀçə]
Protestant (n)	**Protestant** (m)	[pʀɔtɛs'tant]
Orthodoxy	**Orthodoxes Christentum** (n)	[ɔʀto'dɔksəs 'kʀɪstəntu:m]
Orthodox Church	**Orthodoxe Kirche** (f)	[ɔʀto'dɔksə 'kɪʀçə]
Orthodox (n)	**orthodoxer Christ** (m)	[ɔʀto'dɔks]
Presbyterianism	**Presbyterianismus** (m)	[pʀɛsbyte'ʀia:nɪsmʊs]
Presbyterian Church	**Presbyterianische Kirche** (f)	[pʀɛsbyte'ʀia:nɪʃə 'kɪʀçə]
Presbyterian (n)	**Presbyterianer** (m)	[pʀɛsbyte'ʀia:nɐ]
Lutheranism	**Lutherische Kirche** (f)	['lʊtəʀɪʃə 'kɪʀçə]
Lutheran (n)	**Lutheraner** (m)	[lʊtə'ʀa:nɐ]
Baptist Church	**Baptismus** (m)	[bap'tɪsmʊs]
Baptist (n)	**Baptist** (m)	[bap'tɪst]
Anglican Church	**Anglikanische Kirche** (f)	[aŋgli'ka:nɪʃə 'kɪʀçə]
Anglican (n)	**Anglikaner** (m)	[aŋgli'kanɐ]
Mormonism	**Mormonismus** (m)	[mɔʀmo:'nɪsmʊs]
Mormon (n)	**Mormone** (m)	[mɔʀ'mo:nə]
Judaism	**Judentum** (n)	['ju:dəntu:m]
Jew (n)	**Jude** (m)	['ju:də]
Buddhism	**Buddhismus** (m)	[bʊ'dɪsmʊs]
Buddhist (n)	**Buddhist** (m)	[bʊ'dɪst]

| Hinduism | Hinduismus (m) | [hɪndu'ʔɪsmʊs] |
| Hindu (n) | Hindu (m) | ['hɪndu] |

Islam	Islam (m)	[ɪs'laːm]
Muslim (n)	Moslem (m)	['mɔslɛm]
Muslim (adj)	moslemisch	[mɔs'leːmɪʃ]

| Shiah Islam | Schiismus (m) | [ʃi'ɪsmʊs] |
| Shiite (n) | Schiit (m) | [ʃi'iːt] |

| Sunni Islam | Sunnismus (m) | [zʊ'nɪsmʊs] |
| Sunnite (n) | Sunnit (m) | [zʊ'niːt] |

247. Religions. Priests

| priest | Priester (m) | ['pʀiːstɐ] |
| the Pope | Papst (m) | [papst] |

monk, friar	Mönch (m)	[mœnç]
nun	Nonne (f)	['nɔnə]
pastor	Pfarrer (m)	['pfaʀɐ]

abbot	Abt (m)	[apt]
vicar (parish priest)	Vikar (m)	[vi'kaːɐ]
bishop	Bischof (m)	['bɪʃɔf]
cardinal	Kardinal (m)	[ˌkaʀdi'naːl]

preacher	Prediger (m)	['pʀeːdɪgɐ]
preaching	Predigt (f)	['pʀeːdɪçt]
parishioners	Gemeinde (f)	[gə'maɪndə]

| believer | Gläubige (m) | ['glɔɪbɪgə] |
| atheist | Atheist (m) | [ate'ɪst] |

248. Faith. Christianity. Islam

| Adam | Adam | ['aːdam] |
| Eve | Eva | ['eːva] |

God	Gott (m)	[gɔt]
the Lord	Herr (m)	[hɛʁ]
the Almighty	Der Allmächtige	[deːɐ al'mɛçtɪgə]

sin	Sünde (f)	['zʏndə]
to sin (vi)	sündigen (vi)	['zʏndɪgən]
sinner (masc.)	Sünder (m)	['zʏndɐ]
sinner (fem.)	Sünderin (f)	['zʏndəʀɪn]
hell	Hölle (f)	['hœlə]

paradise	**Paradies** (n)	[paʀaˈdiːs]
Jesus	**Jesus** (m)	[ˈjeːzʊs]
Jesus Christ	**Jesus Christus** (m)	[ˈjeːzʊs ˈkʀɪstʊs]

the Holy Spirit	**der Heiliger Geist**	[deːɐ ˈhaɪlɪgɐ ˈgaɪst]
the Savior	**der Erlöser**	[deːɐ ɛɐˈløːzɐ]
the Virgin Mary	**die Jungfrau Maria**	[di ˈjʊŋfʀaʊ maˈʀiːa]

the Devil	**Teufel** (m)	[ˈtɔɪfl]
devil's (adj)	**teuflisch**	[ˈtɔɪflɪʃ]
Satan	**Satan** (m)	[ˈzaːtan]
satanic (adj)	**satanisch**	[zaˈtaːnɪʃ]

angel	**Engel** (m)	[ˈɛŋəl]
guardian angel	**Schutzengel** (m)	[ˈʃʊts͜ˌʔɛŋəl]
angelic (adj)	**Engel(s)-**	[ˈɛŋəls]

apostle	**Apostel** (m)	[aˈpɔstəl]
archangel	**Erzengel** (m)	[ˈeːɐts͜ˌʔɛŋəl]
the Antichrist	**Antichrist** (m)	[ˈantiˌkʀɪst]

Church	**Kirche** (f)	[ˈkɪʁçə]
Bible	**Bibel** (f)	[ˈbiːbl]
biblical (adj)	**biblisch**	[ˈbiːblɪʃ]

Old Testament	**Altes Testament** (n)	[ˈaltəs tɛstaˈmɛnt]
New Testament	**Neues Testament** (n)	[ˈnɔɪəs tɛstaˈmɛnt]
Gospel	**Evangelium** (n)	[evaŋˈgeːlɪʊm]
Holy Scripture	**Heilige Schrift** (f)	[ˈhaɪlɪgə ʃʀɪft]
Heaven	**Himmelreich** (n)	[ˈhɪməlˌʀaɪç]

Commandment	**Gebot** (n)	[gəˈboːt]
prophet	**Prophet** (m)	[pʀoˈfeːt]
prophecy	**Prophezeiung** (f)	[pʀofeˈtsaɪʊŋ]

Allah	**Allah**	[ˈala]
Mohammed	**Mohammed** (m)	[ˈmoːhamɛt]
the Koran	**Koran** (m)	[koˈʀaːn]

mosque	**Moschee** (f)	[mɔˈʃeː]
mullah	**Mullah** (m)	[ˈmʊla]
prayer	**Gebet** (n)	[gəˈbeːt]
to pray (vi, vt)	**beten** (vi)	[ˈbeːtən]

pilgrimage	**Wallfahrt** (f)	[ˈvalˌfaːɐt]
pilgrim	**Pilger** (m)	[ˈpɪlgɐ]
Mecca	**Mekka** (n)	[ˈmɛka]

church	**Kirche** (f)	[ˈkɪʁçə]
temple	**Tempel** (m)	[ˈtɛmpəl]
cathedral	**Kathedrale** (f)	[kateˈdʀaːlə]
Gothic (adj)	**gotisch**	[ˈgoːtɪʃ]

English	German	Pronunciation
synagogue	Synagoge (f)	[zyna'go:gə]
mosque	Moschee (f)	[mɔ'ʃe:]
chapel	Kapelle (f)	[ka'pɛlə]
abbey	Abtei (f)	[ap'taɪ]
convent	Nonnenkloster (n)	['nɔnənˌkloːstɐ]
monastery	Frauenkloster (n)	['fʀaʊənˌkloːstɐ]
monastery	Kloster (n), Konvent (m)	['kloːstɐ], [kɔn'vɛnt]
bell (church ~s)	Glocke (f)	['glɔkə]
bell tower	Glockenturm (m)	['glɔkənˌtʊʁm]
to ring (ab. bells)	läuten (vi)	['lɔɪtən]
cross	Kreuz (n)	[kʀɔɪts]
cupola (roof)	Kuppel (f)	['kʊpl]
icon	Ikone (f)	[i'koːnə]
soul	Seele (f)	['zeːlə]
fate (destiny)	Schicksal (n)	['ʃɪkˌzaːl]
evil (n)	das Böse	['bøːzə]
good (n)	Gute (n)	['guːtə]
vampire	Vampir (m)	[vam'piːɐ]
witch (evil ~)	Hexe (f)	['hɛksə]
demon	Dämon (m)	['dɛːmɔn]
spirit	Geist (m)	[gaɪst]
redemption (giving us ~)	Sühne (f)	['zyːnə]
to redeem (vt)	sühnen (vt)	['zyːnən]
church service, mass	Gottesdienst (m)	['gɔtəsˌdiːnst]
to say mass	die Messe lesen	[di 'mɛsə 'leːzən]
confession	Beichte (f)	['baɪçtə]
to confess (vi)	beichten (vi)	['baɪçtən]
saint (n)	Heilige (m)	['haɪlɪgə]
sacred (holy)	heilig	['haɪlɪç]
holy water	Weihwasser (n)	['vaɪˌvasɐ]
ritual (n)	Ritual (n)	[ʀi'tuaːl]
ritual (adj)	rituell	[ʀi'tuɛl]
sacrifice	Opfer (n)	['ɔpfɐ]
superstition	Aberglaube (m)	['aːbɐˌglaʊbə]
superstitious (adj)	abergläubisch	['aːbɐˌglɔɪbɪʃ]
afterlife	Nachleben (n)	['naːxˌleːbən]
eternal life	ewiges Leben (n)	['eːvɪgəs 'leːbn]

MISCELLANEOUS

249. Various useful words

background (green ~)	**Hintergrund** (m)	['hɪntɐˌgʀʊnt]
balance (of situation)	**Bilanz** (f)	[bi'lants]
barrier (obstacle)	**Barriere** (f)	[ba'ʀiːɐ̯ːʀə]
base (basis)	**Basis** (f)	['baːzɪs]
beginning	**Anfang** (m)	['anfaŋ]
category	**Kategorie** (f)	[ˌkatego'ʀiː]
cause (reason)	**Ursache** (f)	['uːɐ̯ˌzaxə]
choice	**Auswahl** (f)	['aʊsvaːl]
coincidence	**Zufall** (m)	['tsuːˌfal]
comfortable (~ chair)	**bequem**	[bə'kveːm]
comparison	**Vergleich** (m)	[fɛɐ̯'glaɪç]
compensation	**Kompensation** (f)	[kɔmpɛnza'tsjoːn]
degree (extent, amount)	**Grad** (m)	[gʀaːt]
development	**Entwicklung** (f)	[ɛnt'vɪklʊŋ]
difference	**Unterschied** (m)	['ʊntɐʃiːt]
effect (e.g., of drugs)	**Effekt** (m)	[ɛ'fɛkt]
effort (exertion)	**Anstrengung** (f)	['anˌʃtʀɛŋʊŋ]
element	**Element** (n)	[ele'mɛnt]
end (finish)	**Ende** (n)	['ɛndə]
example (illustration)	**Beispiel** (n)	['baɪˌʃpiːl]
fact	**Tatsache** (f)	['taːtˌzaxə]
frequent (adj)	**häufig**	['hɔɪfɪç]
growth (development)	**Wachstum** (n)	['vakstuːm]
help	**Hilfe** (f)	['hɪlfə]
ideal	**Ideal** (n)	[ide'aːl]
kind (sort, type)	**Art** (f)	[aːɐ̯t]
labyrinth	**Labyrinth** (n)	[laby'ʀɪnt]
mistake, error	**Fehler** (m)	['feːlɐ]
moment	**Moment** (m)	[mo'mɛnt]
object (thing)	**Gegenstand** (m)	['geːgənʃtant]
obstacle	**Hindernis** (n)	['hɪndɐnɪs]
original (original copy)	**Original** (n)	[oʀigi'naːl]
part (~ of sth)	**Anteil** (m)	['anˌtaɪl]
particle, small part	**Teilchen** (n)	['taɪlçən]
pause (break)	**Pause** (f)	['paʊzə]

position	Position (f)	[poziˈtsjoːn]
principle	Prinzip (n)	[pʀɪnˈtsiːp]
problem	Problem (n)	[pʀoˈbleːm]

process	Prozess (m)	[pʀoˈtsɛs]
progress	Fortschritt (m)	[ˈfɔʁtʃʀɪt]
property (quality)	Eigenschaft (f)	[ˈaɪɡənʃaft]
reaction	Reaktion (f)	[ˌʀeakˈtsjoːn]
risk	Risiko (n)	[ˈʀiːziko]

secret	Geheimnis (n)	[ɡəˈhaɪmnɪs]
series	Serie (f)	[ˈzeːʀiə]
shape (outer form)	Form (f)	[fɔʁm]
situation	Situation (f)	[zituaˈtsjoːn]
solution	Lösung (f)	[ˈløːzʊŋ]

standard (adj)	Standard-	[ˈstandaʁt]
standard (level of quality)	Standard (m)	[ˈstandaʁt]
stop (pause)	Halt (m)	[halt]
style	Stil (m)	[ʃtiːl]

system	System (n)	[zʏsˈteːm]
table (chart)	Tabelle (f)	[taˈbɛlə]
tempo, rate	Tempo (n)	[ˈtɛmpo]
term (word, expression)	Fachwort (n)	[ˈfaxˌvɔʁt]

thing (object, item)	Ding (n)	[dɪŋ]
truth (e.g., moment of ~)	Wahrheit (f)	[ˈvaːɐhaɪt]
turn (please wait your ~)	Reihe (f)	[ˈʀaɪə]
type (sort, kind)	Typ (m)	[tyːp]
urgent (adj)	dringend	[ˈdʀɪŋənt]

urgently (adv)	dringend	[ˈdʀɪŋənt]
utility (usefulness)	Nutzen (m)	[ˈnʊtsən]
variant (alternative)	Variante (f)	[vaˈʀɪantə]
way (means, method)	Weise (f)	[ˈvaɪzə]
zone	Zone (f)	[ˈtsoːnə]

250. Modifiers. Adjectives. Part 1

additional (adj)	ergänzend	[ɛɐˈɡɛntsənt]
ancient (~ civilization)	alt	[alt]
artificial (adj)	künstlich	[ˈkʏnstlɪç]
back, rear (adj)	Hinter-	[ˈhɪntɐ]
bad (adj)	schlecht	[ʃlɛçt]

beautiful (~ palace)	schön	[ʃøːn]
beautiful (person)	schön	[ʃøːn]
big (in size)	groß	[ɡʀoːs]

bitter (taste)	bitter	['bɪtə]
blind (sightless)	blind	[blɪnt]
calm, quiet (adj)	ruhig	['ʀuːɪç]
careless (negligent)	nachlässig	['naːxˌlɛsɪç]
caring (~ father)	sorgsam	['zɔʁkzaːm]
central (adj)	zentral	[tsɛn'tʀaːl]
cheap (low-priced)	billig	['bɪlɪç]
cheerful (adj)	froh	[fʀoː]
children's (adj)	Kinder-	['kɪndɐ]
civil (~ law)	bürgerlich	['bʏʁgelɪç]
clandestine (secret)	Untergrund-	['ʊntɐˌgʀʊnt]
clean (free from dirt)	sauber	['zaʊbɐ]
clear (explanation, etc.)	klar	[klaːɐ]
clever (smart)	klug	[kluːk]
close (near in space)	nah	[naː]
closed (adj)	geschlossen	[gə'ʃlɔsən]
cloudless (sky)	wolkenlos	['vɔlkənˌloːs]
cold (drink, weather)	kalt	[kalt]
compatible (adj)	kompatibel	[kɔmpa'tiːbəl]
contented (satisfied)	zufrieden	[tsuˈfʀiːdən]
continuous (uninterrupted)	ununterbrochen	['ʊnʔʊntɐˌbʀɔxən]
cool (weather)	kühl	[kyːl]
dangerous (adj)	gefährlich	[gə'fɛːɐlɪç]
dark (room)	dunkel	['dʊŋkəl]
dead (not alive)	tot	[toːt]
dense (fog, smoke)	dicht	[dɪçt]
destitute (extremely poor)	in Armut lebend	[ɪn 'aʁmuːt 'leːbənt]
different (not the same)	unterschiedlich	['ʊntɐˌʃiːtlɪç]
difficult (decision)	schwierig	['ʃviːʀɪç]
difficult (problem, task)	schwierig	['ʃviːʀɪç]
dim, faint (light)	gedämpft	[gə'dɛmpft]
dirty (not clean)	schmutzig	['ʃmʊtsɪç]
distant (in space)	fern	[fɛʁn]
dry (clothes, etc.)	trocken	['tʀɔkən]
easy (not difficult)	einfach	['aɪnfax]
empty (glass, room)	leer	[leːɐ]
even (e.g., ~ surface)	glatt	[glat]
exact (amount)	genau	[gə'naʊ]
excellent (adj)	ausgezeichnet	['aʊsgəˌtsaɪçnət]
excessive (adj)	übermäßig	['yːbɐˌmɛːsɪç]
expensive (adj)	teuer	['tɔɪɐ]
exterior (adj)	Außen-, äußer	['aʊsən], ['ɔɪsɐ]
far (the ~ East)	fern	[fɛʁn]

fast (quick)	**schnell**	[ʃnɛl]
fatty (food)	**fett**	[fɛt]
fertile (land, soil)	**fruchtbar**	['fʀʊχtbaːɐ]
flat (~ panel display)	**platt**	[plat]
foreign (adj)	**ausländisch, Fremd-**	['aʊslɛndɪʃ], [fʀɛmt]
fragile (china, glass)	**zerbrechlich**	[tsɛɐ'bʀɛçlɪç]
free (at no cost)	**kostenlos, gratis**	['kɔstənloːs], ['gʀaːtɪs]
free (unrestricted)	**frei**	[fʀaɪ]
fresh (~ water)	**Süß-**	[zyːs]
fresh (e.g., ~ bread)	**frisch**	[fʀɪʃ]
frozen (food)	**tiefgekühlt**	['tiːfgəˌkyːlt]
full (completely filled)	**voll**	[fɔl]
gloomy (house, forecast)	**düster**	['dyːstɐ]
good (book, etc.)	**gut**	[guːt]
good, kind (kindhearted)	**gut**	[guːt]
grateful (adj)	**dankbar**	['daŋkbaːɐ]
happy (adj)	**glücklich**	['glʏklɪç]
hard (not soft)	**hart**	[haʁt]
heavy (in weight)	**schwer**	[ʃveːɐ]
hostile (adj)	**feindlich**	['faɪntlɪç]
hot (adj)	**heiß**	[haɪs]
huge (adj)	**riesig**	['ʀiːzɪç]
humid (adj)	**feucht**	[fɔɪçt]
hungry (adj)	**hungrig**	['hʊŋʀɪç]
ill (sick, unwell)	**krank**	[kʀaŋk]
immobile (adj)	**unbeweglich**	['ʊnbəˌveːklɪç]
important (adj)	**wichtig**	['vɪçtɪç]
impossible (adj)	**unmöglich**	['ʊnmøːklɪç]
incomprehensible	**unverständlich**	['ʊnfɛɐˌʃtɛntlɪç]
indispensable (adj)	**notwendig**	['noːtvɛndɪç]
inexperienced (adj)	**unerfahren**	['ʊnʔɛɐˌfaːʀən]
insignificant (adj)	**unbedeutend**	['ʊnbəˌdɔɪtənt]
interior (adj)	**innen-**	['ɪnən]
joint (~ decision)	**gemeinsam**	[gə'maɪnzaːm]
last (e.g., ~ week)	**vorig**	['foːʀɪç]
last (final)	**der letzte**	[deːɐ 'lɛtstə]
left (e.g., ~ side)	**link**	[lɪŋk]
legal (legitimate)	**gesetzlich**	[gə'zɛtslɪç]
light (in weight)	**leicht**	[laɪçt]
light (pale color)	**licht**	[lɪçt]
limited (adj)	**begrenzt**	[bə'gʀɛntst]
liquid (fluid)	**flüssig**	['flʏsɪç]
long (e.g., ~ hair)	**lang**	[laŋ]

| loud (voice, etc.) | laut | [laʊt] |
| low (voice) | leise | ['laɪzə] |

251. Modifiers. Adjectives. Part 2

main (principal)	Haupt-	[haʊpt]
matt, matte	matt	[mat]
meticulous (job)	sorgfältig	['zɔʁkfɛltɪç]
mysterious (adj)	rätselhaft	['ʀɛːtsəlˌhaft]
narrow (street, etc.)	eng, schmal	[ɛŋ], [ʃmaːl]

native (~ country)	Heimat-	['haɪmaːt]
nearby (adj)	nah	[naː]
nearsighted (adj)	kurzsichtig	['kʊʁtsˌzɪçtɪç]
needed (necessary)	nötig	['nøːtɪç]
negative (~ response)	negativ	['neːgatiːf]

neighboring (adj)	Nachbar-	['naxˌbaːɐ]
nervous (adj)	nervös	[nɛʁˈvøːs]
new (adj)	neu	[nɔɪ]
next (e.g., ~ week)	nächst	[nɛːçst]

nice (agreeable)	nett	[nɛt]
pleasant (voice)	angenehm	['angəˌneːm]
normal (adj)	normal	[nɔʁˈmaːl]
not big (adj)	nicht groß	[nɪçt gʀoːs]
not difficult (adj)	nicht schwierig	[nɪçt ˈʃviːʀɪç]

obligatory (adj)	obligatorisch, Pflicht-	[ɔbligaˈtoːʀɪʃ], [pflɪçt]
old (house)	alt	[alt]
open (adj)	offen	['ɔfən]
opposite (adj)	gegensätzlich	['geːgənˌzɛtslɪç]

ordinary (usual)	gewöhnlich	[gəˈvøːnlɪç]
original (unusual)	original	[ɔʀigiˈnaːl]
past (recent)	vergangen	[fɛɐˈgaŋən]
permanent (adj)	beständig	[bəˈʃtɛndɪç]
personal (adj)	persönlich	[pɛʁˈzøːnlɪç]

polite (adj)	höflich	['høːflɪç]
poor (not rich)	arm	[aʁm]
possible (adj)	möglich	['møːklɪç]
present (current)	gegenwärtig	['geːgənˌvɛʁtɪç]
previous (adj)	früher	['fʀyːɐ]

principal (main)	hauptsächlich	['haʊptˌzɛçlɪç]
private (~ jet)	privat	[pʀiˈvaːt]
probable (adj)	wahrscheinlich	[vaːɐˈʃaɪnlɪç]
prolonged (e.g., ~ applause)	andauernd	['anˌdaʊɐnt]

English	German	IPA
public (open to all)	öffentlich	['œfəntlɪç]
punctual (person)	pünktlich	['pʏŋktlɪç]
quiet (tranquil)	still	[ʃtɪl]
rare (adj)	selten	['zɛltən]
raw (uncooked)	roh	[ʀoː]
right (not left)	recht	[ʀɛçt]
right, correct (adj)	richtig	['ʀɪçtɪç]
ripe (fruit)	reif	[ʀaɪf]
risky (adj)	riskant	[ʀɪs'kant]
sad (~ look)	traurig, unglücklich	['tʀaʊʀɪç], ['ʊnˌglʏklɪç]
sad (depressing)	traurig	['tʀaʊʀɪç]
safe (not dangerous)	sicher	['zɪçɐ]
salty (food)	salzig	['zaltsɪç]
satisfied (customer)	zufrieden	[tsuˈfʀiːdən]
second hand (adj)	gebraucht	[gəˈbʀaʊχt]
shallow (water)	seicht	[zaɪçt]
sharp (blade, etc.)	scharf	[ʃaʁf]
short (in length)	kurz	[kʊʁts]
short, short-lived (adj)	kurz	[kʊʁts]
significant (notable)	bedeutend	[bəˈdɔɪtənt]
similar (adj)	ähnlich	['ɛːnlɪç]
simple (easy)	einfach	['aɪnfaχ]
skinny	abgemagert	['apgəˌmaːget]
small (in size)	klein	[klaɪn]
smooth (surface)	glatt	[glat]
soft (~ toys)	weich	[vaɪç]
solid (~ wall)	fest, stark	[fɛst], [ʃtaʁk]
sour (flavor, taste)	sauer	['zaʊɐ]
spacious (house, etc.)	geräumig	[gəˈʀɔɪmɪç]
special (adj)	speziell, Spezial-	[ʃpeˈtsɪɛl], [ʃpeˈtsɪaːl]
straight (line, road)	gerade	[gəˈʀaːdə]
strong (person)	stark	[ʃtaʁk]
stupid (foolish)	dumm	[dʊm]
suitable (e.g., ~ for drinking)	brauchbar	['bʀaʊχbaːɐ]
sunny (day)	sonnig	['zɔnɪç]
superb, perfect (adj)	ausgezeichnet	['aʊsgəˌtsaɪçnət]
swarthy (adj)	dunkelhäutig	['dʊŋkəlˌhɔɪtɪç]
sweet (sugary)	süß	[zyːs]
tan (adj)	gebräunt	[gəˈbʀɔɪnt]
tasty (delicious)	lecker	['lɛkɐ]
tender (affectionate)	zärtlich	['tsɛːɐtlɪç]
the highest (adj)	höchst	[høːçst]
the most important	das wichtigste	[das 'vɪçtɪçstə]

the nearest	**nächst**	[nɛːçst]
the same, equal (adj)	**gleich**	[glaɪç]
thick (e.g., ~ fog)	**dick**	[dɪk]
thick (wall, slice)	**dick**	[dɪk]
thin (person)	**dünn**	[dʏn]
tight (~ shoes)	**knapp**	[knap]
tired (exhausted)	**müde**	['myːdə]
tiring (adj)	**ermüdend**	[ɛɐ'myːdənt]
transparent (adj)	**durchsichtig**	['dʊʁç‚zɪçtɪç]
unclear (adj)	**undeutlich**	['ʊn‚dɔɪtlɪç]
unique (exceptional)	**einzigartig**	['aɪntsɪç‚ʔaːɐtɪç]
various (adj)	**verschieden**	[fɛɐ'ʃiːdən]
warm (moderately hot)	**warm**	[vaʁm]
wet (e.g., ~ clothes)	**nass**	[nas]
whole (entire, complete)	**ganz**	[gants]
wide (e.g., ~ road)	**breit**	[bʁaɪt]
young (adj)	**jung**	[jʊŋ]

MAIN 500 VERBS

252. Verbs A-C

to accompany (vt)	**begleiten** (vt)	[bə'glaɪtən]
to accuse (vt)	**anklagen** (vt)	['anˌklaːgən]
to acknowledge (admit)	**zugeben** (vt)	['tsuːˌgeːbən]
to act (take action)	**handeln** (vi)	['handəln]

to add (supplement)	**hinzufügen** (vt)	[hɪn'tsuːˌfyːgən]
to address (speak to)	**adressieren an ...**	[adʀɛ'siːʀən an]
to admire (vi)	**bewundern** (vt)	[bə'vʊndɐn]
to advertise (vt)	**werben** (vt)	['vɛʁbən]

to advise (vt)	**raten** (vt)	['ʀaːtən]
to affirm (assert)	**behaupten** (vt)	[bə'haʊptən]
to agree (say yes)	**zustimmen** (vi)	['tsuːˌʃtɪmən]
to aim (to point a weapon)	**zielen auf ...**	['tsiːlən aʊf]

to allow (sb to do sth)	**erlauben** (vt)	[ɛɐ'laʊbən]
to amputate (vt)	**amputieren** (vt)	[ampu'tiːʀən]
to answer (vi, vt)	**antworten** (vi)	['antˌvɔʁtən]
to apologize (vi)	**sich entschuldigen**	[zɪç ɛnt'ʃʊldɪgən]

to appear (come into view)	**erscheinen** (vi)	[ɛɐ'ʃaɪnən]
to applaud (vi, vt)	**applaudieren** (vi)	[aplaʊ'diːʀən]
to appoint (assign)	**ernennen** (vt)	[ɛɐ'nɛnən]
to approach (come closer)	**sich nähern**	[zɪç 'nɛːɐn]

to arrive (ab. train)	**ankommen** (vi)	['anˌkɔmən]
to ask (~ sb to do sth)	**bitten** (vt)	['bɪtən]
to aspire to ...	**anstreben** (vt)	['anˌʃtʀeːbən]
to assist (help)	**assistieren** (vi)	[asɪs'tiːʀən]

to attack (mil.)	**attackieren** (vt)	[ata'kiːʀən]
to attain (objectives)	**erzielen** (vt)	[ɛɐ'tsiːlən]
to avenge (get revenge)	**sich rächen**	[zɪç 'ʀɛçən]
to avoid (danger, task)	**vermeiden** (vt)	[fɛɐ'maɪdən]

to award (give medal to)	**auszeichnen** (vt)	['aʊsˌtsaɪçnən]
to battle (vi)	**kämpfen** (vi)	['kɛmpfən]

to be (vi)	**sein** (vi)	[zaɪn]
to be a cause of ...	**verursachen** (vt)	[fɛɐ'ʔuːɐˌzaxən]
to be afraid	**Angst haben**	['aŋst 'haːbən]
to be angry (with ...)	**verärgert sein**	[fɛɐ'ɛʁgɐt zaɪn]

English	German	IPA
to be at war	Krieg führen	[kriːk 'fyːʀən]
to be based (on ...)	beruhen auf ...	[bə'ʀuːən 'aʊf]
to be bored	sich langweilen	[zɪç 'laŋˌvaɪlən]
to be convinced	sich überzeugen	[zɪç yːbɐ'tsɔɪɡən]
to be enough	ausreichen (vi)	['aʊsˌʀaɪçən]
to be envious	beneiden (vt)	[bə'naɪdən]
to be indignant	sich empören	[zɪç ɛm'pøːʀən]
to be interested in ...	sich interessieren	[zɪç ɪntəʀɛ'siːʀən]
to be lost in thought	in Gedanken versinken	[ɪn ɡə'daŋkən fɛɐ'zɪŋkən]
to be lying (~ on the table)	gelegen sein	[ɡə'leːɡən zaɪn]
to be needed	nötig sein	['nøːtɪç zaɪn]
to be perplexed (puzzled)	verblüfft sein	[fɛɐ'blʏft zaɪn]
to be preserved	sich erhalten	[zɪç ɛɐ'haltən]
to be required	notwendig sein	['noːtvɛndɪç zaɪn]
to be surprised	überrascht sein	[yːbɐ'ʀaʃt zaɪn]
to be worried	sich Sorgen machen	[zɪç 'zɔʁɡən 'maxən]
to beat (to hit)	schlagen (vt)	['ʃlaːɡən]
to become (e.g., ~ old)	werden (vi)	['veːɐdən]
to behave (vi)	sich benehmen	[zɪç bə'neːmən]
to believe (think)	meinen (vt)	['maɪnən]
to belong to ...	gehören (vi)	[ɡə'høːʀən]
to berth (moor)	anlegen (vi)	['anˌleːɡən]
to blind (other drivers)	blenden (vt)	['blɛndən]
to blow (wind)	wehen (vi)	['veːən]
to blush (vi)	erröten (vi)	[ɛɐ'ʀøːtən]
to boast (vi)	prahlen (vi)	['pʀaːlən]
to borrow (money)	leihen (vt)	['laɪən]
to break (branch, toy, etc.)	brechen (vt)	['bʀɛçən]
to breathe (vi)	atmen (vi)	['aːtmən]
to bring (sth)	mitbringen (vt)	['mɪtˌbʀɪŋən]
to burn (paper, logs)	verbrennen (vt)	[fɛɐ'bʀɛnən]
to buy (purchase)	kaufen (vt)	['kaʊfən]
to call (~ for help)	rufen (vi)	['ʀuːfən]
to call (yell for sb)	rufen (vt)	['ʀuːfən]
to calm down (vt)	beruhigen (vt)	[bə'ʀuːɪɡən]
can (v aux)	können (v mod)	['kœnən]
to cancel (call off)	zurückziehen (vt)	[tsu'ʀʏkˌtsiːən]
to cast off (of a boat or ship)	ablegen (vi)	['apˌleːɡən]
to catch (e.g., ~ a ball)	fangen (vt)	['faŋən]
to change (~ one's opinion)	ändern (vt)	['ɛndɐn]
to change (exchange)	tauschen (vt)	['taʊʃən]
to charm (vt)	entzücken (vt)	[ɛnt'tsʏkən]
to choose (select)	wählen (vt)	['vɛːlən]

English	German	Pronunciation
to chop off (with an ax)	abhacken (vt)	['aphakən]
to clean (e.g., kettle from scale)	reinigen (vt)	['ʀaɪnɪgən]
to clean (shoes, etc.)	putzen (vt)	['pʊtsən]
to clean up (tidy)	aufräumen (vt)	['aʊfˌʀɔɪmən]
to close (vt)	schließen (vt)	['ʃliːsən]
to comb one's hair	sich kämmen	[zɪç 'kɛmən]
to come down (the stairs)	herabsteigen (vi)	[hɛ'ʀapʃtaɪgən]
to come out (book)	erscheinen (vi)	[ɛɐ'ʃaɪnən]
to compare (vt)	vergleichen (vt)	[fɛɐ'glaɪçən]
to compensate (vt)	kompensieren (vt)	[kɔmpɛn'ziːʀən]
to compete (vi)	konkurrieren (vi)	[kɔŋkʊ'ʀiːʀən]
to compile (~ a list)	erstellen (vt)	[ɛɐ'ʃtɛlən]
to complain (vi, vt)	klagen (vi)	['klaːgən]
to complicate (vt)	erschweren (vt)	[ɛɐ'ʃveːʀən]
to compose (music, etc.)	komponieren (vt)	[kɔmpo'niːʀən]
to compromise (reputation)	kompromittieren (vt)	[kɔmpʀɔmɪ'tiːʀən]
to concentrate (vi)	sich konzentrieren	[zɪç kɔntsɛn'tʀiːʀən]
to confess (criminal)	gestehen (vi)	[gə'ʃteːən]
to confuse (mix up)	verwechseln (vt)	[fɛɐ'vɛksəln]
to congratulate (vt)	gratulieren (vi)	[gʀatu'liːʀən]
to consult (doctor, expert)	sich konsultieren mit …	[zɪç kɔnzʊl'tiːʀən mɪt]
to continue (~ to do sth)	fortsetzen (vt)	['fɔʁtˌzɛtsən]
to control (vt)	kontrollieren (vt)	[kɔntʀo'liːʀən]
to convince (vt)	überzeugen (vt)	[yːbɐ'tsɔɪgən]
to cooperate (vi)	zusammenarbeiten (vi)	[tsu'zamənˌʔaʁbaɪtən]
to coordinate (vt)	koordinieren (vt)	[koʔɔʁdi'niːʀən]
to correct (an error)	korrigieren (vt)	[kɔʀi'giːʀən]
to cost (vt)	kosten (vt)	['kɔstən]
to count (money, etc.)	rechnen (vt)	['ʀɛçnən]
to count on …	auf … zählen	[aʊf … 'tsɛːlən]
to crack (ceiling, wall)	bersten (vi)	['bɛʁstən]
to create (vt)	schaffen (vt)	['ʃafən]
to crush, to squash (~ a bug)	zertreten (vt)	[tsɛɐ'tʀeːtən]
to cry (weep)	weinen (vi)	['vaɪnən]
to cut off (with a knife)	abschneiden (vt)	['apʃnaɪdən]

253. Verbs D-G

English	German	Pronunciation
to dare (~ to do sth)	wagen (vt)	['vaːgən]
to date from …	sich datieren	[zɪç da'tiːʀən]

English	German	IPA
to deceive (vi, vt)	täuschen (vt)	['tɔɪʃən]
to decide (~ to do sth)	entscheiden (vt)	[ɛnt'ʃaɪdən]
to decorate (tree, street)	schmücken (vt)	['ʃmʏkən]
to dedicate (book, etc.)	widmen (vt)	['vɪtmən]
to defend (a country, etc.)	verteidigen (vt)	[fɛɐ'taɪdɪgən]
to defend oneself	sich verteidigen	[zɪç fɛɐ'taɪdɪgən]
to demand (request firmly)	verlangen (vt)	[fɛɐ'laŋən]
to denounce (vt)	denunzieren (vt)	[denʊn'tsiːʀən]
to deny (vt)	verneinen (vt)	[fɛɐ'naɪnən]
to depend on ...	abhängen von ...	['apˌhɛŋən fɔn]
to deprive (vt)	nehmen (vt)	['neːmən]
to deserve (vt)	verdienen (vt)	[fɛɐ'diːnən]
to design (machine, etc.)	projektieren (vt)	[pʀojɛk'tiːʀən]
to desire (want, wish)	wünschen (vt)	['vʏnʃən]
to despise (vt)	verachten (vt)	[fɛɐ'ʔaxtən]
to destroy (documents, etc.)	vernichten (vt)	[fɛɐ'nɪçtən]
to differ (from sth)	sich unterscheiden	[zɪç ˌʊntɐ'ʃaɪdən]
to dig (tunnel, etc.)	graben (vt)	['gʀaːbən]
to direct (point the way)	richten (vt)	['ʀɪçtən]
to disappear (vi)	verschwinden (vi)	[fɛɐ'ʃvɪndən]
to discover (new land. etc.)	entdecken (vt)	[ɛnt'dɛkən]
to discuss (vt)	besprechen (vt)	[bə'ʃpʀɛçən]
to distribute (leaflets, etc.)	verbreiten (vt)	[fɛɐ'bʀaɪtən]
to disturb (vt)	stören (vt)	['ʃtøːʀən]
to dive (vi)	tauchen (vi)	['taʊxən]
to divide (math)	dividieren (vt)	[divi'diːʀən]
to do (vt)	machen (vt)	['maxən]
to do the laundry	waschen (vt)	['vaʃən]
to double (increase)	verdoppeln (vt)	[fɛɐ'dɔpəln]
to doubt (have doubts)	zweifeln (vi)	['tsvaɪfəln]
to draw a conclusion	einen Schluss ziehen	['aɪnən ʃlʊs 'tsiːən]
to dream (daydream)	träumen (vi, vt)	['tʀɔɪmən]
to dream (in sleep)	träumen (vi, vt)	['tʀɔɪmən]
to drink (vi, vt)	trinken (vt)	['tʀɪŋkən]
to drive a car	lenken (vt)	['lɛŋkən]
to drive away (scare away)	verjagen (vt)	[fɛɐ'jaːgən]
to drop (let fall)	fallen lassen	['falən 'lasən]
to drown (ab. person)	ertrinken (vi)	[ɛɐ'tʀɪŋkən]
to dry (clothes, hair)	trocknen (vt)	['tʀɔknən]
to eat (vi, vt)	essen (vi, vt)	['ɛsən]
to eavesdrop (vi)	belauschen (vt)	[bə'laʊʃən]

English	German	IPA
to emit (diffuse - odor, etc.)	verbreiten (vt)	[fɛɐ'bʀaɪtən]
to enjoy oneself	sich amüsieren	[zɪç amy'ziːʀən]
to enter (on the list)	einschreiben (vt)	['aɪnˌʃʀaɪbən]
to enter (room, house, etc.)	hereinkommen (vi)	[hɛ'ʀaɪnˌkɔmən]
to entertain (amuse)	amüsieren (vt)	[amy'ziːʀən]
to equip (fit out)	einrichten (vt)	['aɪnˌʀɪçtən]
to examine (proposal)	erörtern (vt)	[ɛɐ'ʔœʁtən]
to exchange (sth)	wechseln (vt)	['vɛksəln]
to excuse (forgive)	entschuldigen (vt)	[ɛnt'ʃʊldɪɡən]
to exist (vi)	existieren (vi)	[ˌɛksɪs'tiːʀən]
to expect (anticipate)	erwarten (vt)	[ɛɐ'vaʁtən]
to expect (foresee)	voraussehen (vt)	[fo'ʀaʊsˌzeːən]
to expel (from school, etc.)	ausschließen (vt)	['aʊsˌʃliːsən]
to explain (vt)	erklären (vt)	[ɛɐ'klɛːʀən]
to express (vt)	ausdrücken (vt)	['aʊsˌdʀʏkən]
to extinguish (a fire)	löschen (vt)	['lœʃən]
to fall in love (with ...)	sich verlieben	[zɪç fɛɐ'liːbən]
to feed (provide food)	füttern (vt)	['fʏtən]
to fight (against the enemy)	kämpfen (vi)	['kɛmpfən]
to fight (vi)	schlagen (mit ...)	['ʃlaːɡən mɪt]
to fill (glass, bottle)	füllen (vt)	['fʏlən]
to find (~ lost items)	finden (vt)	['fɪndən]
to finish (vt)	beenden (vt)	[bə'ʔɛndən]
to fish (angle)	fischen (vt)	['fɪʃən]
to fit (ab. dress, etc.)	passen (vi)	['pasən]
to flatter (vt)	schmeicheln (vi)	['ʃmaɪçəln]
to fly (bird, plane)	fliegen (vi)	['fliːɡən]
to follow ... (come after)	folgen (vi)	['fɔlɡən]
to forbid (vt)	verbieten (vt)	[fɛɐ'biːtən]
to force (compel)	zwingen (vt)	['tsvɪŋən]
to forget (vi, vt)	vergessen (vt)	[fɛɐ'ɡɛsən]
to forgive (pardon)	verzeihen (vt)	[fɛɐ'tsaɪən]
to form (constitute)	bilden (vt)	['bɪldən]
to get dirty (vi)	sich beschmutzen	[zɪç bə'ʃmʊtsən]
to get infected (with ...)	sich anstecken	[zɪç 'anˌʃtɛkən]
to get irritated	gereizt sein	[ɡə'ʀaɪtst zaɪn]
to get married	heiraten (vi)	['haɪʀaːtən]
to get rid of ...	loswerden (vt)	['loːsˌveːɐdən]
to get tired	müde werden	['myːdə 'veːɐdən]
to get up (arise from bed)	aufstehen (vi)	['aʊfˌʃteːən]

English	German	IPA
to give (vt)	geben (vt)	[ˈgeːbən]
to give a bath (to bath)	baden (vt)	[ˈbaːdən]
to give a hug, to hug (vt)	umarmen (vt)	[ʊmˈʔaʁmən]
to give in (yield to)	nachgeben (vi)	[ˈnaːxˌgeːbən]
to glimpse (vt)	erblicken (vt)	[ɛɐˈblɪkən]
to go (by car, etc.)	fahren (vi)	[ˈfaːʁən]
to go (on foot)	gehen (vi)	[ˈgeːən]
to go for a swim	schwimmen gehen	[ˈʃvɪmən ˈgeːən]
to go out (for dinner, etc.)	ausgehen (vi)	[ˈaʊsˌgeːən]
to go to bed (go to sleep)	schlafen gehen	[ˈʃlaːfən ˈgeːən]
to greet (vt)	begrüßen (vt)	[bəˈgʁyːsən]
to grow (plants)	züchten (vt)	[ˈtsʏçtən]
to guarantee (vt)	garantieren (vt)	[gaʁanˈtiːʁən]
to guess (the answer)	erraten (vt)	[ɛɐˈʁaːtən]

254. Verbs H-M

English	German	IPA
to hand out (distribute)	austeilen (vt)	[ˈaʊsˌtaɪlən]
to hang (curtains, etc.)	hängen (vt)	[ˈhɛŋən]
to have (vt)	haben (vt)	[ˈhaːbən]
to have a try	versuchen (vt)	[fɛɐˈzuːxən]
to have breakfast	frühstücken (vi)	[ˈfʁyːʃtʏkən]
to have dinner	zu Abend essen	[tsu ˈaːbənt ˈɛsən]
to have lunch	zu Mittag essen	[tsu ˈmɪtaːk ˈɛsən]
to head (group, etc.)	führen (vt)	[ˈfyːʁən]
to hear (vt)	hören (vt)	[ˈhøːʁən]
to heat (vt)	wärmen (vt)	[ˈvɛʁmən]
to help (vt)	helfen (vi)	[ˈhɛlfən]
to hide (vt)	verstecken (vt)	[fɛɐˈʃtɛkən]
to hire (e.g., ~ a boat)	mieten (vt)	[ˈmiːtən]
to hire (staff)	einstellen (vt)	[ˈaɪnʃtɛlən]
to hope (vi, vt)	hoffen (vi)	[ˈhɔfən]
to hunt (for food, sport)	jagen (vi)	[ˈjaːgən]
to hurry (vi)	sich beeilen	[zɪç bəˈʔaɪlən]
to imagine (to picture)	sich vorstellen	[zɪç ˈfoːɐʃtɛlən]
to imitate (vt)	imitieren (vt)	[imiˈtiːʁən]
to implore (vt)	anflehen (vt)	[ˈanˌfleːən]
to import (vt)	importieren (vt)	[ɪmpɔʁˈtiːʁən]
to increase (vi)	sich vergrößern	[zɪç fɛɐˈgʁøːsɐn]
to increase (vt)	vergrößern (vt)	[fɛɐˈgʁøːsɐn]
to infect (vt)	anstecken (vt)	[ˈanˌʃtɛkən]
to influence (vt)	beeinflussen (vt)	[bəˈʔaɪnˌflusən]
to inform (e.g., ~ the police about)	mitteilen (vt)	[ˈmɪtˌtaɪlən]

to inform (vt)	informieren (vt)	[ɪnfɔʁˈmiːʀən]
to inherit (vt)	erben (vt)	[ˈɛʁbən]
to inquire (about ...)	sich nach ... erkundigen	[zɪç naːχ ... ɛʁˈkʊndɪɡən]

to insert (put in)	einsetzen (vt)	[ˈaɪnzɛtsən]
to insinuate (imply)	andeuten (vt)	[ˈanˌdɔɪtən]
to insist (vi, vt)	bestehen auf	[bəˈʃteːən aʊf]
to inspire (vt)	ermutigen (vt)	[ɛʁˈmuːtɪɡən]
to instruct (teach)	instruieren (vt)	[ɪnstʁuˈiːʀən]

to insult (offend)	kränken (vt)	[ˈkʁɛŋkən]
to interest (vt)	interessieren (vt)	[ɪntəʀɛˈsiːʀən]
to intervene (vi)	sich einmischen	[zɪç ˈaɪnˌmɪʃən]
to introduce (sb to sb)	bekannt machen	[bəˈkant ˈmaχən]
to invent (machine, etc.)	erfinden (vt)	[ɛʁˈfɪndən]

to invite (vt)	einladen (vt)	[ˈaɪnˌlaːdən]
to iron (clothes)	bügeln (vt)	[ˈbyːɡəln]
to irritate (annoy)	ärgern (vt)	[ˈɛʁɡɛʁn]
to isolate (vt)	isolieren (vt)	[izoˈliːʀən]
to join (political party, etc.)	sich anschließen	[zɪç ˈanʃliːsən]

to joke (be kidding)	Witz machen	[vɪts ˈmaχən]
to keep (old letters, etc.)	behalten (vt)	[bəˈhaltən]
to keep silent, to hush	schweigen (vi)	[ˈʃvaɪɡən]
to kill (vt)	ermorden (vt)	[ɛʁˈmɔʁdən]
to knock (on the door)	anklopfen (vi)	[ˈanˌklɔpfən]

to know (sb)	kennen (vt)	[ˈkɛnən]
to know (sth)	wissen (vt)	[ˈvɪsən]
to laugh (vi)	lachen (vi)	[ˈlaχən]
to launch (start up)	lancieren (vt)	[lanˈsiːʀən]

to leave (~ for Mexico)	wegfahren (vi)	[ˈvɛkˌfaːʀən]
to leave (forget sth)	verlassen (vt)	[fɛʁˈlasən]
to leave (spouse)	verlassen (vt)	[fɛʁˈlasən]
to liberate (city, etc.)	befreien (vt)	[bəˈfʀaɪən]
to lie (~ on the floor)	liegen (vi)	[ˈliːɡən]

to lie (tell untruth)	lügen (vi)	[ˈlyːɡən]
to light (campfire, etc.)	anzünden (vt)	[ˈanˌtsʏndən]
to light up (illuminate)	beleuchten (vt)	[bəˈlɔɪçtən]
to like (I like ...)	gefallen (vi)	[ɡəˈfalən]
to limit (vt)	begrenzen (vt)	[bəˈɡʀɛntsən]

to listen (vi)	hören (vt)	[ˈhøːʀən]
to live (~ in France)	wohnen (vi)	[ˈvoːnən]
to live (exist)	leben (vi)	[ˈleːbən]
to load (gun)	laden (vt)	[ˈlaːdən]
to load (vehicle, etc.)	laden (vt)	[ˈlaːdən]
to look (I'm just ~ing)	sehen (vt)	[ˈzeːən]
to look for ... (search)	suchen (vt)	[ˈzuːχən]

to look like (resemble)	ähnlich sein	[ˈɛːnlɪç zaɪn]
to lose (umbrella, etc.)	verlieren (vt)	[fɛɐˈliːʀən]
to love (e.g., ~ dancing)	gernhaben (vt)	[ˈgɛʁnˌhaːbən]
to love (sb)	lieben (vt)	[ˈliːbən]
to lower (blind, head)	herunterlassen (vt)	[hɛˈʀʊntɐˌlasən]
to make (~ dinner)	zubereiten (vt)	[ˈtsuːbəˌʀaɪtən]
to make a mistake	einen Fehler machen	[ˈaɪnən ˈfeːlɐ ˈmaxən]
to make angry	ärgern (vt)	[ˈɛʁgɐn]
to make easier	erleichtern (vt)	[ɛɐˈlaɪçtɐn]
to make multiple copies	vervielfältigen (vt)	[fɛɐˈfiːlˌfɛltɪgən]
to make the acquaintance	kennenlernen (vt)	[ˈkɛnənˌlɛʁnən]
to make use (of …)	benutzen (vt)	[bəˈnʊtsən]
to manage, to run	managen (vt)	[ˈmɛnɪdʒən]
to mark (make a mark)	markieren (vt)	[maʁˈkiːʀən]
to mean (signify)	bedeuten (vt)	[bəˈdɔɪtən]
to memorize (vt)	memorieren (vt)	[memoˈʀiːʀən]
to mention (talk about)	erwähnen (vt)	[ɛɐˈvɛːnən]
to miss (school, etc.)	versäumen (vt)	[fɛɐˈzɔɪmən]
to mix (combine, blend)	mischen (vt)	[ˈmɪʃən]
to mock (make fun of)	spotten (vi)	[ˈʃpɔtən]
to move (to shift)	verschieben (vt)	[fɛɐˈʃiːbən]
to multiply (math)	multiplizieren (vt)	[mʊltipliˈtsiːʀən]
must (v aux)	müssen (v mod)	[ˈmʏsən]

255. Verbs N-R

to name, to call (vt)	benennen (vt)	[bəˈnɛnən]
to negotiate (vi)	verhandeln (vi)	[fɛɐˈhandəln]
to note (write down)	notieren (vt)	[noˈtiːʀən]
to notice (see)	bemerken (vt)	[bəˈmɛʁkən]
to obey (vi, vt)	gehorchen (vi)	[gəˈhɔʁçən]
to object (vi, vt)	einwenden (vt)	[ˈaɪnˌvɛndən]
to observe (see)	beobachten (vt)	[bəˈʔoːbaxtən]
to offend (vt)	beleidigen (vt)	[bəˈlaɪdɪgən]
to omit (word, phrase)	weglassen (vt)	[ˈvɛkˌlasən]
to open (vt)	öffnen (vt)	[ˈœfnən]
to order (in restaurant)	bestellen (vt)	[bəˈʃtɛlən]
to order (mil.)	befehlen (vt)	[ˌbəˈfeːlən]
to organize (concert, party)	veranstalten (vt)	[fɛɐˈʔanʃtaltən]
to overestimate (vt)	überschätzen (vt)	[yːbɐˈʃɛtsən]
to own (possess)	besitzen (vt)	[bəˈzɪtsən]
to participate (vi)	teilnehmen (vi)	[ˈtaɪlˌneːmən]
to pass through (by car, etc.)	vorbeifahren (vi)	[foːɐˈbaɪˌfaːʀən]

to pay (vi, vt)	**zahlen** (vt)	['tsa:lən]
to peep, spy on	**gucken** (vi)	[gʊˌkən]
to penetrate (vt)	**eindringen** (vi)	['aɪnˌdRɪŋən]
to permit (vt)	**erlauben** (vt)	[ɛɐ'laʊbən]
to pick (flowers)	**pflücken** (vt)	['pflʏkən]
to place (put, set)	**stellen** (vt)	['ʃtɛlən]
to plan (~ to do sth)	**planen** (vt)	['pla:nən]
to play (actor)	**spielen** (vi, vt)	['ʃpi:lən]
to play (children)	**spielen** (vi, vt)	['ʃpi:lən]
to point (~ the way)	**zeigen** (vt)	['tsaɪgən]
to pour (liquid)	**gießen** (vt)	['gi:sən]
to pray (vi, vt)	**beten** (vi)	['be:tən]
to prefer (vt)	**vorziehen** (vt)	['foɐˌtsi:ən]
to prepare (~ a plan)	**vorbereiten** (vt)	['fo:ebəˌRaɪtən]
to present (sb to sb)	**vorstellen** (vt)	['fo:ɐˌʃtɛlən]
to preserve (peace, life)	**bewahren** (vt)	[bə'va:Rən]
to prevail (vt)	**überwiegen** (vi)	[ˌy:bɐ'vi:gən]
to progress (move forward)	**vorankommen**	[fo:'Ranˌkɔmən]
to promise (vt)	**versprechen** (vt)	[fɛɐ'ʃpRɛçən]
to pronounce (vt)	**aussprechen** (vt)	['aʊsˌʃpRɛçən]
to propose (vt)	**vorschlagen** (vt)	['fo:ɐˌʃla:gən]
to protect (e.g., ~ nature)	**bewachen** (vt)	[bə'vaxən]
to protest (vi)	**protestieren** (vi)	[pRotɛs'ti:Rən]
to prove (vt)	**beweisen** (vt)	[bə'vaɪzən]
to provoke (vt)	**provozieren** (vt)	[pRovo'tsi:Rən]
to pull (~ the rope)	**ziehen** (vt)	['tsi:ən]
to punish (vt)	**bestrafen** (vt)	[bə'ʃtRa:fən]
to push (~ the door)	**schieben** (vt)	['ʃi:bən]
to put away (vt)	**weglegen** (vt)	['vɛkˌle:gən]
to put in order	**in Ordnung bringen**	[ɪn 'ɔʁdnʊŋ 'bRɪŋən]
to put, to place	**stellen** (vt)	['ʃtɛlən]
to quote (cite)	**zitieren** (vt)	[ˌtsi'ti:Rən]
to reach (arrive at)	**erreichen** (vt)	[ɛɐ'RaɪÇən]
to read (vi, vt)	**lesen** (vi, vt)	['le:zən]
to realize (a dream)	**verwirklichen** (vt)	[fɛɐ'vɪʁklɪçən]
to recognize (identify sb)	**anerkennen** (vt)	['anɛʁˌkɛnən]
to recommend (vt)	**empfehlen** (vt)	[ɛm'pfe:lən]
to recover (~ from flu)	**genesen** (vi)	[gə'ne:zən]
to redo (do again)	**nochmals tun** (vt)	['nɔxma:ls tu:n]
to reduce (speed, etc.)	**verringern** (vt)	[fɛɐ'RIŋən]
to refuse (~ sb)	**absagen** (vt)	['apˌza:gən]
to regret (be sorry)	**bedauern** (vt)	[bə'daʊɐn]

English	German	IPA
to reinforce (vt)	befestigen (vt)	[bə'fɛstɪgən]
to remember (Do you ~ me?)	sich erinnern	[zɪç ɛɐ'ʔɪnɐn]
to remember (I can't ~ her name)	zurückdenken (vi)	[tsu'ʀʏk͜dɛŋkən]
to remind of ...	erinnern (vt)	[ɛɐ'ʔɪnɐn]
to remove (~ a stain)	entfernen (vt)	[ɛnt'fɛʀnən]
to remove (~ an obstacle)	beseitigen (vt)	[bə'zaɪtɪgən]
to rent (sth from sb)	mieten (vt)	['miːtən]
to repair (mend)	reparieren (vt)	[ʀepa'ʀiːʀən]
to repeat (say again)	noch einmal sagen	[nɔx 'aɪnmaːl 'zaːgən]
to report (make a report)	berichten (vt)	[bə'ʀɪçtən]
to reproach (vt)	vorwerfen (vt)	['foːɐ̯ˌvɛʀfən]
to reserve, to book	reservieren (vt)	[ʀezɛʀ'viːʀən]
to restrain (hold back)	zurückhalten (vt)	[tsu'ʀʏkˌhaltən]
to return (come back)	zurückkehren (vi)	[tsu'ʀʏkˌkeːʀən]
to risk, to take a risk	riskieren (vt)	[ʀɪs'kiːʀən]
to rub out (erase)	ausradieren (vt)	['aʊsˌʀa'diːʀən]
to run (move fast)	laufen (vi)	['laʊfən]
to rush (hurry sb)	zur Eile antreiben	[tsuːɐ 'aɪlə 'anˌtʀaɪbən]

256. Verbs S-W

English	German	IPA
to satisfy (please)	befriedigen (vt)	[bə'fʀiːdɪgən]
to save (rescue)	retten (vt)	['ʀɛtən]
to say (~ thank you)	sagen (vt)	['zaːgən]
to scold (vt)	schelten (vt)	['ʃɛltən]
to scratch (with claws)	kratzen (vt)	['kʀatsən]
to select (to pick)	auswählen (vt)	['aʊsˌvɛːlən]
to sell (goods)	verkaufen (vt)	[fɛɐ'kaʊfən]
to send (a letter)	abschicken (vt)	['apˌʃɪkən]
to send back (vt)	zurückschicken (vt)	[tsu'ʀʏkʃɪkən]
to sense (~ danger)	fühlen (vt)	['fyːlən]
to sentence (vt)	verurteilen (vt)	[fɛɐ'ʔʊʁtaɪlən]
to serve (in restaurant)	bedienen (vt)	[bə'diːnən]
to settle (a conflict)	regeln (vt)	['ʀeːgəln]
to shake (vt)	schütteln (vt)	['ʃʏtəln]
to shave (vi)	sich rasieren	[zɪç ʀa'ziːʀən]
to shine (gleam)	glänzen (vi)	['glɛntsən]
to shiver (with cold)	zittern (vi)	['tsɪtɐn]
to shoot (vi)	schießen (vi)	['ʃiːsən]
to shout (vi)	schreien (vi)	['ʃʀaɪən]

English	German	IPA
to show (to display)	zeigen (vt)	['tsaɪgən]
to shudder (vi)	zusammenzucken (vi)	[tsu'zamən͜tsʊkən]
to sigh (vi)	aufseufzen (vi)	['aʊf͜zɔɪftsən]
to sign (document)	unterschreiben (vt)	[͜ʊntə'ʃraɪbən]
to signify (mean)	bezeichnen (vt)	[bə'tsaɪçnən]
to simplify (vt)	vereinfachen (vt)	[fɛɐ'ʔaɪnfaxən]
to sin (vi)	sündigen (vi)	['zʏndɪgən]
to sit (be sitting)	sitzen (vi)	['zɪtsən]
to sit down (vi)	sich setzen	[zɪç 'zɛtsən]
to smell (emit an odor)	riechen (vi)	['ʀi:çən]
to smell (inhale the odor)	riechen (vi)	['ʀi:çən]
to smile (vi)	lächeln (vi)	['lɛçəln]
to snap (vi, ab. rope)	zerreißen (vi)	[tsɛɐ'ʀaɪsən]
to solve (problem)	lösen (vt)	['lø:zən]
to sow (seed, crop)	säen (vt)	['zɛ:ən]
to spill (liquid)	vergießen (vt)	[fɛɐ'gi:sən]
to spill out, scatter (flour, etc.)	verschütten (vt)	[fɛɐ'ʃʏtən]
to spit (vi)	spucken (vi)	['ʃpʊkən]
to stand (toothache, cold)	aushalten (vt)	['aʊs͜haltən]
to start (begin)	beginnen (vt)	[bə'gɪnən]
to steal (money, etc.)	stehlen (vt)	['ʃte:lən]
to stop (for pause, etc.)	stoppen (vt)	['ʃtɔpən]
to stop (please ~ calling me)	einstellen (vt)	['aɪn͜ʃtɛlən]
to stop talking	verstummen (vi)	[fɛɐ'ʃtʊmən]
to stroke (caress)	streicheln (vt)	['ʃtʀaɪçəln]
to study (vt)	lernen (vt)	['lɛʀnən]
to suffer (feel pain)	leiden (vi)	['laɪdən]
to support (cause, idea)	unterstützen (vt)	[͜ʊntə'ʃtʏtsən]
to suppose (assume)	vermuten (vt)	[fɛɐ'mu:tən]
to surface (ab. submarine)	auftauchen (vi)	['aʊf͜taʊxən]
to surprise (amaze)	erstaunen (vt)	[ɛɐ'ʃtaʊnən]
to suspect (vt)	verdächtigen (vt)	[fɛɐ'dɛçtɪgən]
to swim (vi)	schwimmen (vi)	['ʃvɪmən]
to take (get hold of)	nehmen (vt)	['ne:mən]
to take a bath	sich waschen	[zɪç 'vaʃən]
to take a rest	sich ausruhen	[zɪç 'aʊs͜ʀu:ən]
to take away (e.g., about waiter)	fortbringen (vt)	['fɔʀt͜bʀɪŋən]
to take off (airplane)	starten (vi)	['ʃtaʀtən]
to take off (painting, curtains, etc.)	abnehmen (vt)	['ap͜ne:mən]

English	German	IPA
to take pictures	fotografieren (vt)	[fotogʀaˈfiːʀən]
to talk to ...	sprechen mit ...	[ˈʃpʀɛçən mɪt]
to teach (give lessons)	lehren (vt)	[ˈleːʀən]
to tear off, to rip off (vt)	abreißen (vt)	[ˈapˌʀaɪsən]
to tell (story, joke)	erzählen (vt)	[ɛɐˈtsɛːlən]
to thank (vt)	danken (vi)	[ˈdaŋkən]
to think (believe)	glauben (vi)	[ˈɡlaʊbən]
to think (vi, vt)	denken (vi, vt)	[ˈdɛŋkən]
to threaten (vt)	drohen (vi)	[ˈdʀoːən]
to throw (stone, etc.)	werfen (vt)	[ˈvɛʁfən]
to tie to ...	anbinden (vt)	[ˈanˌbɪndən]
to tie up (prisoner)	binden (vt)	[ˈbɪndən]
to tire (make tired)	ermüden (vt)	[ɛɐˈmyːdən]
to touch (one's arm, etc.)	berühren (vt)	[bəˈʀyːʀən]
to tower (over ...)	überragen	[ˌyːbɐˈʀaːɡən]
to train (animals)	dressieren (vt)	[dʀɛˈsiːʀən]
to train (sb)	trainieren (vt)	[tʀɛˈniːʀən]
to train (vi)	trainieren (vi)	[tʀɛˈniːʀən]
to transform (vt)	transformieren (vt)	[ˌtʀansfɔʁˈmiːʀən]
to translate (vt)	übersetzen (vt)	[ˌyːbɐˈzɛtsən]
to treat (illness)	behandeln (vt)	[bəˈhandəln]
to trust (vt)	vertrauen (vt)	[fɛɐˈtʀaʊən]
to try (attempt)	versuchen (vt)	[fɛɐˈzuːχən]
to turn (e.g., ~ left)	abbiegen (vi)	[ˈapˌbiːɡən]
to turn away (vi)	sich abwenden	[zɪç ˈapˌvɛndən]
to turn off (the light)	ausschalten (vt)	[ˈaʊsˌʃaltən]
to turn on (computer, etc.)	einschalten (vt)	[ˈaɪnˌʃaltən]
to turn over (stone, etc.)	umdrehen (vt)	[ˈʊmˌdʀeːən]
to underestimate (vt)	unterschätzen (vt)	[ˌʊntɐˈʃɛtsən]
to underline (vt)	unterstreichen (vt)	[ˌʊntɐˈʃtʀaɪçən]
to understand (vt)	verstehen (vt)	[fɛɐˈʃteːən]
to undertake (vt)	unternehmen (vt)	[ˌʊntɐˈneːmən]
to unite (vt)	vereinigen (vt)	[fɛɐˈʔaɪnɪɡən]
to untie (vt)	losbinden (vt)	[ˈloːsˌbɪndən]
to use (phrase, word)	gebrauchen (vt)	[ɡəˈbʀaʊχən]
to vaccinate (vt)	impfen (vt)	[ˈɪmpfən]
to vote (vi)	stimmen (vi)	[ˈʃtɪmən]
to wait (vt)	warten (vi)	[ˈvaʁtən]
to wake (sb)	wecken (vt)	[ˈvɛkən]
to want (wish, desire)	wollen (vt)	[ˈvɔlən]
to warn (of the danger)	warnen (vt)	[ˈvaʁnən]
to wash (clean)	waschen (vt)	[ˈvaʃən]

to water (plants)	**begießen** (vt)	[bə'giːsən]
to wave (the hand)	**winken** (vi)	['vɪŋkən]
to weigh (have weight)	**wiegen** (vi)	['viːgən]
to work (vi)	**arbeiten** (vi)	['aʁbaɪtən]
to worry (make anxious)	**beunruhigen** (vt)	[bə'ʔʊnˌʀuːɪgən]
to worry (vi)	**sich aufregen**	[zɪç 'aʊfˌʀeːgən]
to wrap (parcel, etc.)	**einpacken** (vt)	['aɪnˌpakən]
to wrestle (sport)	**ringen** (vi)	['ʀɪŋən]
to write (vt)	**schreiben** (vi, vt)	['ʃʀaɪbən]
to write down	**aufschreiben** (vt)	['aʊfʃʀaɪbən]

Made in United States
North Haven, CT
26 January 2023